Knaur.

Über den Autor:

Jan Meinert ist Rechtsanwalt und spielt seit neun Jahren erfolgreich Poker im Internet und in Home-Games. Ihm hat die Psychologie des Pokerspiels bereits bei zahlreichen juristischen Verhandlungen geholfen. Er lebt zurzeit in Köln und schreibt unter anderem für www.pokermagazin.de und www.daspokerweblog.de.

Besuchen Sie uns im Internet:
www.knaur.de

Vollständige Taschenbuchausgabe August 2007
Knaur Taschenbuch
Ein Unternehmen der Droemerschen Verlagsanstalt
Th. Knaur Nachf. GmbH & Co. KG, München.

Umschlaggestaltung: ZERO Werbeagentur, München
Umschlagabbildung: getty images
Satz: Ventura Publisher im Verlag
Druck und Bindung: Clausen & Bosse, Leck
Printed in Germany
ISBN 978-3-426-78070-1

2 4 5 3

Jan Meinert

DIE POKER-UNI

Ohne Limit
spielend Geld verdienen

Texas Hold'em Poker für Fortgeschrittene

Knaur Taschenbuch Verlag

DANKSAGUNGEN

Für meine Großeltern Wulff und Erna Rösler,
Joseph und Margarethe Meinert

Ich möchte an dieser Stelle allen danken, die mir bei diesem Buch geholfen haben, vor allem meiner Lektorin Eléonore Delair und meinem Freund Hilmar Evers, der aktiv und sehr engagiert an diesem Buch mitgearbeitet hat.

Ein Dank geht an dieser Stelle auch an Daniel Evers und Martin Rohrbach, die mir viele ihrer Pokertricks verraten haben.

Inhaltsverzeichnis

Inhalt

Einleitung – Der Poker-Boom und kein Ende – Warum man nicht mehr aufhören kann …

Warum erleben wir zurzeit einen Poker-Boom? Warum geht er immer weiter? Inzwischen spielen mehrere Millionen Menschen im deutschsprachigen Raum Poker. Man kann sogar so weit gehen und sagen, dass Poker nach Deutschland zurückgekehrt und explodiert ist. Das hätten sich die Spieler im 17. und 18. Jahrhundert nicht träumen lassen, als sie beim Pochen, so hieß das Spiel damals, zusammensaßen. Was hätten sie wohl zu einem Online-Spieler gesagt, der an drei Tischen gleichzeitig spielt und dabei die WSOP im Fernsehen guckt, bei der es um zweistellige Millionenbeträge geht?

Das Tolle am Poker ist, dass man nie ausgelernt hat. Selbst der gewiefte Profi lernt bei jedem Spiel noch etwas dazu. Genau das macht die Faszination aus. Poker ist immer eine Herausforderung erster Güte und kitzelt den Intellekt. Man muss sich dieser Herausforderung einfach stellen und mit ihr wachsen. Poker ist ähnlich wie ein Rollenspiel, bei dem man immer neue Fähigkeiten erlernt und eine Klasse nach der anderen aufsteigen kann. Das Glückselement im Poker tut sein Übriges. Es ermöglicht auch Anfängern, gegen Top-Spieler zu gewinnen. Wenn ich im Schach gegen Kasparov antrete, weiß ich, wer siegen wird. Im Poker kann man sich aber nicht sicher sein. Das Spiel ist immer unberechenbar, und was der Abend bringt, ist ungewiss. Deshalb ist Poker so spannend.

Niemand kann das Spiel komplett beherrschen, aber jeder versucht es. Gerade auf diese Anstrengungen kommt es an. In den Nächten, in denen Doyle Brunson, Sailor Roberts und Amarillo Slim bis zum Morgengrauen über die Spiele des

Abends geredet haben, sind Theorien entstanden, die bis heute gelten. Es sind die Stunden, in denen ein genialer Wissenschaftler wie David Sklansky seine Starthandgruppen für Texas Hold'em entwickelt hat, die die Pokerstrategie um Meilen vorangebracht haben. Jeder Mensch, der Poker spielt, macht diese Erkenntnisprozesse selbst durch. Das Gefühl, sein Spiel aufgrund einer Idee ein wenig verändert und dank ihrer gewonnen zu haben, ist unbeschreiblich. Man erntet in Form von Geld die Früchte der eigenen Denkarbeit. Es ist einfach genial.

Beim Poker kommt es auf Menschenkenntnis an, und es geht wie im richtigen Leben darum, dem anderen eine Falle zu stellen. Kein Computer kann beim Poker gegen einen guten Spieler gewinnen, und das wird auch so bleiben, weil Poker ein *People's Game* ist: Man spielt mit und gegen Menschen. Man muss ihre Emotionen lesen und sich darauf einstellen: Das kann kein Computer. Poker ist sehr komplex, und es gibt immer mehr Information, als man verarbeiten kann. Man muss im Poker auch lernen, mit den *Swings,* den durch Glück und Pech bedingten Erfolgsschwankungen, umzugehen. Das ist auf jeden Fall eine Lektion fürs Leben.

Wenn Menschen Poker spielen, dann geben sie viel über ihren Charakter preis. Ist es nicht der Umgang mit schicksalhaften Situationen, also Situationen, die sich unserem Einfluss komplett entziehen, der den Menschen ausmacht? Wie gestaltet man den Tanz um das Zufallselement am besten?

Ich habe am eigenen Leib erfahren, wie stark die Sogwirkung von Poker sein kann. Mich hat es nicht mehr losgelassen, seit ich das erste Mal einen Pot mit beiden Händen an mich genommen habe. Diese Erfahrung machen zurzeit viele Menschen auf der ganzen Welt. Machen Sie sich klar, dass gerade in diesem Moment, in dem Sie diesen Text lesen, weltweit Millionen von Händen gespielt werden – ob auf Servern, in dunklen Hinterzimmern, in schicken Casinos oder in der Schule unter der Bank. Alle sind dem gleichen Spiel verfallen, und das Beste daran ist: Sie können von all diesen Menschen Geld gewinnen.

Wie Sie dieses Buch benutzen

In diesem Buch werde ich mit Ihnen Konzepte besprechen, die Sie für Ihr eigenes Spiel gewinnbringend einsetzen können. Die Betonung liegt ganz klar auf »eigenes Spiel«. Sie müssen im Poker in der Lage sein, selbst Entscheidungen zu treffen. Das zeigt sich zum Beispiel beim Online-Poker: Wenn Sie schon einmal versucht haben, zu zweit einen virtuellen Spieler zu spielen, werden Sie gemerkt haben, dass es nicht klappt. Viele Köche verderben den Brei. Man muss im Poker seine eigene Linie fahren. Man muss einen Stil entwickeln, der am besten zur eigenen Persönlichkeit passt. Wenn man sich ständig dreinreden lässt, weicht man zu sehr von der eigenen Linie ab.

Ich kann nicht für jede Situation vorgefertigte Erfolgsrezepte liefern, denn es gibt sie nicht. Es ist ein bisschen wie bei einer Dschungelexpedition. Man muss sich vorher optimal ausrüsten – wenn dann aber der Tiger vor einem auftaucht, muss man selbst entscheiden und handeln.

Gott sei Dank hat sich in Deutschland mittlerweile das entsprechende englische Pokervokabular durchgesetzt. Alle Versuche, Poker einzudeutschen, sind zum Glück gescheitert. Bitte lesen Sie zum Spaß den folgenden Abschnitt und versuchen Sie, ihn zu verstehen:

»Gestern war ich bei einem Ausfrier-Turnier. Am Anfang habe ich immer schön eng-aggressiv gespielt. Am Ende wollte ich auf keinen Fall in der Blase als Blasen-Junge ausscheiden. Leider bin ich dann mit schlechten Lochkarten auf dem Knopf auf einen Nach-der-Eiche-Bluff reingefallen. Lieber wären mir in dem Moment Taschenraketen gewesen. Danach bin ich auf den Reinfall vom großen Blinden, der die Nüsse hatte, gerufen worden, obwohl ich wollte, dass er faltet. Heute Abend spiele ich ein Niedrig-Ball-Spiel, vielleicht habe ich Glück und bin dann und wann die Flussratte.«

Das ist natürlich übertrieben, aber teilweise klang es ähnlich, wenn die Leute krampfhaft versucht haben, die englische Pokersprache einzudeutschen. Wenn Sie in diesem Buch einige Vokabeln nicht verstehen, können Sie diese sofort im Glossar nachschlagen. Es ist wichtig, dass Sie die englischen Begriffe beherrschen, denn oft sind Sie sehr treffend und lassen sich nur schlecht übersetzen.

Viel Spaß beim Lesen!

1. TEIL

No-Limit Texas Hold'em – Wie Sie das Spiel der Spiele in den Griff bekommen

No-Limit Texas Hold'em – Was macht das Spiel aus?

Es sind schon viele Versuche unternommen worden, das Spiel der Spiele zu beschreiben. Um ein guter No-Limit-Texas Hold'em-Spieler zu sein, braucht man fundamentale Eigenschaften: Disziplin; das Talent, die Karten und die Gegner zu lesen; die Fähigkeit, Fehler bei anderen zu provozieren und selbst Fehler zu vermeiden; und noch viel viel mehr. Vor allem braucht man Mut. Man muss bereit sein, alles, was man hat, zu riskieren, um zu gewinnen. Das ist der Grund, warum Doyle Brunson No-Limit Hold'em »The Cadillac of Poker« nennt. Besser kann man es nicht formulieren.
Andere gehen sogar so weit zu sagen, dass No-Limit Texas Hold'em überhaupt kein Kartenspiel im eigentlichen Sinn sei, wie zum Beispiel Skat oder Gin Rummy. Es sei vielmehr ein Wettspiel, ähnlich wie »Wetten, dass ...?«, bei dem man auf bestimmte Situationen wettet oder eben nicht. Die Karten seien nur dafür da, diese Situationen zu bilden.

Für mich ist ein No-Limit-Texas-Hold'em-Spiel im Grunde eine einzige Extremsituation. Man kann praktisch in jeder Hand all seine *Chips* verlieren. Ein unbedacht geäußertes *All-In* oder ein zu schnell dahingesagtes *Call* an der falschen Stelle kann extrem teuer werden und schlimmstenfalls das Ende des Abends bedeuten. Beim No-Limit gibt es kein Netz und keinen doppelten Boden. Während ich beim Limit-Poker stets als Auffangnetz die festgelegten Wetthöhen habe, die mich vor großen Verlusten schützen, kann im No-Limit jede Hand den Sturz ins Bodenlose bedeuten. Das heißt aber auf der anderen Seite auch, dass man mit einer Hand viel mehr gewinnen kann als beim Limit-Poker. Und da muss ich persönlich ganz klar

sagen, dass ich gern den potentiell höheren Verlust in Kauf nehme. Es gibt, vereinfacht gesagt, einfach mehr *Action*. Limit-Poker schützt nämlich auch vor spektakulären Gewinnen.
Daraus folgt, dass man beim No-Limit Poker sehr darauf aufpassen muss, wie viele Chips man selbst und wie viele Chips der Gegner hat. Man darf nicht vergessen, dass man in einer Hand unter Umständen alle Chips des Gegners gewinnen kann, wenn man mehr Chips als er hat. Umgekehrt kann der Gegner einen auch in einer Hand völlig ausnehmen, wenn er mehr Chips hat. Im letzteren Fall sollte man eher vorsichtig sein, während man bei der ersten Alternative die Chance nutzen sollte, sich den kompletten Stack des Gegners einzuverleiben.

Verfügbare Informationen beim Texas Hold'em Poker – Die Balance zwischen logischem Denken und Instinkt

No-Limit Texas Hold'em ist für gute Spieler unter anderem deshalb so profitabel, weil sie durch die Hold'em-Variante genau die richtige Menge an Information bekommen und gleichzeitig durch die freie Wahl der Wetthöhe den Gegner die meisten Fehler machen lassen können.
Man kann die verschiedenen bekannten Pokervarianten nach der Menge an Informationen kategorisieren, die einem Spieler zur Verfügung stehen. Am wenigsten Informationen hat der Spieler beim *Draw*-Poker. Hier sieht er nur, wie viele Karten die anderen Spieler austauschen, und auf dieser Grundlage muss er seine Entscheidungen treffen. Am meisten Informationen hat er beim Five-Card-Stud. Er sieht die vier offenen Karten des Gegners und muss sich nur fragen, welche Karte verdeckt ist. Während man beim Draw-Poker eigentlich

viel zu wenig Information hat, um vernünftige strategische Entscheidungen treffen zu können, hat man beim Five-Card-Stud fast schon zu viel, so dass es relativ eindeutige Entscheidungen gibt, zum Beispiel, dass man in bestimmten Situationen aufgibt, wenn man die offenen Karten des anderen nicht schlagen kann.

Texas Hold'em liegt genau zwischen diesen beiden Extremen. Hier kennt man das *Board* und muss sich dazu Gedanken über die zwei *Hole-Cards* des Gegners machen. Durch das Board, welches für alle Spieler gilt, kann man also oft komplexe strategische Überlegungen anstellen, während man dank der jeweils zwei unbekannten Karten gleichzeitig sehr subtile Täuschungsmanöver ausführen kann. Diese Balance zwischen verfügbarer und nicht verfügbarer Information macht den eigentlichen Reiz von Texas Hold'em aus.

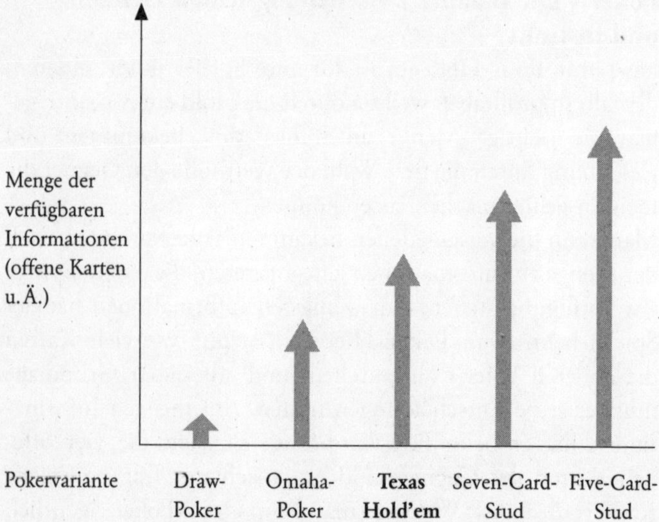

Die freie Wahl der Wetthöhe beim No-Limit – Ein Segen für gute Spieler

Die freie Wahl der Wetthöhe beim No-Limit ist wie ein Geschenk für jeden guten Spieler. Die Tatsache, dass er durch sein überlegenes Können die Situation besser einschätzen kann, und die freie Wahl der Wetthöhe erlauben es ihm, so zu wetten, dass seine Gegner am ehesten Fehler machen.

Im Poker dreht sich alles darum, auf der einen Seite selbst möglichst wenig Fehler zu begehen, während es auf der anderen Seite darauf ankommt, den Gegner möglichst viele Fehler machen zu lassen. Manchmal ist es sogar sinnvoll, mit Absicht theoretische Fehler zu begehen, wenn man dadurch einen großen Fehler beim Gegner provoziert.

Der gute Spieler hat mit der freien Wahl der Wetthöhe beim No-Limit einen sehr genauen Justierhebel an der Hand, um Gegnern bestimmte Verhaltensweisen geradezu aufzuzwingen. Er kann sie durch niedrige Wetten dazu bringen mitzugehen, obwohl es wegen der unzureichenden Gewinnaussichten ein Fehler ist. Er kann Spieler mit der besseren Hand aus dem Pot drängen, indem er die Wetthöhe entsprechend hoch ansetzt. Er kann seinen Gegnern suggerieren, er wette mit einer guten Hand, um Geld in den Pot zu bringen, während er in Wirklichkeit eine schlechte Hand hat und will, dass er aufgibt. Wie Sie selbst zu einem guten Spieler werden, der die anderen durch sein Spiel wie Marionetten kontrolliert, lernen Sie in den nachfolgenden Kapiteln.

Position – Wo sitze ich im Verhältnis zum Dealer?

Position ist ein sehr wichtiger Faktor beim Poker. Es ist wie bei Immobilien. Der Wert eines Gebäudes wird entscheidend durch seine Lage bestimmt. Genauso ist es mit den Karten im Poker: Ihr Wert wird entscheidend von der Position bestimmt.

Im No-Limit, wo die Entscheidungen, die Sie treffen, viel größere Auswirkungen auf die Menge Ihrer Chips haben, ist Position noch wichtiger als im Limit Poker. Wenn Sie im No-Limit einen Gegner mit Hilfe Ihrer Position austricksen, können Sie unter Umständen seinen ganzen Stack gewinnen, während Sie im Limit Poker höchstens ein paar Extrawetten von ihm kassieren können.

Absolute Position

Beim Poker bestimmt die Position zum *Dealer,* auch *absolute Position* genannt, unter anderem maßgeblich den Wert einer Hand. Je später ich in der Wettrunde handele, desto besser. Je mehr Spieler vor mir an der Reihe waren und je weniger nach mir dran sind, desto besser.

Beim Texas Hold'em unterscheidet man zwischen den vier Positionstypen *Blinds, Early-, Middle-* und *Late-Position.* Die Position ist neben den Karten der wichtigste Faktor zur Bestimmung des Wertes der eigenen Hand. Die Blinds haben die schlechteste Position und die Late-Position, zu der auch der Dealer gehört, die beste.

Vorteile der Late-Position

In Late-Position hat man zwei entscheidende Vorteile:

- Man kann sehen, was die anderen Spieler vor einem gemacht haben, und dank der von ihnen preisgegebenen Informationen bessere Entscheidungen treffen.
- Die Gegner vor einem wissen nicht, was man selbst machen wird, wenn man an der Reihe ist. Wenn sie erhöhen, kann man noch einen *Re-Raise* machen. Wenn sie checken, kann man selbst entweder eine Free-Card bekommen, indem man checkt, oder man kann wetten.

Das ist ein absolut essentielles Konzept in jedem Pokerspiel. Bei mir war es so, dass ich im ersten halben Jahr, in dem ich spielte, das Konzept der Position nicht kannte. Dennoch verspürte ich immer ein starkes Unbehagen, wenn ich in früher Position saß. Als ich dann über das Konzept der Position in einem Buch las, fiel es mir wie Schuppen von den Augen: Deshalb fühlte ich mich oft unwohl und verlor Geld! Bitte schenken Sie sich dieses halbe Jahr mit dem komischen Gefühl im Bauch und wenig Erfolg und spielen Sie **immer** abhängig von Ihrer Position. Eine gute Position kann Wasser zu Wein verwandeln, also schlechte Karten in gute. Wie oft kommt es vor, dass der *Button,* nachdem vor ihm alle gecheckt haben, durch eine Erhöhung den Pot kassiert?

Vorteile der Early-Position

Im ersten Moment klingt es vielleicht etwas komisch, aber auch die *Early-Position* bzw. die Blinds können Profit aus ihrer eigentlich schlechten Position schlagen. Bitte lassen Sie sich jetzt nicht verwirren. Grundsätzlich ist es so, dass eine hintere Position besser ist. Es gibt aber auch Ausnahmefälle, in denen Sie Ihre schlechte Position für sich ausnutzen können:

- Die Early-Position kann manchmal eine perfekte Position für einen *Bluff* sein. Warum? Ganz einfach. Die anderen Spieler sehen zwar Ihre Position, aber nicht Ihre Karten. Die Gegner werden meist davon ausgehen, dass man schon eine starke Hand braucht, um in früher Position zu wetten bzw. hoch zu wetten. Vor allem, wenn Sie *Pre-Flop* Tells aufgeschnappt haben, die darauf hindeuten, dass die Spieler hinter Ihnen schwach sind, sollten Sie aus früher Position heraus attackieren. Auch auf dem *Flop* sollte man, nachdem man Pre-Flop entsprechende Signale vom Tisch bekommen hat, nicht zögern zu wetten. Aber Vorsicht! Grundsätzlich ist die Early-Position nicht der Ort für derartige Manöver.
- Die Early-Position gibt einem eher die Möglichkeit, einen *Check-Raise* zu machen, das heißt in einer Wettrunde zunächst zu checken, um dann nach einer Erhöhung des Gegners noch einmal zu erhöhen.
- Wenn man in früher Position wettet, dann kann man mit einer guten Hand oftmals drei Wetten in einer Wettrunde in den Pot bringen: Man wettet, ein anderer erhöht, und man erhöht noch einmal.
- Es gibt Pre-Flop-Situationen, in denen man die Gegner direkt aus der Hand drängen will, ohne dass diese zuvor mitgehen und somit schon Geld in den Pot investiert haben. Das gilt vor allem für Hände, die momentan noch gut sind, aber nach dem Flop entscheidend an Wert verlieren, zum Beispiel mittlere *Pocket-Pairs*. Das kann man manchmal gut aus der frühen Position heraus erreichen.

Wie gesagt sind diese Fälle atypische Situationen und ändern nichts an der Tatsache, dass eine Late-Position grundsätzlich immer besser ist. Poker ist nicht der Hockenheimring, wo der erste Formel-Eins-Wagen gewinnt. Beim Poker ist es besser, Letzter zu sein.

Die beste Sitzordnung

Am besten ist es, wenn in einer Runde die schlechten Spieler links und die guten Spieler rechts von Ihnen sitzen. Die unkreativen, berechenbaren und passiven Spieler sollten links von Ihnen sitzen und die unberechenbaren, *aggressiv*en Spieler rechts von Ihnen. Sie wollen sehen, was die unberechenbaren Spieler vor Ihnen machen, um besser auf deren Aktionen reagieren zu können. Die berechenbaren Spieler, die nach Ihnen sitzen, geben Ihnen meist verlässlichere Informationen über die Stärke ihrer Hand. Es ist daher kein großer Nachteil, gegen diese Spieler *out of position,* also in schlechterer Position, zu sein.

Mit guten Spielern meine ich vor allem *tight-aggressive* und erfahrene *loose-aggressive* Spieler. Ein Albtraum. Diese Menschen verderben einem regelmäßig den Spaß, denn sie neigen dazu, unerwartet zu erhöhen, nachdem man an der Reihe war. Es ist also immer besser, an der Reihe zu sein, **nachdem** diese aggressiven Spieler gehandelt haben. Sollten Sie das Pech haben, einen oder mehrere Spieler dieser Art hinter sich zu haben, dann spielen Sie eher nur gute Hände. Spielen Sie diese aggressiv und ohne Anzeichen von Schwäche, um die aggressiven Spieler von vorneherein gar nicht erst auf die Idee zu bringen, voll einzusteigen. Dadurch, dass Sie nur gute Hände spielen, sind Sie außerdem gegen Re-Raises dieser Gegner gewappnet.

Die schlechten Spieler sind vor allem diejenigen, die bei fast jeder Hand mitspielen, aber dann einfach zu passiv sind. Sie sind insbesondere für das No-Limit-Texas-Hold'em-Spiel nicht aggressiv genug und spielen zu viele schlechte Karten. Der *tight-passive* und der *loose-passive* Spieler lassen sich leicht die Pötte klauen, wenn sie links von einem sitzen. Zudem werden sie häufig Ihre Wetten und Erhöhungen mit zu schlechten Händen mitgehen und so ihr Geld an Sie verlieren.

Vorteilhafte Sitzordnung

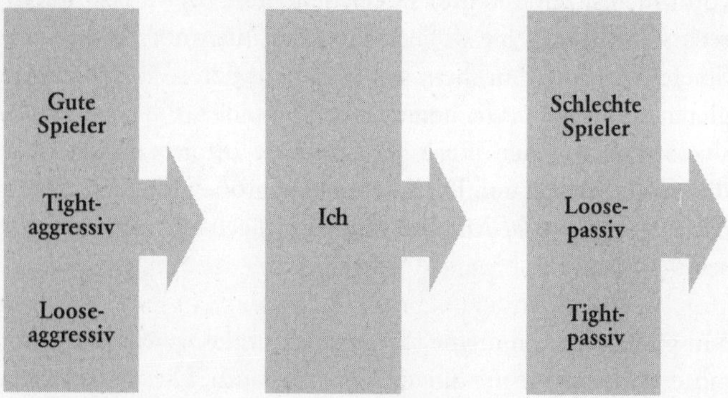

Unvorteilhafte Sitzordnung

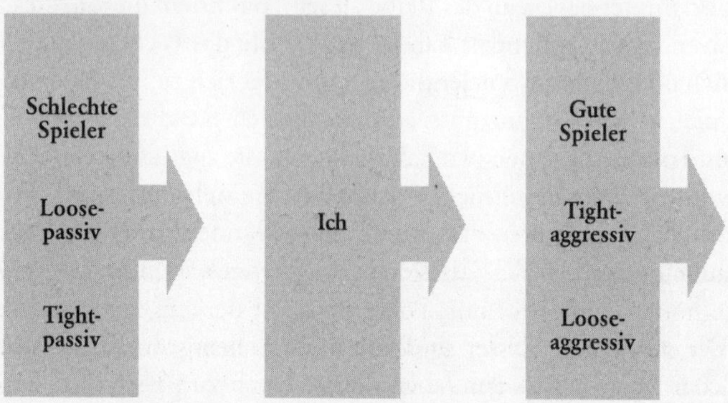

Relative Position – Wo sitze ich im Verhältnis zum Wettenden?

Als *relative Position* bezeichnet man die Position, die man im Vergleich zum Wettenden hat. Im Gegensatz zur absoluten Position, die sich, wie eben besprochen, aus der Position zum Dealer ergibt, kann sich die relative Position im Laufe einer Runde ändern.

Je weniger Spieler hinter einem noch handeln, desto besser, weil man dadurch eher die Möglichkeit hat, die Wettrunde abzuschließen. Man muss sich nicht fragen, ob hinter einem nicht vielleicht noch unangenehme Erhöhungen kommen und man so in die Zange genommen wird. Am besten ist es natürlich, direkt vor dem Wettenden zu sitzen.
Wenn ich selbst die Möglichkeit habe, die Wettrunde als Letzter vor dem ursprünglich Wettenden abzuschließen oder sie durch eine Erhöhung nochmals zu eröffnen, ist das wesentlich besser, da man so in dieser Wettrunde das letzte Wort hat. Das gilt vor allem, wenn die absolute Position schlecht ist, zum Beispiel in der Blind oder in Early-Position.

Aggression und Gap-Konzept im No-Limit Texas Hold'em

Bitte machen Sie sich klar, dass Aggression im No-Limit Poker eine sehr große Rolle spielt. Aggressiv zu spielen bedeutet, dass man relativ oft wettet oder nach einer Wette des Gegners noch einmal erhöht. Es bedeutet auch, dass man hoch wettet und erhöht. Schon im Limit Poker ist meist derjenige im Vorteil, der den Pot als Erster aggressiv für sich beansprucht. Er gibt den anderen Spielern zu verstehen, dass er sich stark genug fühlt, um die Hand zu gewinnen, sei es, weil er die bessere Hand hat oder weil er sich zutraut, den Pot auch mit einer schlechten Hand abzuräumen. Er agiert, während die anderen Spieler reagieren, und übernimmt somit die Kontrolle des Tisches.

Das Gap-Konzept

Hier spielt auch das sehr wichtige *Gap-Konzept,* das ursprünglich für Turniere formuliert wurde, eine Rolle. Das Gap-Konzept besagt, dass man generell eine bessere Hand braucht, um gegen jemanden zu spielen, der die Wettrunde eröffnet hat, als wenn man sie selbst eröffnet. Den Unterschied zwischen der Handstärke, die man zum Eröffnen benötigt, und der, die man zum Reagieren braucht, ist die *Gap,* zu Deutsch »Lücke«.

Vereinfacht gesagt: Man braucht in der Regel eine bessere Hand zum Mitgehen als zum Wetten. Das kommt daher, weil beim Wetten die Möglichkeit besteht, dass der andere aufgibt und es so auf die eigene Handstärke nicht mehr ankommt. Beim Mitgehen spielt man seine Hand auf jeden Fall weiter, und deshalb muss die Hand besser sein.

- Je *tighter* der Wettende spielt, desto größer die *Gap* und desto besser muss die Hand sein, mit der man gegen ihn spielt.
- Umgekehrt ist die *Gap* umso kleiner, je *looser* der Gegner ist, der eröffnet hat. Schließlich weiß ich dann, dass ich möglicherweise keine besonders gute Hand gegen mich habe.

Deshalb hat im Poker derjenige, der als Erster Aggression zeigt und wettet, oft einen Vorteil. Im No-Limit Texas Hold'em ist das Konzept der Aggression aus folgenden Gründen noch wichtiger als im Limit oder Pot-Limit Poker.

- Man kann im No-Limit höher wetten als beim Pot-Limit oder Limit. Insofern kann man durch hohe Wetten oder Erhöhungen Gegner besser aus der Hand drängen.
- Im No-Limit regiert häufig die Angst am Tisch. Schließlich kann man in jeder Hand all seine Chips verlieren. Die Spieler werden es sich daher oft zweimal überlegen, ob sie mitgehen, und so in späteren Wettrunden viel riskieren.
- Wenn man im No-Limit ein aggressives Image aufgebaut hat, funktioniert das Konzept der Aggression noch besser. Nur wenige Spieler werden sich trauen, gegen Sie zu spielen, wenn sie wissen, dass sie jederzeit damit rechnen können, All-In gesetzt zu werden.

Sie sehen also, dass es im No-Limit Texas Hold'em oft sehr wichtig ist, die Initiative zu ergreifen und zu wetten oder zu erhöhen. Der Effekt ist viel größer als beim Limit, da Sie wegen der festgelegten Wetthöhe beim Limit keine großen Wetten machen können und es so für Ihre Gegner in der Regel billig ist, auf Ihre Aggression zu reagieren. Natürlich ist es auch im No-Limit ein Fehler, mit jeder Hand zu wetten. Ein wenig Rückendeckung müssen Sie schon haben. Das gilt natürlich umso mehr, wenn Sie mit guten Spielern am Tisch sitzen, die ebenfalls aggressiv spielen.

2. TEIL

Pre-Flop-Play –
Das Vorspiel

Die Situation in der ersten Wettrunde

Das Spiel in der ersten Wettrunde beim No-Limit Texas Hold'em ist von extrem wichtiger Bedeutung. Man muss die Grundregeln, die diese Wettrunde prägen, beherrschen. Sonst hat man überhaupt keine Chance, weil man jedes Spiel schon falsch beginnt. Am Start erkennt man den Gewinner …
Im No-Limit kann man in den späteren Wettrunden viel Geld gewinnen oder verlieren. Es kommt darauf an, ob man mitspielt und sich überhaupt auf den »Tanz« auf Flop, Turn und River einlässt oder ob man sich das Ganze erspart. Wenn man nicht in der Blind sitzt, kostet einen das Aufgeben in der ersten Wettrunde nichts, und man kann es ohne Reue tun. Man kann sich aber auch dazu entschließen, seine Hand zu spielen und diese im Laufe der Wettrunden wie eine Pflanze vom Keimling bis zum dominierenden großen Baum heranzuziehen.

Zunächst hängt das Spiel in der ersten Wettrunde natürlich davon ab, was man für Karten bekommt. Als erfahrener Spieler werden Sie nun vielleicht sagen, dass es in bestimmten Situationen nicht auf die Karten ankommt, zum Beispiel wenn man sich in einer guten Position gegen wenige Gegner in einem Spiel den Pot kauft. Das ist richtig. Der Wert der Karten kann manchmal ein untergeordneter Faktor sein. Man sollte aber nicht vergessen, dass dies eher untypische Situationen sind. In der Regel spielt der Kartenwert eine entscheidende Rolle und bildet den Basiswert unserer Hand.

Die erste Frage, die man sich stellen muss, ist somit: Was sind unsere Karten wert? Klar, es kommen noch fünf Gemeinschaftskarten, die man noch benutzen kann. Doch das sind

Karten, die allen Spielern zur Verfügung stehen. Die *Hole-Cards* gehören dagegen uns ganz allein und sind vor den anderen versteckt. Deshalb kann man sagen, dass die ersten beiden verdeckten Karten mehr sind als nur zwei Siebtel der Karten, die man benutzen kann.

Gut sind grundsätzlich Karten, die hoch sind und Paare. Darüber hinaus mögen wir auch gleichfarbige und *connected* Karten. Diese haben Chancen, sich im Laufe der weiteren Wettrunden zu *Flushs* oder Straßen zu verbessern. Hier eine Tabelle, die die besten Starthände im Texas Hold'em zeigt:

Gruppe	Starthände, in der Wertigkeit absteigend dargestellt (T=10, s=suited)	Rang	Wahrscheinlichkeit, eine Hand der Gruppe oder besser zu bekommen
1	AA, KK, QQ, JJ, AKs	1–5	11 %
2	TT, AQs, AJs, AK, KQs	6–10	
3	ATs, KJs, AQ, 99, QJs, KTs	11–16	
4	88, QTs, A9s, AJ, JTs, KQ, A8s, AT	17–24	
5	K9s, A7s, KJ, A5s, Q9s, T9s, 77, J9s, A6s, QJ, A4s, KT, QT, A3s, K8s, JT, A2s, Q8s	25–42	20 %
6	T8s, K7s, 98s, 66, J8s, A9, K6, K5s, A8	43–51	24 %
7	87s, 97s, K4s, Q7s, T7s, K9, J7s, T9, 55, Q6s, Q9, K3s, J9, A7, Q5s, A5, K2s	52–68	33 %
8	Q4s, A6, T6s, J6s, A4, J5s, K8, Q3s, 44, T8, A3, J8,Q8, K7, A2, K6	69–84	44 %

Diese Tabelle ist auf der Grundlage der endgültigen Gewinnwahrscheinlichkeit der Starthände erstellt worden. Das heißt, dass **AA** am Ende der Wettrunden statistisch gesehen am häufigsten gewinnt. **K6** gewinnt statistisch gesehen am seltensten, und deswegen ist **K6** auch eine miese Hand. Die erfahrenen Spieler unter Ihnen werden wissen, dass selbst **AA** kein Garant dafür ist, die Hand am Ende zu gewinnen. Nein, Asse werden häufig geknackt, und es ist eine bittere Pille, die man dann schlucken muss. Die Wahrscheinlichkeit, die Hand am Ende zu gewinnen, ist aber dennoch mit **AA** am höchsten.

Die Tabelle hilft mir dabei, meine Karten zu bewerten. Sie sagt zunächst nichts darüber aus, wie ich mich in der ersten Wettrunde verhalten soll. Ich weiß nur ungefähr, wo ich im Vergleich zu den anderen stehe. Wenn ich zum Beispiel **AJ** auf die Hand bekomme, dann habe ich eine Starthand der viertbesten Gruppe. Ich weiß, dass die Chance, eine solche Hand oder eine bessere zu bekommen, bei ungefähr 11 % liegt.

Auf der anderen Seite kann ich anhand der Tabelle auch eine Aussage darüber treffen, wie oft ich überhaupt eine spielbare Starthand bekomme. Wenn ich nur die Starthandgruppen 1 bis 5 spiele, dann weiß ich, dass die Chance, eine solche Hand zu bekommen, bei ungefähr 20 % liegt. Ich kann also sagen, dass ich im Durchschnitt nur jede fünfte Hand mitspielen kann.

Konkret – Was ist tight und was ist loose im Pre-Flop-Spiel?

Oft hört man diese Begriffe am Pokertisch: »Der Spieler xy ist heute ultra *tight;* »Der Spieler xy ist ein hoffnungsloser Fisch,

er spielt viel zu *loose*«. Gerade für die unerfahrenen Spieler unter Ihnen ist es an dieser Stelle notwendig, ein wenig konkreter zu werden.
Anfänger wissen oft nur, dass tight bedeutet, dass man nur gute Hände, und loose, dass man sehr viele Hände spielt. Sie hören zum Beispiel, dass es am Anfang eines Turniers Sinn macht, tight zu spielen. Sie wissen aber nicht, was das in konkrete Zahlen und Hände übersetzt bedeutet. Die folgenden Zahlen sind Richtwerte und gelten für das Pre-Flop-Spiel an einem vollen Spieltisch mit acht bis zehn Spielern und für Middle-Position:

Spielweise	Anzahl der gespielten Hände	Starthand-gruppen	Hände
Sehr tight	5 %	1–2	AA–KQs
Tight	10 %	1–3	AA–AT
Semi-tight	20 %	1–5	AA–Q8s
Normal	25 %	1–6	AA–A8
Loose	35 %	1–7	AA–K2s
Sehr loose	45 %	1–8	AA–K6

Die Faktoren, die das Pre-Flop-Spiel bestimmen

Der Wert meiner Karten ist aber nur ein Faktor von vielen, wenn auch ein sehr wichtiger. Im vorigen Kapitel haben wir gesehen, wie man den reinen Kartenwert einordnet. Das ist aber nur der erste Schritt beim Pre-Flop-Play. Sie müssen den reinen Wert Ihrer Karten nämlich nach oben oder unten korrigieren, um zu der Entscheidung zu gelangen, ob Sie spielen oder aufgeben sollten. Wenn Sie zum Beispiel **88** auf die Hand bekommen, dann spielt es eine große Rolle, ob Sie mit vielen oder wenigen Spielern am Tisch sitzen, ob vor Ihnen gecheckt oder gewettet wurde. Von Bedeutung ist auch, wie viel es kostet, dabei zu sein, wie groß der Pot ist und an welcher Position Sie sitzen. Das sind die Hauptfaktoren, die neben Ihren Karten den Ausschlag dafür geben, ob und wie Sie spielen:

- Je besser die Position, desto eher wird eine Hand auch im Rahmen einer sehr tighten Spielweise spielbar.
- Je mehr Action – das heißt Wetten, Erhöhungen und Calls – es in der Wettrunde vor Ihnen gab, desto besser muss Ihre Hand sein, um zu spielen. Das besagt das Gap-Konzept, das bereits oben besprochen wurde. Sie brauchen also eine bessere Hand, um auf Action der anderen Spieler zu reagieren. Wenn Sie selbst den Pot eröffnen, muss Ihre Hand nicht so gut sein.
- Je weniger Mitspieler am Tisch sitzen, desto besser sind Ihre Karten, da die Chance, dass ein anderer Spieler ein besseres Blatt hat, sinkt.
- Wenn ich für einen geringen Einsatz viel gewinnen kann, habe ich gute *Pot-Odds* und kann auch eher mittelmäßige Karten spielen.

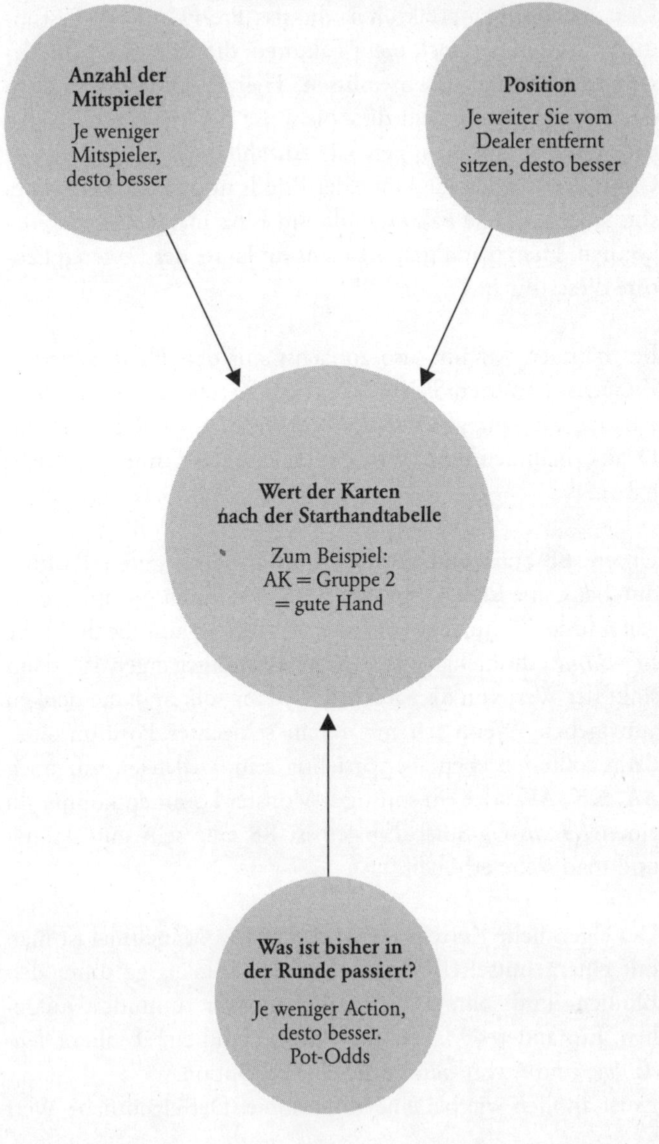
Anzahl der Mitspieler
Je weniger Mitspieler, desto besser
Position
Je weiter Sie vom Dealer entfernt sitzen, desto besser
Wert der Karten nach der Starthandtabelle
Zum Beispiel: AK = Gruppe 2 = gute Hand
Was ist bisher in der Runde passiert?
Je weniger Action, desto besser. Pot-Odds

Das sind die Hauptfaktoren, die das Pre-Flop-Spiel bestimmen. Es gibt aber noch mehr Faktoren, die Sie in Ihre Überlegungen einfließen lassen müssen. Hierzu gehören vor allem die *Betting-Patterns* und die Spielweise der einzelnen Spieler, *Tells,* die Sie aufschnappen, die Anzahl Ihrer Chips und der Chips der Gegner, die Höhe der Blinds und vieles mehr. Dies sind aber spezielle Faktoren, die im Einzelnen stark variieren können. Hierzu erfahren Sie mehr im Laufe der weiteren Lektüre dieses Buches.

Beschäftigen wir uns also zunächst mit den Hauptfaktoren. Zunächst bewerten Sie Ihr Blatt dem Kartenwert nach. Dann schauen Sie, auf welcher Position Sie sich in Relation zum Dealer befinden und was die Spieler vor Ihnen gemacht haben.

Unsere **88**-Starthand von oben ist in einer guten Position durchaus eine Erhöhung wert, wenn vor Ihnen nur mitgegangen wurde. Wenn aber vor Ihnen ein Spieler um die dreifache *Big-Blind* erhöht hat und ein Spieler mitgegangen ist, dann sinkt der Wert von **88** natürlich, und Sie sollten daran denken aufzugeben. Wenn ich mit **88** in schlechter Position sitze, dann sollte ich ebenfalls vorsichtig sein, weil nach mir noch **AA, KK, AK** oder ein sonstiges Monster kommen könnte. In einem *Heads-Up*-Spiel dagegen ist **88** eine sehr gute Hand, und man sollte erhöhen.

Der eigentliche Kartenwert ist also relativ. Manchmal ist man mit einem mittelschlechten Blatt der »Einäugige unter den Blinden« und sollte wetten, erhöhen oder zumindest mitgehen. Ein anderes Mal ist die gleiche Hand ein absoluter *Underdog,* und Aussteigen ist die einzige Option.
Es ist ähnlich wie bei einer Immobilie. Der eigentliche Wert

der Bausubstanz ist wie der Wert der Startkarten im Poker nur die Basis. Der endgültige Wert eines Hauses ergibt sich maßgeblich durch Lage, Angebot und Nachfrage. Bitte sehen Sie es im Poker genauso.

Wie spielt man vor dem Flop?

Wenn Sie in der ersten Wettrunde an der Reihe sind, nehmen Sie zunächst Ihre Karten auf. Das tun Sie natürlich erst, wenn Sie dran sind, damit die Gegner, die vor Ihnen handeln müssen, nicht aus Ihrer Reaktion auf Ihre Hand schließen können. Dann bewerten Sie zunächst den reinen Kartenwert. Wenn Sie zum Beispiel **A9s** auf die Hand bekommen, wissen Sie, dass Sie eine Hand der Gruppe 4 haben, was grundsätzlich schon mal nicht schlecht ist. Dann betrachten Sie Ihre Position, die Anzahl der Mitspieler und was vor Ihnen in der Wettrunde schon passiert ist. Wenn Sie sich aufgrund dieser Gesamtbetrachtung stark fühlen, sollten Sie spielen, das heißt mitgehen, wetten oder erhöhen, je nachdem, wie Sie die Lage einschätzen. Wenn Sie aufgrund dieser Gesamtbetrachtung aber zu dem Ergebnis kommen, dass Sie keine großen Chancen haben, den Pot zu gewinnen, sei es durch bluffen oder regulär, sollten Sie aussteigen.

Wer seine Hände nur nach Schema F spielt, hat keine Chance. Man muss sein Spiel ab und zu variieren, um es für die Gegner undurchschaubar zu halten. Ich sollte also zum Beispiel nicht ständig nur mit **AA** oder **KK** in schlechter Position erhöhen, weil meine Gegner irgendwann wissen, was ich habe, wenn ich dies tue. Besser ist es, zum Beispiel mit **AA** nur in drei von vier Fällen zu erhöhen, um auf Dauer schwerer lesbar zu sein.

Man sollte auf jeden Fall wissen, wie das Spiel nach Lehrbuch in der jeweiligen Situation aussieht. Erstens hat man dann schon mal eine Basis für die jeweiligen Entscheidungen und macht so keine eklatanten Fehler. Zweitens kann man dadurch das Pre-Flop-Spiel seiner Gegner besser durchschauen. Man kann so auch in späteren Wettrunden leichter erahnen, was die Gegner auf der Hand haben. Im Folgenden sind einige Leitlinien für typische Starthände dargestellt.

Art der Starthand	**Grundsätzliche Strategie**
Hohe Paare **AA, KK, QQ, JJ**	Hohe Paare sind immer eine sehr gute Starthand und sollten grundsätzlich schon vor dem Flop erhöht werden, um sie aggressiv zu verteidigen. **AA** und **KK** können aus jeder Position vor dem Flop erhöht werden. Die Chance, ein Set zu floppen, liegt bei 12 %. Aber auch wenn man kein Set floppt, hat man mit seinem Overpair meist gute Gewinnchancen, wenn der Flop niedrige Karten zeigt und auch ansonsten ungefährlich ist. Beachten Sie, dass das Gefälle zwischen **AA** und **JJ** sehr groß ist.
Mittlere Paare **TT, 99, 88**	Diese Paare sind durchaus noch als Made-Hands zu qualifizieren und sollten in guter Position ruhig gespielt werden. Vorsicht ist aber auf dem Flop geboten, wenn Overcards, also höhere Karten, auftauchen. Mit wenigen Spielern und in Heads-Up-Situationen steigt der Wert dieser Hände beträchtlich.
Niedrige Paare **77, 66, 55, 44, 33, 22**	Gerade bei vielen Spielern sind diese Hände keine Made-Hands mehr, sondern Drawing-Hands. Man sollte versuchen, möglichst billig den Flop zu sehen, und hoffen, ein *Set* zu treffen. Die Chance liegt bei 12 %. Ein Set gibt gerade im No-Limit hohe Implied-Pot-Odds. Bei wenigen Spielern, das heißt zwei bis vier, haben diese

	Hände relativ gute Gewinnchancen, und man sollte vor allem im Heads-Up vor dem Flop wetten oder erhöhen. Bei einem All-In haben kleine Paare gegen Overcards eine Gewinnchance von knapp über 50%. Zwischen **77** und **22** gibt es ein starkes Gefälle. Startkarten, die schlechter als **55** sind, sollten nur in Ausnahmefällen gespielt werden.
High-Cards **AK, AQs, KQ, QJs** etc.	Zwei hohe Karten sind abhängig von ihrem Rang durchaus spielbar. Während **AK** eine sehr gute Hand ist, sollten Sie Karten wie **QT** oder **JTs** im Normalfall aufgeben, wenn vor Ihnen signifikant erhöht wurde. Beachten Sie auch, dass man vor allem bei vielen Spielern darauf angewiesen ist, sich durch das Board zu verbessern. Man sollte vor dem Flop nicht zu viel Geld investieren und in der Regel aufgeben, wenn der Flop nicht trifft. Wenn die Karten gleichfarbig sind, zum Beispiel **KQs**, sind sie mehr wert und sollten eher gespielt werden. Überschätzen Sie aber nicht die endgültige Flush-Wahrscheinlichkeit. Sie liegt bei nur 5,8 %.
Hoch-Tief **A2s, A6, K3, K2s**	Bei vielen Spielern sollten diese Hände mit Vorsicht gespielt werden. Wenn man ein Paar trifft, verliert man hier oft mit dem niedrigeren Kicker. Bei weniger Spielern steigen vor allem Asse im Wert, weil die Wahrscheinlichkeit sinkt, dass ein anderer Spieler auch eine hohe Karte hat. Im Heads-Up ist ein König oder ein Ass oft schon eine Gewinnerhand. Diese Karten steigen bei vielen Spielern im Wert, wenn sie gleichfarbig sind, zum Beispiel A2s, A8s. Sie haben Nut-Flush-Potential und geben hohe Implied-Pot-Odds.
Suited-Connectors **89s, 78s, 56s**	Diese Hände sind bei vielen Spielern am Tisch als so genannte Multiway-Hände sehr profitabel und sollten in günstiger Position gespielt werden. Sie haben Straßen- und Flush-Potential und geben somit sehr gute Implied-Pot-Odds. Man sollte versuchen, billig den Flop zu sehen. Wenn es vor dem Flop zu teuer wird, sollte man

	sich von solchen Händen trennen. So gut sind die Straßen- und Flush-Chancen dann doch nicht. Sie liegen unter 10 %. Bei wenigen Spielern sollten diese Hände in der Regel nicht gespielt werden.

Aufgeben, limpen, wetten oder erhöhen?

Wann soll man vor dem Flop was machen? Wozu dient der jeweilige Spielzug im Pre-Flop-Spiel?

Aufgeben

Aufgeben sollte man in der Regel, wenn man schlechte Startkarten hat und es zu teuer ist, sich den Flop noch anzuschauen. Wenn vor einem gewettet oder erhöht wurde, sollte man mit mittelguten und schlechten Startkarten aufgeben. Mittelgute und schlechte Startkarten sind Startkarten ab der 6. Gruppe abwärts und solche, die gar nicht in der Starthandtabelle aufgelistet sind. Das Gleiche gilt, wenn die Blinds relativ hoch sind. Wenn ich **J6s** habe und Pre-Flop vor mir erhöht wurde, ist das ein klarer Fold. Auch in einer schlechten Position sollten Sie mit mittelguten Karten eher aufgeben.

Limpen – die Big-Blind mitgehen

Limpen, also nur die Big-Blind mitgehen, sollte man in der Regel, wenn man ein mittelgutes bis schlechtes Blatt hat und es unwahrscheinlich ist, dass hinter Ihnen noch gewettet wird. Gute No-Limit-Spieler neigen zum Limpen, da sie hoffen, auf dem Flop eine gute Hand zu machen, mit der sie dann beim

No-Limit sehr viel Geld gewinnen können. Vor allem mit Suited-Connectors oder kleinen bis mittleren Paaren, deren eigentlicher Wert sich erst auf dem Flop zeigt, sollte man versuchen, durch Limpen billig den Flop zu sehen. Das gilt natürlich vor allem, wenn man eher spielschwache bzw. passive Gegner hinter sich sitzen hat, die kaum erhöhen und wetten. Wenn ich zum Beispiel **QTs** in Middle-Position habe, die Blinds niedrig sind und hinter mir passive Gegner sitzen, sollte ich in der Regel limpen.

Die Big-Blind erhöhen

Man sollte die Big-Blind erhöhen, wenn man ein gutes Blatt hat und es gegen andere Spieler verteidigen will. So bringt man zusätzlich Geld in den Pot, den man mit seiner guten Hand gewinnen will. Darüber hinaus treibt man mit dieser Erhöhung die Spieler mit mittelguten und schlechten Blättern, die sich ansonsten durch den Flop noch entscheidend verbessern könnten, aus dem Spiel.
Grundsätzlich sollte man im Poker mit einer guten Hand die Big-Blind erhöhen oder wetten. Eine andere Entscheidung erfordert schon triftige Gründe. Wenn ich also zum Beispiel **AQs** habe, sollte ich in der Regel aus jeder Position die Big-Blind erhöhen. Man kann durch eine Wette oder Erhöhung natürlich auch versuchen, ohne eine gute Hand den Pot durch einen Bluff zu stehlen.

Noch mal erhöhen

Erhöhen, also ein Re-Raise, nachdem ein Spieler bereits die Big-Blind erhöht hat, ist angesagt, wenn man ein gutes bis sehr gutes Blatt hat und noch mehr Geld in den Pot bringen möchte. In der Regel möchte man auch Spieler aus dem Pot vertreiben, um seine Hand zu verteidigen. Oft will man durch eine Erhöhung auch den Wettenden isolieren, indem man alle anderen Spieler zum Aufgeben bringt. Vor allem, wenn man dem Wettenden seine gute Hand nicht glaubt, ist eine signifikante Erhöhung oft das Mittel der Wahl, um ihn zum Aufgeben zu bringen. Passen Sie aber auf, dass Sie nicht schon Pre-Flop zu viel Geld in Ihre Hand investieren. Wie gesagt, der eigentliche Wert der Hand zeigt sich erst auf dem Flop. Eine typische Situation zum Erhöhen wäre zum Beispiel **KK** in Late-Position, wenn ein Spieler vor einem bereits die Big-Blind erhöht hat.

Mitgehen

In der ersten Wettrunde sollte man eine Wette oder Erhöhung mitgehen, wenn man denkt, man habe mit seinen Karten gute Chancen, den Pot noch zu gewinnen. Man will möglichst billig Gemeinschaftskarten sehen, um seine Hand zu verbessern. Bedenken Sie, dass Sie zum Mitgehen in der Regel eine bessere Hand benötigen als zum Wetten oder Erhöhen. Wenn ich zum Beispiel **AK** in Late-Position habe und vor mir ein Spieler erhöht hat, dann sollte ich in den meisten Fällen nur mitgehen, weil die Gefahr besteht, dass der andere ein hohes Paar hat.

Übungen zum Pre-Flop-Spiel

Um die grundsätzliche Denkweise eines guten Pokerspielers in der ersten Wettrunde zu verstehen, ist es nötig, dass wir uns jetzt an einigen Beispielen versuchen. Ich weiß aus eigener Erfahrung, dass es oft sehr anstrengend sein kann, abstrakte Beispiele aus Pokerspielen in einem Buch zu lesen und gedanklich nachzuvollziehen. Ich versuche daher in diesem Buch, die Anzahl der Beispiele relativ gering zu halten. Und keine Angst: Pre-Flop gibt es zum Glück nur zwei »Kärtchen«, um die wir uns kümmern müssen. Erst auf dem Flop wird es richtig kompliziert. Das Vorspiel im Texas Hold'em ist relativ simpel: Welche Karten habe ich? Habe ich eine gute Position? Wie viele Spieler sind dabei, und was haben sie vor mir gemacht? Sie können diese Aufgaben auch als Test beantworten, indem Sie die Antworten mit einer Spielkarte zuhalten. Los geht's …

Beispiel 1: Sie haben

Sie sitzen auf dem Button an einem vollen Tisch. Ein Spieler erhöht die Big-Blind, ein anderer erhöht wiederum, und der nächste Spieler geht mit. Jetzt sind Sie an der Reihe. Was tun Sie?

Sie müssen die Hand aufgeben, da es vor Ihnen bereits zu viel Action gegeben hat. Es ist gut möglich, dass hohe Starthände wie **AA, KK, AK** oder **AQ** unterwegs sind. Die Chance, auf dem Flop ein Set zu machen, ist mit unter 10 % einfach zu gering.

Beispiel 2: Sie haben

Sie sitzen an einem Tisch mit sechs Spielern in Middle-Position. Ein Spieler vor Ihnen ist die Big-Blind mitgegangen. Sie sind an der Reihe. Was tun Sie?

Sie erhöhen. Mindestens das Dreifache der Big-Blind. Sie müssen Ihre gute Hand bereits jetzt durch eine relativ hohe Wette verteidigen. Es besteht immer die Chance, dass Sie mit **KK** im Laufe der Wettrunden von einem Ass-Paar geschlagen werden. Es muss jetzt vor allem dafür gesorgt werden, dass Asse mit schwachem Kicker aussteigen.

Beispiel 3: Sie haben

Sie spielen mit nur vier Spielern am Tisch. Sie sind auf dem Button, und vor Ihnen hat ein Spieler um die dreifache Big-Blind erhöht. Was tun Sie?

Sie müssen aufgeben. Sie haben zwar eine gute Position, aber Ihre Hand ist eine Multiway-Hand, die mit nur vier Spielern am Tisch nicht besonders gut ist. Wenn der Spieler, der vor Ihnen erhöht hat, einen König, ein Ass oder irgendein Paar hat, dann haben Sie kaum Chancen.

Beispiel 4: Sie haben

Sie sind in Late-Position an einem Tisch mit acht Spielern. Vor Ihnen sind vier Spieler die Big-Blind mitgegangen. Sie sind jetzt an der Reihe. Was tun Sie?

Sie gehen nur mit. Sie wollen mit dieser Hand billig den Flop sehen, denn Ihre Hand hat Nut-Flush-Potenzial. Eine Erhöhung würde zudem Spieler vertreiben, die Sie möglicherweise mit Ihrem Nut-Flush abkassieren können. Sie wollen vor dem Flop hier nicht mehr bezahlen, weil Ihre Hand so gut auch nicht ist. Wenn ein anderer Spieler ein Ass mit höherem Kicker hat, sieht es schlecht für Sie aus. Seien Sie also vorsichtig, wenn Sie Top-Pair mit dem Ass floppen: Sie sind wahrscheinlich geschlagen. Bei einem Spiel mit vielen Spielern hoffen Sie auf einen Nut-Flush, Nut-Flush-Draw, Two-Pair oder Trips mit Vieren.

Beispiel 5: Sie haben

Sie sind an einem Tisch mit zehn Spielern, die Ihnen als relativ tight bekannt sind. Sie sitzen auf dem Button, und vor Ihnen sind sechs Spieler mitgegangen. Was sollen Sie tun?

Sie sollten aufgeben. Sie haben keine gute Hand. Selbst wenn der König Sie auf dem Flop trifft, ist es bei so vielen Spielern im Pot wahrscheinlich, dass ein anderer einen besseren Kicker hat als Sie. Sie wissen zudem nicht, ob die Blinds hinter Ihnen noch einmal erhöhen. Trennen Sie sich frühzeitig von diesen Händen, und lassen Sie sich nicht in teure Pötte hineinziehen. Eine Ausnahme wäre, wenn die Blinds sehr niedrig sind und Sie es als sehr unwahrscheinlich ansehen, dass die Blinds nach Ihnen noch einmal erhöhen.

Beispiel 6: Sie haben

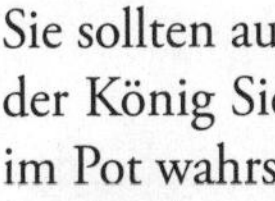

Sie sitzen nur zu dritt am Tisch, und Sie sind die Small-Blind. Der Spieler vor Ihnen ist die Big-Blind mitgegangen. Was tun Sie?

Sie sollten erhöhen. Mindestens drei- oder viermal die Big-Blind. 77 ist mit nur drei Spielern eine sehr gute Hand und muss vor dem Flop durch Wetten verteidigt werden, damit die anderen kein höheres Paar mit den Gemeinschaftskarten bekommen. Sie sollten versuchen, die Hand durch eine hohe Wette schnell zu beenden, weil Ihre Position als Small-Blind ab der zweiten Wettrunde sehr schlecht ist.

Beispiel 7: Sie haben

Am Tisch sitzen acht Spieler, die relativ loose spielen, und Sie sind nach der Big-Blind dran. Was sollen Sie tun?

Gehen Sie zunächst nur mit. Sie wissen nicht, was Sie bei den Spielern hinter Ihnen noch erwartet. Da der Tisch relativ loose ist, können Sie mit einer Erhöhung der Big-Blind auch nicht sicher sein, dass die Spieler aufgeben. Es kann auch sein, dass Sie noch mal erhöht werden, und dann wird es schwierig, weil Sie schon relativ viel in den Pot investiert haben. Wenn nach Ihrem Limpen ein Spieler wettet, können Sie immer noch in Ruhe entscheiden, ob es sich lohnt mitzugehen. So gut ist **AJs** auch nicht.

Beispiel 8: Sie haben

Sie sind Big-Blind und sitzen an einem vollen Tisch mit zehn Spielern. Sechs Spieler, die Small-Blind eingeschlossen, sind die Big-Blind mitgegangen. Sie können jetzt als Big-Blind noch einmal erhöhen. Was tun Sie?

Sie sollten nur checken. Sie haben zwar eine Multiway-Hand, und es sind viele Spieler an der Hand beteiligt, aber der Sinn ist ja gerade, dass diese Spieler auf dem Flop noch dabei sind. Bevor der Flop kommt, sollten Sie mit einer solchen Hand nicht zu viel investieren. Die Wahrscheinlichkeit, dass Sie den Flush oder die Straße treffen, ist auch nicht so hoch und kann erst auf dem Flop richtig beurteilt werden.

Beispiel 9: Sie haben

Es sind acht Spieler am Tisch, und Sie sitzen zwei Plätze hinter der Big-Blind. Der Spieler *under the Gun*, der Ihnen als relativ loose bekannt ist, hat um die Big-Blind erhöht. Was sollen Sie tun?

Erhöhen Sie nochmals. Es könnte zwar sein, dass der Spieler nach der Big-Blind **AA** oder **KK** hat, aber das wissen wir nicht genau. Unsere Hand ist momentan zu gut, um sie aufzugeben. Eine Erhöhung hat zudem den Vorteil, dass wir den Wettenden möglicherweise isolieren, wenn alle anderen Spieler aussteigen. Wenn wir nur mitgehen, besteht die Gefahr, dass andere Spieler diese relativ niedrige Wette ebenfalls mitgehen und Sie am Ende mit einem Ass- oder Königspaar schlagen.

Beispiel 10: Sie haben

Sie sitzen in einem Spiel mit zehn Spielern in Late-Position. Vier Spieler sind die Big-Blind mitgegangen. Was sollen Sie tun?

Sie sollten limpen. Sie haben eine sehr gute Multiway-Hand, und es sind auch noch relativ viele Spieler mit dabei. Mit einer solchen Hand wollen Sie billig den Flop sehen. Wenn Sie erhöhen, besteht die Gefahr, dass Sie zu viel Geld in den Pot investieren, obwohl der Flop Sie nicht trifft. Wenn der Flop trifft, wollen Sie möglichst viele Gegner haben und sollten diese nicht schon vor dem Flop durch eine Wette vertreiben.

Asse in der Starthand

Gerade bei wenigen Spielern kann ein Ass in der Starthand ein großer Vorteil sein. Bei vielen Spielern sollte man eher aufpassen, wenn man zu dem Ass keinen besonders guten Kicker hat. Hier gilt der Satz: »Don't fall in love with the ace.« Wenn ein Ass auf dem Flop auftaucht und man ein Königspaar hat, dann fragt man sich oft, wie wahrscheinlich es ist, dass ein anderer Spieler ein Ass auf der Hand hat. Im Heads-Up Game ist ein Ass oft schon eine Gewinnerhand. Auch in Situationen, in denen kein Spieler irgendeine der Gemeinschaftskarten getroffen hat und man abschätzen muss, ob man Chancen auf die beste High-Card hat, ist es wichtig zu wissen, wie wahrscheinlich es ist, dass der andere ein Ass auf der Hand hat. Manchmal wird man dies schon am Wettverhalten des Gegners erkennen, aber es gibt Situationen, in denen man sich auf die reine Wahrscheinlichkeitsrechnung verlassen muss. Hierbei hilft die nachfolgende Tabelle. Die Wahrscheinlichkeit, dass man selbst wenigstens ein Ass als Starthand bekommt, liegt übrigens bei 15 %:

Anzahl der Spieler	Wahrscheinlichkeit, dass ein oder mehrere Spieler Pre-Flop ein Ass haben	Wahrscheinlichkeit, dass ein oder mehrere Spieler Pre-Flop ein Ass haben, wenn man selbst ein Ass hat	Wahrscheinlichkeit, dass ein oder mehrere Spieler Pre-Flop ein Ass haben, wenn man selbst **kein** Ass hat
2	28 %	12 %	16 %
3	40 %	23 %	29 %
4	50 %	32 %	41 %
5	59 %	41 %	51 %
6	66 %	50 %	62 %
7	73 %	57 %	68 %
8	78 %	64 %	74 %
9	83 %	69 %	80 %
10	87 %	75 %	84 %

Ass-König – Eine Starthand der besonderen Art

Was ist nur das Problem mit **AK?** Einige Spieler schwören auf diese Starthand, andere Spieler verfluchen sie. Einen Spruch hört man derzeit des Öfteren in Deutschland: »**AK** – Anna Kournikova – sieht gut aus, verliert aber meistens.« Abgesehen davon, dass mich persönlich dieser Spruch mittlerweile ein wenig nervt, scheint eine dunkle Wolke über **AK** zu schweben. Viele Spieler verlieren mit **AK** eine Menge Geld. Das muss aber nicht sein, wenn man sich nur ein paar Dinge über **AK** klarmacht.

AK rangiert unter den Starthänden ganz oben. Wenn die Hand suited ist, finden wir sie in der ersten Gruppe wieder, wenn sie unsuited ist, so finden wir sie immerhin noch in der zweiten Starthandgruppe.

Das Problem mit **AK** ist aber, dass es keine Made-Hand ist. Es ist eine Starthand, die sich unbedingt noch durch die Gemeinschaftskarten verbessern muss. **AK** ohne Verbesserung verliert meistens den Pot, wenn viele Spieler am Tisch sitzen. Gegen ein Paar als Starthand ist **AK** im Nachteil: Selbst ein kleines Paar auf der Hand, wie zum Beispiel **22,** gewinnt am Ende gegen **AK** in knapp über 50% der Fälle. **AA** und **KK** besiegen **AK** in ungefähr 70% der Fälle. Wenn man allerdings den König oder das Ass mit den Gemeinschaftskarten trifft, dann hat man meist Top-Pair und einen hohen Kicker. Wenn ein anderer Spieler ohne *Pocket-Pair* nichts trifft, dann hat man mit **AK** eine hohe Gewinnchance, da man meist die höchste und zweithöchste High-Card hat. Das ist auch der Grund, warum **AK** trotz seines zweifelhaften Rufes in den Starthandgruppen ganz weit oben rangiert. Wie spielt man also **AK?**

- In früher, also schlechter Position sollte man mit **AK** vorsichtig sein. Wenn man erhöht, besteht die Möglichkeit, dass Spieler mitgehen oder erhöhen, die Pocket-Pairs haben. Man muss auch beachten, dass man in allen darauffolgenden Wettrunden die schlechtere Position gegenüber diesen Spielern hat. Wenn der Flop einen nicht trifft, dann kann es sehr gefährlich sein, aus schlechter Position heraus zu bluffen.

- In guter Position sollte man mit **AK** ruhig spielen, dass heißt in dem Fall raisen oder re-raisen. Man hat hier einen klaren Positionsvorteil und kann kleinere Paare unter Umständen schon Pre-Flop aus dem Pot jagen. Das relativ komplizierte Spiel mit **AK** nach dem Flop lässt sich aus der guten Position heraus viel besser in den Griff bekommen. Wenn der Flop Sie nicht trifft, dann bluffen Sie aus der guten Position heraus. Wenn Sie allerdings von einem anderen Spieler daraufhin erhöht werden, dann sollten Sie in der Regel aufgeben, da höchstwahrscheinlich eine bessere Hand unterwegs ist.
- Merken Sie sich, dass **AK** eine sehr starke Hand ist, die aber nach dem Flop sehr an Wert verlieren kann. Gerade Anfänger können **AK** nicht loslassen und verlieren dadurch sehr viel Geld. Machen Sie diesen Fehler nicht! Verteidigen Sie die Hand vor dem Flop durch Erhöhen, aber investieren Sie vor dem Flop auch nicht zu viele Chips. Seien Sie bereit, die Hand auf dem Flop loszulassen, wenn sie nicht trifft und Sie bei den Gegnern stärkere Hände vermuten. Denken Sie an die Gefahren, die mit **AK** verbunden sind, vor allem, wenn Sie beim Gegner ein Pocket-Pair vermuten.

Pre-Flop-Deception-Play – Bluffen, Slow-Play und Change Gears vor dem Flop

Zunächst einmal sollte klar sein, dass Sie Ihr Spiel vor dem Flop abwechslungsreich und undurchschaubar für die anderen gestalten müssen. Gerade Pre-Flop spielen viele Spieler einfallslos, und man kann sie sehr leicht lesen. Man weiß zum

Beispiel genau, dass sie eine Starthand der Gruppe 1 oder 2 haben, wenn sie aus früher Position heraus vor dem Flop erhöhen, und kann in der ersten und allen darauffolgenden Wettrunden sein Spiel darauf einstellen. Bitte variieren Sie Ihr Pre-Flop-Spiel, ohne jedoch unvernünftig zu sein.

Je weniger Spieler am Tisch sitzen, desto eher kann man vom traditionellen Pre-Flop-Schema abweichen. Wenn der Tisch voll ist, dann haben Sie weniger Spielraum, da zehn Starthände und somit 20 von 52 Karten ausgegeben sind. Die Bandbreite der Hände wird einfach größer, und das Spiel läuft eher schematisch ab. Bei wenigen Mitspielern kann es oft sein, dass niemand eine spielbare Hand hat oder alle eine spielbare Hand haben. Dann verläuft das Pre-Flop-Spiel gerade im No-Limit oft sehr undogmatisch. Je mehr Spieler, desto größer ist die Bandbreite der ausgegebenen Starthände, und man sollte eher diszipliniert sein.

Slow-Play vor dem Flop

Slow-Play – mit einer starken Hand Schwäche zu simulieren – spielt vor dem Flop eine viel geringere Rolle als nach dem Flop. Warum das so ist, leuchtet eigentlich direkt ein. Man braucht für ein erfolgreiches Slow-Play natürlich Karten, die so gut sind, dass man sich nahezu sicher sein kann, damit am Ende zu gewinnen. Pre-Flop kennt man die fünf Gemeinschaftskarten, die alle Spieler benutzen können, noch nicht. Man kann sich also selbst mit Assen oder Königen nicht völlig sicher sein, am Ende noch zu gewinnen. Das gilt noch viel mehr für Starthände der niedrigeren Gruppen, zum Beispiel **ATs.** Wenn ich mit einer solchen Hand in guter Position nur mitgehe, dann ist das weniger Slow-Play als vielmehr *Change-Gears*, also eine Technik, die darauf abzielt, sein eigenes Betting-Pattern zu verschleiern.

Kandidaten für Pre-Flop-Slow-Play sind **AA, KK** und in einigen Ausnahmefällen auch **QQ.** Das sind Made-Hands, die eine relativ hohe, endgültige Gewinnchance haben. Keinesfalls sollte man mit **AK** oder ähnlichen Karten, die noch Verbesserung brauchen, an Slow-Play vor dem Flop denken. Hier sollte man erhöhen, um zu verhindern, dass schwächere Hände sich noch verbessern und **AK** schlagen. Welche Bedingungen sollten erfüllt sein, um vor dem Flop ein Slow-Play zu wagen?

- Der Tisch muss aggressiv sein. Ihre vorgetäuschte Schwäche muss Aggression auslösen, die Sie dann ausnutzen. Darum geht es beim Slow-Play. Den Gegner dazu zu bringen, den Fehler zu machen, sich mit der schwächeren Hand zu weit aus dem Fenster zu lehnen.
- Der Tisch sollte relativ voll sein, und Sie sollten sich in früher Position befinden, damit die Chance besteht, dass nach Ihrem vermeintlich schwachen Mitgehen hinter Ihnen Action entsteht. Wenn vor Ihnen schon mehrere Spieler mitgegangen sind oder gar erhöht haben, dann sollten Sie mit einer guten Hand einfach kräftig erhöhen, um die lästigen Gegner mit ihren potenziellen Draw-Hands frühzeitig loszuwerden.
- Denken Sie stets an die möglichen negativen Folgen, die Slow-Play nach sich ziehen kann: Man kann mit seiner Bombenhand nur einen relativ kleinen Pot gewinnen, wenn die Gegner auf das Slow-Play nicht einsteigen und nicht wetten oder erhöhen. Zum anderen lässt man die Gegner zu billig den Flop sehen und erlaubt Ihnen dadurch, sich möglicherweise entscheidend zu verbessern. Das ist auch der Grund, warum man beim Slow-Play grundsätzlich eine wirklich sehr starke Hand wie **AA, KK** oder **QQ** braucht. Denken Sie daran: Im Texas Hold'em ist keine Starthand wirklich kugelsicher.

Bluffen vor dem Flop

Beim Bluffen in der ersten Wettrunde geht es genau wie beim Bluffen allgemein darum, mit einer schlechten Hand und einer relativ hohen Wette Gegner mit besseren Händen zu vertreiben, um den Pot zu gewinnen. Pre-Flop dient der Bluff aber nicht nur diesem Ziel. Ein netter Nebeneffekt ist, dass unser Spiel für die Gegner undurchschaubar wird. Was sind also die Idealbedingungen für einen Bluff?

- Bluffen Sie Gegner, die sehr tight und ängstlich spielen. Diese Gegner sind ideal, denn sie fühlen sich generell besser, wenn sie eine Hand wegwerfen. Für diese Spieler ist das Glas immer halbleer statt halbvoll, und sie suchen stets nach einem Grund, sich von ihrer Hand zu trennen. Geben Sie diesen mutlosen Spielern einen Grund dazu, indem Sie eine knackige Erhöhung machen, zum Beispiel dreimal die Big-Blind. Sie tun ihnen damit einen Gefallen. Bluffen Sie aber bitte keine Loose-Players, die ohnehin mit jedem schlechten Blatt mitgehen. Gerade Anfänger sind sehr schwer zu bluffen.
- Zum Bluffen sollten Sie wenige Gegner vor sich haben und eine gute Position. Ansonsten ist die Wahrscheinlichkeit zu groß, dass man auf eine gute Hand trifft, die den Bluff zunichte macht. Es gehört zu den typischen Anfängerfehlern, Pre-Flop in einen vollen Tisch hineinzubluffen. Auf diese Weise wird man sein Geld schneller los, als man es eingetauscht hat. In schlechter Position kommen einfach zu viele unbekannte Variablen, sprich Spieler, in die Gleichung. Hinter mir können versteckte Monsterhände sitzen, die nur darauf warten, dass ein Spieler blufft, und dann genüsslich mitgehen oder erhöhen.
- Meine Gegner sollten weder sehr viele noch sehr wenige Chips übrig haben. Die Gefahr bei demjenigen mit wenig

Chips ist, dass er verzweifelt ist und aus diesem Grund einen All-In Move machen könnte und so unseren Bluff ruiniert. Der Gegner mit vielen Chips kann es sich erlauben, einfach mitzugehen und zu schauen, was man so macht, wenn er einen Verdacht hat. Er kann leicht den Sheriff spielen. Ideal ist also ein Gegner mit einem mittelgroßen Stack. Ein solcher hat meistens Angst, dass aus seinem mittleren Stack ein kleiner Stack wird, und neigt im Zweifel eher dazu, seine Hand wegzuwerfen, als dieses Risiko einzugehen.

- Pre-Flop zu bluffen bedeutet in vielen Fällen, dass man die Blinds klaut. Vor allem als Big-Blind sollte man immer an einen Bluff denken, wenn alle außer der Small-Blind rausgegangen sind. Die Small-Blind ist häufig nur mitgegangen, weil es für sie nur die Hälfte gekostet hat, und man hat zusätzlich Position auf sie.
- Ein Nachteil und ein Vorteil zugleich beim Bluffen vor dem Flop ist, dass noch kein Board da ist, das es erlaubt, bestimmte Hände durch eine hohe Wette zu repräsentieren. Sie bluffen also mehr oder weniger im Dunkeln. Die psychologische Komponente vor dem Flop ist anders: Das Opfer, das geblufft wird, kennt nur zwei von sieben Karten seiner Hand. Es wird sich daher auch überlegen, wie es sich in den drei noch folgenden Wettrunden gegen Sie schlagen wird. Wenn Sie das Image haben, ein guter Spieler zu sein, werden die Spieler in der Regel eher aufgeben. Umgekehrt werden Sie oft ungewollte Calls bekommen, wenn Sie als weniger guter Spieler bekannt sind.

Im Ergebnis spielt also Bluffen vor dem Flop gerade bei wenigen Spielern und in guter Position eine sehr große Rolle, während es an einem vollen Tisch, an dem meist gute Hände unterwegs sind, eher unbedeutend ist. Slow-Play ist ebenfalls wichtiger bei wenigen Spielern. Hier ist die Wahrscheinlichkeit, am Ende geschlagen zu werden, weil man zu billig Gemeinschaftskarten verteilt, geringer. Zum Ende noch einige Beispiele zum besseren Verständnis:

Beispiel 1: Sie haben

Sie sind die Big-Blind. Die Blinds sind relativ hoch, 5 €/10 €, und alle Spieler außer der Small-Blind, die Ihnen als relativ loose bekannt ist, sind ausgestiegen. Sie sind jetzt an der Reihe und können von Ihrem Recht, noch mal zu erhöhen, Gebrauch machen. Was tun Sie?

Sie haben keine Hand. Was Sie haben, ist Schrott. Ihre einzige Chance, den Pot zu gewinnen, ist höchstwahrscheinlich jetzt. Sie sollten daher erhöhen und versuchen, die Small-Blind herauszubluffen. Da Ihnen die Small-Blind als relativ loose bekannt ist, hat er wahrscheinlich keine gute Hand. Es bedeutet aber auch, dass er Ihren Bluff tendenziell eher mitgeht. Daher sollten Sie hoch wetten. Am besten mindestens 20 €, ansonsten besteht die Gefahr, dass er mitgeht.

Beispiel 2: Sie haben

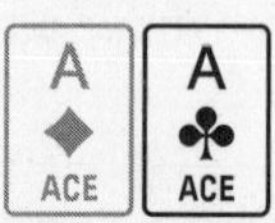

Sie spielen mit nur vier Spielern, die eher tight sind, und Sie sitzen direkt hinter der Big-Blind. Sie sind als Erster an der Reihe, also *under the gun.* Was tun Sie?

Zwei Asse bekommt man nur in einer von zweihundertzwanzig Händen, und Sie freuen sich zu Recht. Sollten Sie die Asse jetzt aus schlechter Position erhöhen, besteht die Gefahr, dass alle Spieler aufgeben, wenn ihr Table-Image eher tight ist. Hier ist eine der wenigen Situatinen gegeben, in denen Slow-Play vor dem Flop angebracht ist. Bei nur vier Spielern ist die Chance relativ gering, dass Ihre Asse am Ende geschlagen werden. Sie sollten also nur mitgehen und hoffen, dass Sie Action von einem anderen Spieler bekommen. Das gilt natürlich nur, weil Sie den Tisch als tight einstufen. Ansonsten wäre hier eine Erhöhung angesagt.

Beispiel 3: Sie haben

Sie sind in einem Spiel mit neun Spielern und sitzen auf dem Button. Vor Ihnen sind drei Spieler ausgestiegen und drei haben gelimpt. Die Blinds sind 2 €/4 €. Sie sind nun an der Reihe. Was tun Sie?

Erst einmal herzlichen Glückwunsch zur schlechtesten Hand im Texas Hold'em, auch *Beer-Hand* genannt. Sie ist niedrig, man kann nicht beide Karten für eine Straße verwenden, und die Flush-Chancen sind schlecht. Die Frage ist also eigentlich nur, ob Sie bluffen oder austeigen sollen. Sie haben die beste Position, den Button. Dennoch sollten Sie hier nicht bluffen. Es sind noch zu viele Spieler übrig. Nach Ihrer Bluff-Wette müssen sich fünf Spieler entscheiden, ob sie mitgehen oder nicht. Wenn ein Spieler mitgeht, sehen Sie mit **72**-offsuit schlecht aus.

All-In vor dem Flop

Immer wieder kommt es beim No-Limit Texas Hold'em zu der Situation, dass ein Spieler bereits vor dem Flop all seine Chips in die Mitte des Tisches schiebt. Sei es, weil er ohnehin nur noch wenige Chips hat und nicht mehr viel machen kann oder weil die Blinds so hoch sind, dass er allein durch das Setzen der Small- oder Big-Blind bereits pleite ist. Oft geschehen solche All-In Moves auch ohne Not, und ein Spieler möchte ganz einfach die Blinds oder das Geld, das sich bislang im Pre-Flop-Pot durch Limpen, Erhöhen und Mitgehen angesammelt hat, einstreichen.

Aber Achtung! Seien Sie vorsichtig mit solchen All-In Moves. Wenn Sie noch viele Chips übrig und eine gute Hand haben, zum Beispiel **KK,** dann sollten Sie es sich lieber zweimal überlegen, All-In zu gehen. Sie wollen schließlich mit Ihrer Hand viel Geld machen. Eine All-In-Wette verscheucht die anderen Spieler nur, und Sie haben mit Ihrer Top-Hand im Zweifel nur die Blinds abgeräumt. Durch ein All-In kann man so eine Bombenhand in eine mittelprächtige bis schlechte Hand verwandeln. Zudem sind auch Top-Hände wie **AA** oder **KK** kein Garant dafür, dass man am Ende gewinnt.

Ich musste leider bereits selbst diese Erfahrung machen. Ich war damals noch ziemlich unerfahren und hatte in einem Turnier zweimal hintereinander **AA** bekommen. Was für ein Wahnsinn! Beim ersten Mal bin ich All-In gegangen, und alle Spieler am Tisch sind ausgestiegen. Toll, das hätte ich theoretisch auch mit **72**-offsuit machen können. Ich hätte lieber behutsam vorgehen und zweimal die Big-Blind setzen sollen. Na ja, was soll's, es ist halt passiert, und ich habe immerhin nichts verloren. Nur leider auch nur wenig gewonnen.

Direkt danach habe ich wieder **AA** bekommen! Ich bin noch einmal All-In gegangen. Ein anderer Spieler ist mitgegangen. Als wir die Karten aufgedeckt haben, war meine Freude groß: Er hatte nur **A7**-offsuit. Ich war also sicher, mich in dieser frühen Phase des Turniers zu verdoppeln, und sagte noch selbstgefällig zu dem anderen Spieler: »Tja, auch ein guter Call will gelernt sein.« Der Flop kommt – **K77** –, und er trifft einen Drilling mit seiner Sieben. Weder Turn noch River bescherten mir das dritte Ass. Ich war fertig und saß wie vom Blitz getroffen auf meinem Stuhl. Das Turnier war nach zehn Minuten für mich vorbei, und mit weißem Gesicht verließ ich den Raum, ohne ein Wort zu sagen. **AA** kann ein Fluch sein. Zweimal **AA** hintereinander ist schicksalhaft. Ich habe jedenfalls daraus gelernt: Auch **AA** kann geknackt werden. Das hat mir Respekt beigebracht.

Wenn man mit einem All-In vor dem Flop bezwecken will, dass die Gegner aussteigen, muss man ebenfalls aufpassen. Nehmen wir an, Sie haben eine mittelgute Hand wie **TT** und denken, dass diese Hand jetzt noch gut sei, aber nach dem Flop wahrscheinlich geschlagen sein wird. Sie wollen schon Pre-Flop-Spieler eliminieren. Wenn Sie jetzt All-In gehen, besteht die Gefahr, dass ein anderer Spieler eine Monsterstarthand wie **AA, KK** oder **AKs** hat und Sie durch einen Call um all Ihre Chips bringt. In meinem Beispiel von oben hatte mein Gegner einfach Glück, dass der Flop seine Hand entscheidend verbessert hat. Im Normalfall sind aber **A7** oder **TT** hoffnungslose Verlierer gegen Monsterstarthände der ersten Gruppe.

Gewinnchancen für Heads-Up-Konfrontationen vor dem Flop

Diese Gewinnwahrscheinlichkeiten sind vor allem für All-In-Situationen in einem No-Limit-Spiel nützlich, und man sollte sie kennen. Oft kann man den Gegner schon vor dem Flop auf wenige bestimmte Hände setzen und so besser abwägen, ob sich ein Mitgehen lohnt.

Handkonfrontation	Beispiel	Gewinnchance
Hohes Paar vs. niedriges Paar	KK vs. 99	4.5 : 1
Paar vs. Undercards	QQ vs. JT	5 : 1
Paar vs. Overcards	66 vs. AK	5.5 : 4.5
Paar vs. Over- und Undercard	QQ vs. AT	5 : 2
Overcards vs. Undercards	KQ vs. 98	5 : 3

3. TEIL

Post-Flop-Play – Wie spielt man auf Flop und Turn?

Die korrekte Analyse des Flops – Sehen, wo man steht

Der Flop ist ein entscheidender Moment in einem No-Limit-Texas-Hold'em-Spiel. Die zweite Wettrunde hat nicht einmal begonnen, und Sie kennen über 70% Ihrer Karten. Wir haben also die Situation, dass wir gerade einmal eine von vier Wettrunden hinter uns haben, aber bereits fünf von sieben Karten unserer Hand kennen. Diesen Informationsüberschuss muss man ausnutzen. Wenn man auf dem Flop noch in der Hand ist, ist die Interessenlage stets die gleiche:

- Man will, dass der Flop die eigene Hand verbessert.
- Man will nicht, dass der Flop die Hand des Gegners entscheidend verbessert. Ideal ist, wenn der Gegner eine gute Hand hat und man selbst eine noch bessere.

Ein guter Flop ist also ein Flop, der Ihre Hand verbessert und es gleichzeitig unwahrscheinlich macht, dass die Gegner ihre Hand entscheidend verbessert haben. Auf der anderen Seite ist es natürlich schlecht, wenn der Flop Ihnen nichts beschert hat, es aber gleichzeitig umso wahrscheinlicher macht, dass Ihre Gegner sich jetzt über ein tolles Blatt freuen. Die Alarmglocken sollten bei Ihnen in folgenden Fällen läuten:

- Das Board zeigt drei oder mehr Karten derselben Farbe: Achtung! Flush-Gefahr.
- Auf dem Board liegt ein Paar. Ihr Gegner hat möglicherweise einen Drilling oder ein Full-House.
- Auf dem Board befinden sich Karten, die von ihrer Wertigkeit nah beieinander liegen: Vorsicht! Straßen.

In diesen Fällen ist die Gefahr leicht zu sehen. Am schwierigsten wird es aber bei undefinierbaren Flops. Das sind Flops, die Ihnen nichts wirklich Tolles bringen und es mehr oder weniger offen lassen, ob die Gegner was bekommen haben. Die Wahrscheinlichkeiten für typische Flops sehen Sie in der folgenden Tabelle:

Flop besteht aus	Wahrscheinlichkeit	Bedeutung
gleicher Farbe	5,2 %	Flush möglich.
unterschiedlichen Farben, sog. Rainbow-Flop	39,8 %	Kein Flush-Draw.
drei aufeinanderfolgenden Karten	3,5 %	Straße möglich.
drei aufeinanderfolgenden Karten und gleicher Farbe	0,2 %	Flush und Straße möglich.
Drilling	0,2 %	Full-House, Vierling möglich.
Paar	16,9 %	Drilling, Full-House, Two-Pair möglich.

Wenn Sie auf dem Flop Ihre Überlegungen anstellen und Ihre Situation und die der anderen Spieler einschätzen, bedenken Sie bitte stets die folgenden sehr einfachen Grundregeln:

- Es werden sehr gern Asse gespielt. Die Wahrscheinlichkeit, dass Asse auf dem Flop unterwegs sind, ist gerade bei vielen

Spielern groß. Ein Großteil der Spieler neigt dazu, auch Asse mit schlechtem Kicker selbst aus schlechter Position heraus zu spielen. Wenn ein Ass auf dem Flop auftaucht, sollten Sie mit einer Hand wie **JJ** oder **KK** vorsichtig sein.

- Viele Spieler, vor allem Anfänger, spielen gerne Karten derselben Farbe. Dabei ist es Ihnen oft egal, welchen Wert die Karten haben. Ist die Hand suited, wird sie gespielt. Vorsicht also mit Anfängern bei Flops in der gleichen Farbe oder zwei gleichen Farben. Hier könnte ein Flush- oder ein Flush-Draw unterwegs sein.
- Suited-Connnectors wie zum Beispiel **78s** oder **JTs** werden bei vollen Tischen gerne wegen ihres hohen Multiway-Potentials gespielt. Bei wenigen Spielern ist es eher seltener.
- Bildkarten bzw. hohe Karten werden oft und gerne gespielt.

Wie spielt man auf dem Flop?

Es hat sich im Texas Hold'em eine Einteilung der möglichen Hände auf dem Flop herausgebildet. Für die jeweilige Hand gibt es bestimmte, typische Strategien. Sehen Sie die folgende Tabelle bitte nicht als Protokoll, das streng eingehalten werden muss, sondern eher als Leitlinie und Orientierungshilfe. Es macht im Poker oft Sinn, zunächst festzustellen, was im jeweiligen Moment die allgemein vertretbare Entscheidung oder Überlegung ist. Dann kann man in Ruhe entscheiden, ob man genug Anhaltspunkte hat, um hiervon abzuweichen oder eben nicht.

Art der Hand auf dem Flop	Beste Taktik (Tisch mit 8 bis 10 Spielern)	Beispiel
Monster	Ihre Hand gewinnt am Ende mit Sicherheit. Konzentrieren Sie sich darauf, den Pot zu mästen, und sehen Sie zu, dass die Spieler in der Hand bleiben. Zeit für Slow-Play und Check-Raises.	Full-House, Nut-Straight, Nut-Flush
Sehr gute Hand	Die Hand macht es wahrscheinlich, dass Sie am Ende den Pot gewinnen. Wenn der Pot klein ist, versuchen Sie ihn zu mästen. Slow-Play und Check-Raises sind auch hier ein gutes Mittel. Wenn der Pot bereits groß ist und der Flop Gefahr zeigt, sollten Sie versuchen, Ihre Hand zu beschützen, indem Sie durch Wetten und Erhöhen Gegner eliminieren.	Straight, Set, Flush
Gute Hand	Wenn man eine gute Hand hat, die jetzt noch gut ist, sich aber durch Turn und River in Relation zum Gegner verschlechtern könnte, sollte man bei einem gefährlichen Flop versuchen, Gegner zu eliminieren. Eine genaue Analyse des Flops ist erforderlich. Auf dem Flop kann eine Testwette angebracht sein, um zu sehen, wo man steht.	Trips, Top-Pair, Hohes Two-Pair
Mittelmäßig, sog. Marginal Hand	Ihre Hand hat Gewinnchancen. Wenn Sie die Möglichkeit sehen, durch Wetten Gegner zu eliminieren, sollten Sie es tun. Wenn Ihre Gegner Stärke zeigen, sollten Sie in der Regel aufgeben. Diese Hände zu spielen ist eine regel-	Middle-Pair, Bottom-Pair, High-Card

	rechte Kunst und erfordert Einzelfallentscheidungen, die alle Faktoren des jeweiligen Spiels berücksichtigen.	
Schlechte Hand	Ein Bluff zur rechten Zeit kann Ihnen zwar noch den Pot bescheren, aber in der Regel sollten Sie aufgeben.	Flop hat nicht getroffen, Sie haben nicht einmal eine hohe Karte
Gute Drawing-Hand	Spielen Sie so, dass Geld in den Pot kommt. Erhöhen Sie, und die Gegner suchen entweder das Weite oder bezahlen, und Sie haben die Chance, am Ende zu gewinnen, ein so genannter Semi-Bluff.	Nut-Open-End-Straight-Draw, Nut-Flush-draw
Drawing-Hand	Je nach Stärke der Gegner sollten Sie hier entweder versuchen, umsonst weitere Gemeinschaftskarten zu sehen oder die Gegner durch Wetten zu vertreiben, um so zu gewinnen, ohne dass Ihr Draw kommen muss.	Open-End-Straight-Draw, Flush-Draw
Schlechte Drawing-Hand	Auf dem Flop sollte man sich von solchen Händen in der Regel trennen, es sei denn, der Tisch wirkt so schwach, dass Sie mit einem Bluff durchkommen. Es kann auch sein, dass die Pot-Odds so gut sind, dass sich ein Mitgehen lohnt.	Inside-Straight Draw, Chance auf Drilling mit niedrigem Paar

Diese Tabelle ist wie gesagt sehr grob, und Sie müssen im Einzelfall eine eigene, auf die Situation abgestimmte Entscheidung treffen. Wir werden gleich das Analysieren des Flops an verschiedenen Beispielen üben, damit Sie sehen, wie man sich in konkreten Situationen verhalten sollte. Eine Erfahrungsregel kann ich Ihnen aber schon an dieser Stelle verraten:

Meistens trifft der Flop die Spieler nicht. Es sind zweiundfünfzig Karten im *Deck*, und die Gesetze der Wahrscheinlichkeit sprechen dagegen.

Dieser Satz hört sich einfach an, aber er ist Gold wert. Wenn Sie sich im Unklaren darüber sind, ob und welche Hand Ihr Gegner getroffen haben könnte, so gehen Sie am besten erst einmal davon aus, dass der Flop ihn nicht getroffen hat. Gehen Sie erst vom Gegenteil aus, wenn Sie Indizien dafür haben. Zum Beleg dieser Regel soll folgende Tabelle dienen. Sie müssen Sie nicht auswendig lernen, es reicht, wenn Sie ein ungefähres Bild von den Wahrscheinlichkeiten bekommen.

Ereignis auf dem Flop	Wahrscheinlichkeit
Man flopt ohne Pocket-Pair ein Paar	32, 4 %
Man flopt mit Pocket-Pair einen Drilling	11,8 %
Man flopt mit suited Pocket-Cards einen Flush oder Flush-Draw	11,8 %
Man flopt mit gleichfarbigen Startkarten einen Flush	0,84 %
Man flopt mit 65 eine Straße	1,3 %
Man flopt mit 75 eine Straße	1 %
Man flopt mit 85 eine Straße	0,7 %
Man flopt mit 95 eine Straße	0,3 %

Übungen zum Spiel auf dem Flop

Nun wollen wir die korrekte Analyse des Flops und das Spiel auf dem Flop anhand einiger Beispiele noch einmal durchspielen. Es ist wichtig, dass Sie die Gedankengänge nachvollziehen, um für ähnliche Situationen am Pokertisch gewappnet zu sein:

Beispiel 1: Sie haben

In der ersten Wettrunde gab es keine Erhöhung. Sechs von acht Spielern sind nach dem Flop noch in der Hand. Auch Sie selbst sind in Late-Position einfach nur mitgegangen. Jetzt kommt der Flop:

Flopvariante 1

Dieser Flop ist wirklich ideal für Sie. Sie haben Top-Pair mit relativ hohem Kicker. Da ein so genannter Rainbow-Flop auf dem Tisch liegt, haben Sie auch keine Flushs zu fürchten, und Straßen sind ebenfalls unwahrscheinlich. Sie müssen zwar vor Karten bei Ihren Gegnern wie **AA, AK, KK, KQ** etc. Angst haben, aber diese wären wahrscheinlich schon Pre-Flop erhöht worden, so dass es wahrscheinlich ist, dass Sie die beste Hand haben und dementsprechend hoch wetten sollten.

Flopvariante 2

Hier sieht es schon anders aus. Sie haben zwar ein Paar, aber ein Ass-Paar schlägt Sie. Da Asse gerne gespielt werden und es bei sechs verbliebenen Spielern wahrscheinlich ist, dass zumindest einer ein Ass hält, und zudem noch Flush-Chancen bestehen, sollten Sie hier vorsichtig sein. Hier wäre eine Testwette angebracht, um zu sehen, wo man steht. Wenn der Test negativ ausfällt, sollten Sie sich unbedingt von Ihrer Hand trennen.

Flopvariante 3

Das ist für Sie kein Flop, sondern eher eine Atombombe. Sie haben ein Full-House gefloppt. Jetzt müssen Sie zunächst Ihre Emotionen kontrollieren, um nicht zu zittern. Klar, wenn jemand hier **KK** auf der Hand hat, schlägt er Sie, aber das ist in der Regel unwahrscheinlich. Betreiben Sie hier Slow-Play. Wetten oder erhöhen Sie möglichst nicht, damit die Gegner nicht herausgehen. Hoffen Sie, dass die Gegner auf Flop, Turn oder River noch irgendetwas bekommen, so dass sie hoch wetten. Oder hoffen Sie, dass die Gegner versuchen werden, durch hohe Wetten zu bluffen. In beiden Fällen können Sie am Ende mit Ihrem Monster kräftig absahnen.

Beispiel 2: Sie haben

Vor dem Flop sind Sie aus schlechter Position die Big-Blind mitgegangen, und zwei andere Spieler haben es Ihnen gleichgetan und sind mit Ihnen im Pot. Der Flop kommt, und Sie sind als Erster gefragt.

Flopvariante 1

Hier haben Sie Glück gehabt. Der Flop hat Sie zwar nicht getroffen, aber frei nach der Faustregel, die ich oben erwähnt habe, kann man bei nur zwei weiteren Spielern erst einmal davon ausgehen, dass der Flop die anderen auch nicht getroffen hat. Flush-Chancen bietet dieser Flop nicht. Bei solchen Flops ist es oft so, dass derjenige gewinnt, der sich aggressiv zeigt und durch eine knackige Wette den Pot für sich beansprucht. Wetten Sie also ruhig den halben Pot. Halten Sie aber nicht an Ihrer Hand fest, wenn Sie auf ernsthafte Gegenwehr stoßen.

Flopvariante 2

Hier haben Sie zwar Middle-Pair, aber dennoch keinen Grund zur echten Freude. Dass ein Spieler mit einer Dame in der

Hand vor dem Flop nur mitgegangen ist, ist durchaus denkbar. Zudem besteht Flush-Gefahr. In der Regel sollten Sie hier nicht mehr groß einsteigen, da die Chance, dass Ihr niedriges Bottom-Pair bis zum Ende hält, gering ist. Checken Sie also zunächst und warten Sie ab, was passiert. Wenn die Gegner Schwäche zeigen, sollte man ruhig wetten.

Flopvariante 3

Hier haben Sie Top-Pair bekommen und sollten wetten. Sie haben zwar keinen guten Kicker, aber bei nur zwei weiteren Spielern ist die Gefahr, dass ein anderer ein Ass mit einem besseren Kicker hat, eher gering. Vor allem wäre eine solche Hand wohl Pre-Flop von einem Ihrer Gegner erhöht worden.

Outs und Odds – Die Rechnerei beginnt auf dem Flop …

Auf dem Flop fängt leider auch die Rechnerei mit den *Outs* und *Odds* an. Während man Pre-Flop ein Wertigkeitsranking der Starthände hat und diese abhängig von der Position, dem Verhalten der anderen Spieler und deren Anzahl spielt oder auch nicht, wird es auf dem Flop komplizierter. Um zu wissen, wie wahrscheinlich es ist, dass Ihre Hand sich verbessert bzw. überhaupt zu einer vernünftigen Hand wird, müssen Sie die genaue Anzahl Ihrer Outs kennen:

Outs sind die Karten im Deck, die mir helfen, meine Hand zu verbessern. Habe ich zum Beispiel ein Paar auf der

Hand, so habe ich 2 Outs auf einen Drilling. Wenn ich einen Flush-Draw habe, dann habe ich 9 Outs, um meinen Flush zu vervollständigen.

Odds ist die Wahrscheinlichkeit, im weiteren Spielverlauf eine meiner Outs zu bekommen und die Hand zu gewinnen. Die Odds ergeben sich, indem ich die Anzahl der Outs durch die Anzahl der mir unbekannten Karten teile. Wenn ich zum Beispiel einen Flush-Draw nach dem Turn habe, so ist die Wahrscheinlichkeit, den Flush auf dem River zu treffen, 9 geteilt durch 46 also gleich 19,6 %.

Wenn ich keinen Draw habe, der meine Hand entscheidend verbessern kann, oder auf dem River, wenn keine Gemeinschaftskarten mehr kommen, bedeutet Odds ganz einfach die Wahrscheinlichkeit, am Ende im Show-Down mit meiner Hand zu gewinnen.

Diese Begriffe sollten Sie verinnerlichen, auch wenn Sie nicht jedes Mal, wenn der Flop kommt, eine große Rechnerei veranstalten müssen. Sie sollten aber als guter Spieler sofort wissen, wie die Outs für typische Drawing-Hände und die sich daraus ergebenden Odds, also die Trefferwahrscheinlichkeit, sind. Hier die Tabelle, die die Trefferwahrscheinlichkeit, bezogen auf die Anzahl der Outs, wiedergibt.

Anzahl der Outs und typische Situation	Odds nach dem Flop für den Turn	Odds nach dem Turn für den River	Odds nach dem Flop für Turn und River zusammen
1	2,1 %	2,2 %	4,3 %
2 (Drillings-Draw mit Paar)	4,3 %	4,4 %	8,4 %
3	6,4 %	6,5 %	12,5 %
4 (Inside-Straight-Draw)	8,5 %	8,7 %	16,5 %
5	10,6 %	10,9 %	20,4 %
6	12,8 %	13 %	24,1 %
7	14,9 %	15,2 %	27,8 %
8 (Open-End-Straight-Draw)	17 %	17,4 %	31,5 %
9 (Flush-Draw)	19,2 %	19,6 %	35 %
10	21,3 %	21,7 %	38,4 %
11	23,4 %	23,9 %	41,7 %
12	25,5 %	26,1 %	45 %
13	27,7 %	28,3 %	48,1 %
14	29,8 %	30,4 %	51,2 %
15	31,9 %	32,6 %	54,1 %
16	34 %	34,8 %	57 %
17	36,2 %	37 %	59,8 %
18	38,3 %	39,1 %	62,4 %
19	40,4 %	41,3 %	65 %
20	42,6 %	43,5 %	67,5 %
21	44,7 %	45,7 %	69,9 %
22	46,8 %	47,8 %	72,3 %

Diese Tabelle müssen Sie nicht auswendig lernen. Sie sollten aber ein Gefühl dafür bekommen, wie die Wahrscheinlichkeiten, bezogen auf die Outs, sind. Hierbei hilft die 2–4-Regel:

Die 2–4-Regel – eine einfache und effektive Hilfe
Multiplizieren Sie die Anzahl Ihrer Outs nach dem Flop mit 4 und nach dem Turn mit 2. Dies ergibt relativ genau die Wahrscheinlichkeit, sich nach dem Flop bzw. Turn noch zu verbessern.
Wenn Sie auf dem Flop sind und wissen wollen, wie Ihre Odds nur für den Turn sind, multiplizieren Sie ebenfalls Ihre Outs mit 2.

Gerade der letzte Satz hat im No-Limit eine entscheidende Bedeutung. Es kommt sehr oft vor, dass man auf dem Flop ist und wissen will, wie sich die eigene Hand bei der nächsten Karte verbessern kann. Wie gesagt, die Wettrunden können beim No-Limit extrem teuer werden, und dann ist es wichtig zu wissen, wie sich die eigene Hand schon bei der nächsten Gemeinschaftskarte verbessern kann. An dieser Stelle noch ein Beispiel für das Rechnen mit Outs und Odds:

Sie haben

Flop ***Turn***

Sie sind auf dem Turn und haben es mit nur einem Gegner zu tun. Aufgrund seines Wettverhaltens gehen Sie davon aus, dass er wenigstens ein Paar hat. Sie liegen also im Moment hinten und möchten wissen, wie hoch die Chance ist, am Ende im Showdown gegen den anderen Spieler zu gewinnen. Wie hoch ist die Gewinnchance, das heißt, was habe ich für Odds?

Man muss schauen, welche Karten einem weiterhelfen: Die **8** macht Ihnen eine Straße: Sie haben einen Inside-Straight-Draw mit 4 Outs, nämlich alle im Deck verbliebenen Achten. Sie gehen weiterhin davon aus, dass auch ein Ass-Paar den Gegner schlagen würde. Also addieren Sie die drei verbliebenen Asse im Deck noch hinzu. Im Ergebnis haben Sie sieben Outs.
Jetzt wenden Sie die 2–4-Regel an und rechnen einfach 7 mal 2, da Sie auf dem Turn sind. Sie kommen so auf eine Trefferwahrscheinlichkeit von 14 %. Der Blick in die Tabelle zeigt 15,2 %. Die Abweichung können wir verkraften, da die Rechenmethode so einfach ist. Wir wissen also jetzt, dass wir Odds in Höhe von ungefähr 15 % haben, die Hand durch Show-Down zu gewinnen. Diese Zahl allein besagt zunächst noch nicht, ob ich wetten, aufgeben, mitgehen oder erhöhen soll, sie gibt mir aber Aufschluss darüber, wo ich stehe, und bildet eine gute Enscheidungsgrundlage.

Beachten Sie vor allem, dass Outs nur dann wichtig sind, wenn ich denke, ich liege momentan hinten und muss mich noch durch die Outs verbessern, um zu gewinnen. Wenn dies nicht der Fall ist, dann ist Odds oder Gewinnwahrscheinlichkeit das Ergebnis einer Einschätzung, die auf sehr vielen Faktoren basiert. Hierbei spielen Wettmuster des Gegners eine Rolle, Tells, das Wettverhalten in den vorangegangenen Runden, meine Hand, Position und vieles mehr. Wenn ich zum Beispiel ein Full-House habe und mir nicht sicher bin, ob der

Gegner nicht vielleicht ein höheres Full-House hat, dann nützen mir Outs nur wenig. Dann muss ich auf anderem Wege zu einer Einschätzung der Gewinnchancen kommen.

Outs zählen – aber bitte richtig!

Dies waren noch einmal zusammengefasst die Basics über Outs und Odds. Es ist keine Kunst, sich zu merken, dass ein Flush-Draw auf dem Flop 9 Outs hat und mit ungefähr 35 % Wahrscheinlichkeit auf Turn und/oder River kommt.
Es ist aber in manchen Situationen sehr wohl eine Kunst, überhaupt die korrekte Anzahl seiner Outs zu bestimmen. Bei der WSOP sieht man oft All-In-Situationen, in denen die Karten einfach so aufgelegt werden, ohne dass noch gewettet werden kann. Es fällt auf, dass die Spitzenspieler blitzschnell sagen können, was ihnen noch helfen kann. Hierbei nennen sie blitzschnell ihre Outs. Hier zeigt sich, was einen Profispieler vom Amateur unterscheidet. Der Profi weiß immer ganz genau, was ihm helfen kann, während der Amateur oft selbst überrascht ist, wenn er dann zum Beispiel am Schluss doch noch seine Straße bekommt. Gerade im No-Limit ist die genaue Kenntnis der Outs extrem wichtig, da auf dieser Grundlage die Gewinnchancen, die Odds, berechnet werden. Die Odds bilden wiederum die Entscheidungsgrundlage für die richtige Wetthöhe, also eine solche, die den Gegner dazu verleitet, die kostspieligsten Fehler zu machen.
Vor allem wenn man das Gefühl hat, momentan noch hinten zu liegen, ist es extrem wichtig, die genaue Anzahl seiner Outs zu kennen, um zu wissen, wann es sich lohnt zu spielen. Manchmal ist es aber nicht so einfach, seine Outs zu zählen. Was ist, wenn ich mir nicht sicher bin, ob ich mit dem Draw – sollte er mich dann treffen – gewinne? Wie bewerte ich einen

Backdoor-Draw, also einen Draw, bei dem ich noch zwei Karten brauche, um meine Hand entscheidend zu verbessern? Auf den folgenden Seiten werde ich Ihnen helfen, genau diese Probleme in den Griff zu bekommen und diese Konstellationen in verwertbare Outs-Zahlen zu übersetzen, mit denen Sie rechnen können.

Partielle Outs – weder Fisch noch Fleisch …

Die Definition für Outs besagt, dass Outs Karten sind, die die Hand entscheidend verbessern. »Entscheidend« heißt, dass man auch gewinnt, wenn eine der Karten dann kommt. Was mache ich aber mit Karten, die meine Hand zwar verbessern, aber am Ende nicht unbedingt die Gewinnerhand bilden? Hier ein Beispiel:

Sie haben

Flop

Auf den ersten Blick sieht die Sache relativ einfach aus: Sie haben einen Inside-Straight-Draw mit 4 Outs. Eine **10** macht Ihnen eine hohe Straße, mit der Sie bei dem Flop wahrscheinlich gewinnen werden. Aber jetzt kann man weiterdenken: Ein Bube oder eine Dame auf Turn oder River geben Ihnen ein hohes Paar. Das sind noch mal 6 Outs. Aber werden Sie mit

diesen 6 Outs auch gewinnen? Schließlich könnte der Gegner ein höheres Pocket-Pair haben.
Was machen wir mit diesen *Hybrid-Outs?* Wir rechnen sie einfach als halbe Outs: Es sind 6 weitere Outs in Form von Damen und Buben verfügbar. Da wir uns aber nicht sicher sind, ob wir damit auch gewinnen, zählen wir diese nur als halbe Outs. Die Damen und die Jacks werden also insgesamt nur mit 3 anstatt mit 6 Outs veranschlagt. Natürlich müssen wir noch die 4 Outs vom Inside-Straight-Draw addieren, so dass wir im Ergebnis auf insgesamt 7 Outs kommen. Wir haben somit bei Anwendung der Tabelle bzw. der 2–4-Regel Odds in Höhe von 15 %, uns bei der nächsten Gemeinschaftskarte, dem Turn, zu verbessern. Die Odds für Turn und River zusammen betragen 28 %. Wir merken uns also:

Outs, die einem nicht unbedingt eine Gewinnerhand geben, werden nur partiell gezählt. Im Zweifel halbiert man einfach ihre Anzahl, um zu einem Wert zu kommen, mit dem man rechnen kann. Wenn man diese Besonderheit nicht beachtet und diese Outs als volle Outs mitzählt, überbewertet man seine Hand. Lässt man diese Outs ganz weg, so unterschätzt man seine Hand.

Man muss ebenso verfahren, wenn man gedanklich zu dem Ergebnis kommt, dass eine bestimmte Out-Karte zu einem *Split-Pot,* also einem geteilten Pot, führen wird. Vor allem bei Straßen-Draws mit nur 4 Outs passiert das oft. Nehmen wir ein Beispiel:

Sie haben

Flop

Hier haben Sie 4 Outs, nämlich die vier verbliebenen Zehnen, und somit eine Chance von ungefähr 16,5 %, die höchste Straße auf Turn oder River zu treffen. Das Problem ist aber, dass die Spieler gerne Asse spielen. Es ist also in der Situation wahrscheinlich, dass Sie sich den Pot dann mit jemandem teilen müssen, der ebenfalls ein Ass hat. Die Lösung ist hier ebenfalls, die Anzahl dieser Outs zu halbieren. Schließlich wird der Pot ja auch geteilt, wenn beide eine Straße haben. Sie haben folglich im Bezug auf die Straße nur 2 statt 4 Outs.
Die drei verbliebenen Asse geben Ihnen leider auch nicht unbedingt eine Gewinnerhand. Das Problem ist, dass wir mit unserem schlechten Kicker, der 4, gegen ein anderes Ass-Paar verlieren könnten. Deshalb halbieren wir auch diese drei Outs, wie wir es im vorigen Kapitel gesehen haben. Somit kommen wir hier im Ergebnis nur auf 3,5 Outs.

Backdoor-Draws – Wenn noch zwei Karten zu meinem Glück fehlen

Backdoor-Draws sind Draws, bei denen ich noch zwei Gemeinschaftskarten brauche, um mich zu verbessern. Gleich vorweg: Backdoor-Draws sind normalerweise für sich alleine nicht spielbar. Die Chance, dass zum Beispiel noch zwei Karten der gleichen Farbe kommen oder genau die zwei Karten, die mir noch zu meiner Straße fehlen, ist einfach viel zu gering. Sie können aber in Kombination mit anderen Draws nützlich sein.
Wenn ich als Hole-Cards zwei Pik habe und ein Pik auf dem

Flop erscheint, dann liegt die Chance, dass Turn und River noch jeweils ein Pik bringen, bei ungefähr 4,5 %. Für sich alleine viel zu wenig. Wie übersetzt man das nun in eine vernünftige Outs-Zahl? Ganz einfach: Wir werfen einen Blick in die Odds-Tabelle und stellen fest, dass 4,5 % Odds für Turn und River ungefähr einem Out entspricht. Aber da der Backdoor-Flush-Draw von anderen nur schwer erkennbar ist, ist er besonders im No-Limit am Ende sehr profitabel. Somit ist er noch wertvoller. Dazu kommt noch, dass man auf dem Turn aufgeben, wenn die gewünschte Karte nicht kommt, und sich so teure Wetten auf dem River sparen kann.

- **Ein Backdoor-Flush-Draw wird nach herrschender Meinung mit 1,5 Outs veranschlagt.**

Bei *Backdoor-Straigh-Draws* muss man schauen, wie viele Lücken die Straße aufweist. Wenn die Straße keine Lücken aufweist, so gilt das Gleiche wie beim Flush-Draw, und sie wird mit 1,5 Outs veranschlagt. Bei einer Straße mit einer Lücke sieht es anders aus. Hier muss auf jeden Fall die Karte, die die Lücke ausfüllt, auf Turn oder River kommen, sonst wird das nichts mit der Straße. Bei der nach beiden Seiten hin offenen Straße reicht eine der beiden plus die nächsthöhere oder nächstniedrigere. Bei zwei Lücken sieht die Chance noch schlechter aus, da Turn und River genau die beiden fehlenden Karten bringen müssen. Es hat sich demnach folgende Bewertung dieser Draws im Texas Hold'em herausgebildet:

- **Ein Backdoor-Straight-Draw ohne Lücke, zum Beispiel JQK, wird mit 1,5 Outs veranschlagt.**
- **Ein Backdoor-Straight-Draw mit einer Lücke, zum Beispiel TJK, wird mit 1 Out veranschlagt.**

- **Ein Backdoor-Straight-Draw mit zwei Lücken, zum Beispiel TQA, wird mit 0,5 Outs veranschlagt.**

Eine Hand besteht oft aus einer Kombination von Backdoor-Draws. Es ist hier wichtig, die Outs korrekt zu berechnen, da man ansonsten seine Hand falsch spielt. Ein Beispiel:

Sie haben

Flop

Auf den ersten Blick ist es kein besonders toller Flop für Ihre Hand. Sie haben kein Paar getroffen, und sowohl Straßen als auch Flushs liegen mehr oder weniger in weiter Ferne. Aber trotzdem birgt der Flop für den Profi mehr Outs, als direkt zu sehen sind:
Sie haben zunächst einen Backdoor-Kreuz-Flush-Draw, also 1,5 Outs, und außerdem einen Backdoor-Straight-Draw, **TJQ,** der keine Lücke aufweist und somit auch mit 1,5 Outs berechnet wird. Jede Dame und jeder Jack machen Ihnen ein Paar, das heißt noch zusätzliche 6 Outs. Da man aber nicht sicher sein kann, mit einem solchen Paar auch zu gewinnen, gehen wir von partiellen Outs aus und veranschlagen dafür 3 statt 6 Outs. Im Ergebnis kommen Sie so auf ganze 6 Outs und eine Trefferwahrscheinlichkeit von ungefähr 24 %, Ihre Hand durch Turn und River entscheidend zu verbessern.

Re-Draws –
Wenn sich für den Gegner ein Hintertürchen öffnet

No-Limit Texas Hold'em ist ein brutales Spiel: Auf Turn und River spielen sich oft Dramen ab, und mathematische Katastrophen sind gar nicht so selten, wie man denkt. Da freut man sich, dass man auf dem Turn noch ein Paar gemacht hat, und im selben Moment hat der Gegner leider einen Flush-Draw. Sie freuen sich über Ihr Paar und wetten. Der Gegner bekommt seinen Flush auf dem River, und Sie verlieren.

Ein *Re-Draw* ist ein Draw, der einem eine gute Hand gibt, wenn er kommt, aber gleichzeitig dem Gegner einen Draw gibt, mit dem dieser Sie schlagen kann.

Man kann Re-Draws nicht in konkrete Out-Zahlen übersetzen. Es ist vielmehr so, dass Sie ein Gefühl dafür entwickeln müssen, ob ein Draw anfällig für Re-Draws ist. Sollte es der Fall sein, dann sollten Sie vorsichtig sein und dies bedenken. Gerade wenn die Entscheidung auf der Kippe steht, kann dieser Faktor den Ausschlag geben. Nehmen wir folgendes Beispiel:

Sie haben

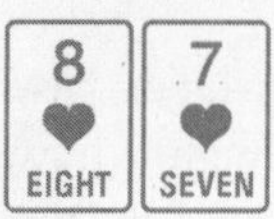

Flop

Eine weitere **8** würde Ihnen hier zwei Paar geben. Gleichzeitig bekommt aber ein Spieler, der eine 10 oder eine 6 auf der

Hand hat, einen Straßen-Draw. Hier müssen Sie ein bisschen vorsichtig sein. Je mehr Gegner Sie auf dem Flop noch haben, desto gefährlicher ist es natürlich.
Sie müssen natürlich auch auf Ihre relative Position achten, das heißt, wo Sie in Relation zu demjenigen sitzen, der wettet. Es ist natürlich besser, mit einem Draw nicht mehr viele Spieler hinter sich zu haben. Je weiter man vom Wettenden aus gesehen hinten sitzt, desto besser. Wenn ich nicht weiß, ob hinter mir vielleicht noch ein Raise kommt und es somit noch teurer für mich wird, meinen ohnehin schwachen Draw weiterzuspielen, verliert mein Draw natürlich an Wert.
Sie haben in dieser Hand einen Backdoor-Herz-Flush-Draw mit 1,5 Outs und eine Chance auf einen Siebener-Drilling mit 2 Outs. Dazu kommt noch die Chance auf zwei Paare mit 3 Outs und ein Backdoor-Straight-Draw ohne Lücken, **789,** mit 1,5 Outs. Im Ergebnis kommen Sie hier auf 8 Outs und somit eine Gewinnwahrscheinlichkeit von 31,5 %. Das ist derselbe Wert wie bei einem Open-End-Straight-Draw. Hätte man auf den ersten Blick nicht gedacht, oder?

Zusammenfassung Outs zählen

Hier noch einmal die wichtigsten Grundsätze beim Zählen der Outs. Bitte halten Sie mich nicht für einen Erbsenzähler, aber es ist wirklich wichtig, dass Sie auf dem Flop genau wissen, wo Sie stehen, und Ihre Outszahl ganz genau kennen. Das gilt vor allem, wenn Sie denken, Sie lägen momentan noch hinten. Hier trennt sich die Spreu vom Weizen. Das gilt besonders im No-Limit Texas Hold'em, wo jede Entscheidung sehr viel Geld kosten oder einbringen kann.

- Bitte schauen Sie ganz genau, welche Karten Ihnen weiterhelfen können. Man übersieht gerne mal eine Out-Karte.

- Fragen Sie sich, ob die Out-Karten einen auch wirklich zum Gewinner machen. Wenn Sie sich nicht sicher sind zu gewinnen oder Sie das Gefühl haben, dass es auf einen Split-Pot hinausläuft, müssen Sie partielle Outs bilden, indem Sie die Anzahl der Outs halbieren.
- Achten Sie auf Backdoor-Draws. Addieren Sie die entsprechende Outs-Zahl zu Ihren Outs hinzu: Backdoor-Flush- und Straight-Draws ohne Lücke geben 1,5 Outs. Backdoor-Straight-Draws mit einer Lücke geben 1 Out. Backdoor-Straight-Draws mit zwei Lücken geben 0,5 Outs.
- Überlegen Sie, ob Ihre Outs, sollten sie kommen, die Möglichkeit eines Re-Draws für den Gegner eröffnen. Mögliche Re-Draws lassen Ihre Hand im Wert sinken.
- Achten Sie auf Ihre Position. Wenn noch mehrere Spieler nach Ihnen an der Reihe sind, die erhöhen könnten, kann es noch teurer werden, einen ohnehin schwachen Draw zu spielen.

Pot-Odds – Der Preis des Pots

***Pot-Odds,* nicht zu verwechseln mit Odds, geben an, wie viel ich in den Pot einzahlen muss, um wie viel zu gewinnen. Sie sind das Verhältnis zwischen dem Betrag, der mitgegangen werden muss, und dem Pot, das heißt dem Betrag, den ich letztlich dadurch gewinnen kann.**

Wenn 100 € im Pot sind und die Wette des Gegners 10 € beträgt, so habe ich Pot-Odds in Höhe von 1 zu 11. Für die Umrechnung muss ich 1 durch 11 plus 1 teilen, also 1 durch 12. Ich komme auf 0,083 und somit auf Pot-Odds von 8,3%.

Noch mal: Bitte verwechseln Sie die Pot-Odds nicht mit den

Odds, die wir in den vorigen Kapiteln besprochen haben. Viele Spieler sind durch den ähnlich klingenden Namen verwirrt. Odds sind die Gewinnchancen, die ich mir ausrechne, und Pot-Odds sind der derzeitige Preis, den ich für den Pot bezahlen muss.

Gerade im No-Limit Texas Hold'em spielen Pot-Odds eine große Rolle. Im Gegensatz zum Limit Poker kann ich hier die Pot-Odds durch die variable Wetthöhe für meinen Gegner festsetzen. Umgekehrt kann mein Gegner mich nahezu beliebigen Pot-Odds aussetzen, die dann mein Handeln bestimmen. Zur Veranschaulichung dient folgende Tabelle:

Wette im Verhältnis zum Pot	**Pot-Odds für den Gegner**
Vierfacher Pot	4 zu 5 gleich 44%
Zweifacher Pot	2 zu 3 gleich 40%
Pot	1 zu 2 gleich 33,3%
2/3 Pot	2 zu 5 gleich 28,5 %
1/2 Pot	1 zu 3 gleich 25%
1/3 Pot	1 zu 4 gleich 20%
1/4 Pot	1 zu 5 gleich 16,6%
1/10 Pot	1 zu 11 gleich 8,3%

Die Pot-Odds können selbstverständlich nicht über 100 % steigen, da ich ja nicht weniger gewinnen kann, als ich einsetze. Auf der folgenden Abbildung ist die Höhe der Pot-Odds, bezogen auf die Wetthöhe, noch einmal in einem Koordinatensystem dargestellt. Das ist im Prinzip das Gleiche wie die Tabelle oben, aber man sieht hier besser, wie die Kurve ansteigt und dass es, bezogen auf die Pot-Odds, keinen großen Unterschied macht, ob man den doppelten oder den vierfachen Pot setzt.

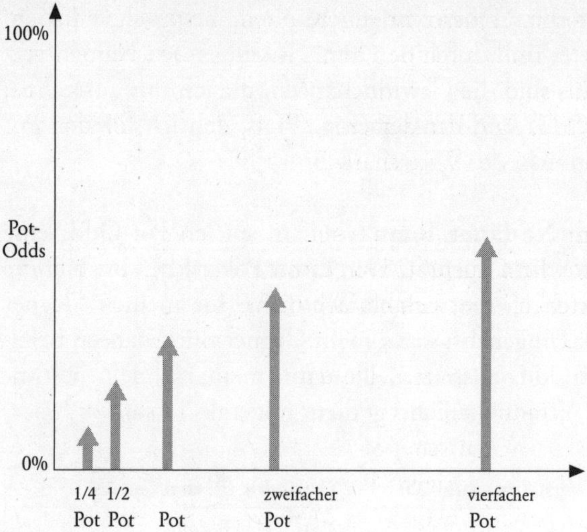

Wann lohnt sich ein Call?

Ein Call ist dann mathematisch sinnvoll, wenn ich höhere Odds – also Gewinnchancen – habe als Pot-Odds. Wenn ich denke, dass ich die Hand mit knapp über 50 % Wahrscheinlichkeit gewinne, sei es, weil ich auf dem Flop noch 14 Outs habe oder weil ich auf dem River das Gefühl habe, gegen einen anderen Spieler leichter Favorit zu sein, so reichen Pot-Odds in Höhe von 50 % oder weniger aus, um zu spielen. Selbst wenn mein Gegner den vierfachen Pot wettet, würde sich in dem Fall ein Mitgehen lohnen.

- Ein guter Einsatz ist dann gegeben, wenn dieser ein *Pay-Off*-Verhältnis aufweist, also Pot-Odds, die besser sind als meine Chance zu gewinnen (Odds). Wenn ich diesen Einsatz sehr oft wiederhole, habe ich langfristig gesehen Profit gemacht.

- Ein schlechter Einsatz ist gegeben, wenn meine Pot-Odds schlechter sind als meine Odds. Würde ich diesen Einsatz oft wiederholen, so würde ich Verlust machen. Den genauen Punkt, ab dem sich ein Einsatz lohnt, nennt man, ähnlich wie in der Wirtschaft, *Break-Even-Point.*

Das ist auch der Grund, warum kein guter Pokerspieler jemals einen Lottoschein ausfüllt. Der Einsatz in Höhe von 1,50 € für ein Kästchen lohnt sich einfach nicht:
Die Odds, 6 Richtige aus 49 zu treffen, betragen 1 zu 13.983.816. Nicht gerade viel, oder? Ich müsste für die 1,50 € schon fast 21.000.000 Euro gewinnen können, damit sich der Einsatz aus mathematischer Sicht lohnt, denn nur dann hätte ich bessere bzw. niedrigere Pot-Odds als 1 zu 13.983.816. Wenn man bedenkt, dass es dann oft noch einen Split-Pot zwischen bis zu hundert Spielern geben kann und zudem von der Lottogesellschaft noch über 50 % *Rake* aus dem Pot genommen werden, dann ist Lottospielen ein mathematisches Ankämpfen gegen Windmühlen. Zur Veranschaulichung des Break-Even-Points, ab dem es sich zu spielen lohnt, dient die folgende Grafik:

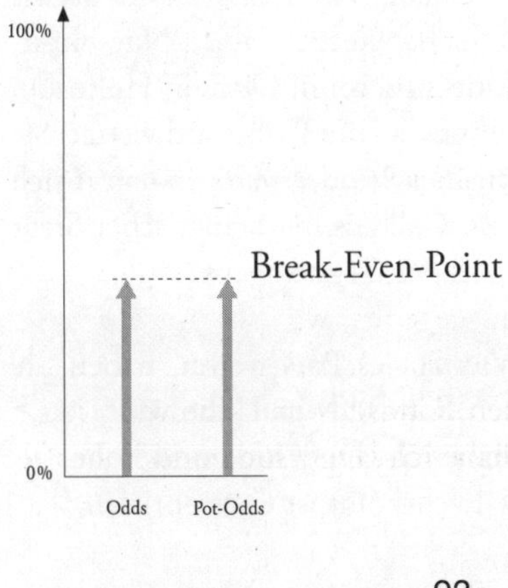

Wenn bei einer Wette des Gegners die eigenen Odds höher als die Pot-Odds sind, ist der Break-Even-Point überschritten, und man sollte mitgehen, weil die Situation profitabel ist. Umgekehrt liegt eine unprofitable Situation vor, wenn die Odds niedriger als die Pot-Odds sind. Der Break-Even-Point ist dann unterschritten, und man sollte nicht spielen, sondern aufgeben. Gehen wir vom Lotto zurück zum Poker. Ein Beispiel:

Beispiel 1: Sie haben

Flop

Turn

Sie sind sich sicher, dass der Gegner momentan besser als Sie ist, weil er ein Ass-Paar hat. Sie haben einen Karo-Nut-Flush-Draw auf dem Turn mit 9 Outs und somit Odds in Höhe von 19,5 %. Der Gegner ist vor Ihnen an der Reihe und wettet. Sie bräuchten also Pot-Odds von 19,5 % oder weniger, damit sich der Einsatz lohnt. Ob sich ein Call aus mathematischer Sicht lohnt, hängt davon ab, wie viel der Gegner wettet:

- Wenn Ihr Gegner ein Viertel des Pots wettet, haben Sie nach der Tabelle von oben Pot-Odds in Höhe von 1 zu 5 also 16,6 %. Ein Call lohnt sich. Die Odds sind höher als die Pot-Odds. Der Break-Even-Point ist überschritten.

- Wenn der Gegner den halben Pot wettet, dann haben Sie Pot-Odds in Höhe von 1 zu 3 also 25 %. Ein Call lohnt sich nicht, da die Pot-Odds höher sind als die Odds in Höhe von 19,5 %. Der Break-Even-Point ist unterschritten. Sie sollten aufgeben.

Beispiel 2: Sie haben

Flop

Turn

River

Ein No-Limit-Texas-Hold'em-Spiel. Sie sind auf dem River, und im Pot liegen 100 €. Der Gegner wettet 50 €. Was sollen Sie tun?
Bis zum River war mit Ihrem Over-Pair auf der Hand noch alles in Ordnung. Sie haben den anderen auf einen Flush-Draw gesetzt. Jetzt hat der Gegner plötzlich 50 €, also den halben Pot, gesetzt, nachdem das Ass kam.
Sie haben Pot-Odds zum Mitgehen in Höhe von 25 %. Aus der Tatsache, dass Ihr Gegner aber Pre-Flop nicht erhöht hat, obwohl er in seiner Position mit einem Ass durchaus dazu neigen sollte, gehen Sie davon aus, dass der gute Mann über kein Ass verfügt, sondern schlicht und einfach blufft. Sie wissen zudem auch, dass er gerne wettet, wenn eine *Scare-Card* auf dem Board auftaucht. Sie ordnen die Aktion des Gegners als Bluff ein, bei dem er durch eine relativ hohe Wette das Ass

repräsentieren will. Dazu haben Sie noch gesehen, dass er die Chips besonders schnell in die Mitte gelegt hat, was Sie bei Ihm als Tell auslegen, der auf einen Bluff hindeutet.
Natürlich können Sie sich nicht zu 100 % sicher sein. Er könnte das Ass ja auch getroffen haben, und das schnelle Setzen der Chips könnte bewusst geschehen sein, um Sie in die Irre zu führen, ein so genannter *Reverse-Tell.* Insgesamt bewerten Sie Ihre Chance, die Hand im Showdown zu gewinnen, mit über 70 %. Durch die Wette hat der andere Ihnen Pot-Odds in Höhe von 1 zu 3, also 25 %, gegeben. Da 70 % wesentlich mehr als 25 % ist und der Break-Even Point deutlich überschritten ist, sollten Sie hier mitgehen.

In einer solchen Situation ist man zwar nicht unbedingt auf die Berechnung von Pot-Odds angewiesen, aber das Beispiel soll zeigen, dass die Odds nicht immer etwas mit Outs zu tun haben, sondern auch ein Gesamteindruck sein können; oft in Form eines Bauchgefühls. Auf Outs kommt es vor allem an, wenn man denkt, man sei aufgrund seiner Handstärke momentan noch hinten und müsse sich durch weitere Gemeinschaftskarten noch verbessern, um am Ende zu gewinnen.

Wenn man denkt, dass man auch ruhig eine hohe Wette mitgehen kann, weil man seine Gewinnchancen als gut einstuft, wenn man zum Beispiel einen Bluff riecht, dann macht man im Grunde instinktiv auch nichts anderes, als Odds und Pot-Odds zu vergleichen. In der folgenden Tabelle sind noch einmal die jeweiligen Wetthöhen im Bezug auf den Pot angegeben. Sie können sehen, welche Pot-Odds man dem Gegner dadurch setzt und welche Gewinnwahrscheinlichkeit er braucht, um aus mathematischer Sicht einen korrekten Call zu machen.

Wette im Verhältnis zum Pot	Pot-Odds für den Gegner als Verhältnis	Pot-Odds für den Gegner in Prozent	Benötigte Gewinnchancen (Odds) zum Mitgehen	Benötigte Outs auf Flop, falls Gegner hinten liegt	Benötigte Outs auf Turn, falls Gegner hinten liegt
Vierfacher Pot	1 zu 1,25	44 %	44 %	12	20
Zweifacher Pot	1 zu 1,5	40 %	40 %	11	18
Pot	1 zu 2	33,3 %	33,3 %	9	15
2/3 Pot	1 zu 2,5	28,5 %	28,5 %	8	13
1/2 Pot	1 zu 3	25 %	25 %	7	11
1/3 Pot	1 zu 4	20 %	20 %	5	9
1/4 Pot	1 zu 5	16,6 %	16,6 %	4	7
1/10 Pot	1 zu 11	8,3 %	8,3 %	2	3,5

Wenn ich zum Beispiel ein Viertel des Pots setze, hat mein Gegner Pot-Odds in Höhe von 16,6 %. Er braucht also aus mathematischer Sicht eine Gewinnchance von mindestens 16,6 %, damit sich ein Mitgehen für ihn lohnt. Wenn er weiß, dass er hinten liegt und sich noch durch die Gemeinschaftskarten verbessern muss, braucht er auf dem Flop mindestens 4 Outs. Auf dem Turn braucht er mindestens 7 Outs, damit sich ein Mitgehen lohnt. Er braucht auf dem Turn natürlich mehr Outs, da er nur noch mit der letzten Gemeinschaftskarte seine Outs treffen kann. Bitte beachten Sie, dass diese Betrachtungsweise nur eine Richtschnur darstellt, an der Sie sich orientieren können. Im Einzelfall werden oft andere Aspekte eine ebenso große Rolle spielen wie das mathematisch korrekte Play.

Faustformeln für Pot-Odds

Pot-Odds zu berechnen fällt gerade Anfängern oft schwer. Im Prinzip sind Pot-Odds der Preis, den ich für den Pot bezahlen muss. Ich muss also nur zählen, wie viel im Pot ist und wie viel ich bringen muss. Wie viel muss ich bezahlen, um wie viel zu gewinnen? Wie viel kann ich für meinen Einsatz gewinnen? Hier einige Grundregeln:

- Je mehr Leute mitgehen, sei es Pre-Flop oder nach dem Flop, desto besser werden in der Regel die Pot-Odds.
- Gerade Anfänger wetten oft zu niedrig. Sie wetten in einen 100-€-Pot nur 10 €. Der Fehler, den Sie hierbei begehen, ist, dass Sie Ihren Gegnern zu gute Pot-Odds geben. Der Pot ist dann so billig zu haben, dass sich ein Mitgehen mathematisch gesehen selbst dann schon lohnt, wenn man nur mittelmäßige bis schlechte Gewinnchancen, also Odds, hat. In unserem Beispiel betragen die Pot-Odds nach der 10-€-Wette 1 zu 11, also 8,3 %. Ein Mitgehen ist hier schon profitabel, wenn ich nur in einem von zehn Fällen den Pot gewinne. Ich brauche nur Odds in Höhe von mehr als 8 %, um profitabel mitgehen zu können. Selbst ein Inside-Straight-Draw reicht da schon aus.
- Pot-Odds haben zwei Auswirkungen. Zum einen muss ich überlegen, welche Pot-Odds mir meine Gegner durch ihre Wetten vorgeben, um zu entscheiden, ob sich ein Mitgehen lohnt. Auf der anderen Seite gebe ich durch meine Wette den anderen die Pot-Odds vor. Ich kann sie dadurch manipulieren.
- Wenn auf dem River alle Gemeinschaftskarten auf dem Board liegen oder wenn meine Hand sich nicht mehr verbessern kann oder muss, spielen Outs keine Rolle mehr. In dieser Situation bestimmen sich meine Odds, die ich mit den Pot-Odds vergleichen muss, nicht nach der Anzahl der

Outs, sondern vielmehr nach der Einschätzung meiner Gewinnchancen anhand anderer Faktoren: zum Beispiel das Wettmuster meines Gegners, ein bestimmter Tell oder Gesetze der Wahrscheinlichkeit.
- Outs kommen zum Einsatz, wenn ich zwar momentan hinten liege, mich aber durch weitere Gemeinschaftskarten entscheidend verbessern kann. Dann muss ich die Anzahl meiner Outs in Odds umrechnen und diese mit den Pot-Odds vergleichen.
- Merken Sie sich in jedem Fall die Pot-Odds-Zahlen für typische Wetten:
  Zweifacher Pot gleich 40 % Pot-Odds.
  Einfacher Pot gleich 33,3 % Pot-Odds.
  ½ Pot gleich 25 % Pot-Odds.
  ¼ Pot gleich 16,6 % Pot-Odds.

Implied- und Reverse-Implied-Pot-Odds – Liegen profitable oder unprofitable Wettrunden vor mir?

Gerade im No-Limit spielen diese Modifizierungen der eigentlichen Pot-Odds eine sehr große Rolle. Da die Wetthöhe nicht begrenzt ist, kann ich in den späteren Wettrunden auf Turn und River noch viel Geld gewinnen oder verlieren, was ich natürlich bei der Berechnung meiner Pot-Odds berücksichtigen muss.

Wenn ich denke, dass ich mit meiner Hand in späteren Wettrunden noch viel Geld gewinnen kann, dann muss ich dieses Geld bei der Berechnung der Pot-Odds zum Pot hinzuaddieren. Wenn ich den Eindruck habe, dass ich in späteren Händen viel Geld verlieren kann, dann muss ich

dieses Geld bei der Berechnung der Pot-Odds vom Pot abziehen.

Vereinfacht kann man sagen, dass sich die Pot-Odds verbessern – ihre Prozentzahl also niedriger wird –, wenn man denkt, die Runde kann vor allem zum Ende hin noch sehr profitabel werden.
Umgekehrt verschlechtern sich die Pot-Odds – ihre Prozentzahl wird also höher –, wenn ich das Gefühl habe, dass noch Verluste zum Ende hin drohen. Die Frage ist nun, wie ich erkenne, dass spätere Wettrunden profitabel oder unprofitabel sind. Hier verlassen wir den Bereich der Mathematik und bemühen eher unsere Instinkte. Am Tisch wird man oft keine *Implied-Pot-Odds* ausrechnen können. Vielmehr ist es so, dass man ein gutes Gefühl hat und dazu neigt, die Runde weiterzuspielen. Wie erkenne ich, ob spätere Runden profitabel sind? Hier einige Faktoren:

- Wenn meine Handstärke versteckt ist, also von den Gegnern nicht anhand des Boardes erahnt werden kann, kann am Ende noch viel Geld in den Pot kommen. Beispiele: Ich habe ein Set also einen Drilling, den ich mit einem Pocket-Pair bilde, oder ich habe eine Straße, bei der ich genau die beiden fehlenden Karten auf der Hand habe.
- Man muss natürlich darauf achten, mit wem man zusammen in der Hand ist. Wenn man gegen einen oder mehrere schwache Spieler spielen muss, gewinnt man natürlich zum Ende hin potenziell mehr Geld. Die Pot-Odds werden besser, ein Mitgehen lohnt mehr, als wenn man sich in späteren Wettrunden noch mit den absoluten Poker-Cracks herumschlagen muss, die jeden noch so abgefahrenen Spielzug kennen.
- Beim No-Limit ist es natürlich auch wichtig, wie viel Geld

die Gegner noch haben. Wenn mein Gegner nur noch wenige Chips hat und kurz vor dem All-In steht, dann kann man logischerweise auch nicht mehr viel gewinnen, so dass die Pot-Odds schlechter werden, die so genannten Reverse-Implied Pot-Odds.

- Umgekehrt ist es wichtig, wie viel Geld man selbst noch hat, schließlich kann man nur so viel gewinnen, wie man einsetzt. Es ist im Prinzip so, dass man sich bei verbesserten Pot-Odds, also Implied-Pot-Odds, freut, dass man nicht All-In ist, weil man mit seinem Geld in späteren Wettrunden noch viel Geld von den anderen verdienen kann. Bei verschlechterten Pot-Odds, also Reverse-Implied-Pot-Odds, wünscht man sich, man wäre schon All-In, weil man dadurch in späteren Wettrunden nicht mehr bei potentiell unprofitablen Wetten mitgehen muss.
- Natürlich spielt die eigene Handstärke eine große Rolle. Wenn ich ein mulmiges Gefühl habe und spüre, dass ich am Ende mit der *Second-Best-Hand* viel Geld verlieren werde, dann sind meine Pot-Odds natürlich schlechter.

Turn Play – Wie spiele ich in der dritten Wettrunde?

Die dritte Wettrunde ist im Grunde nichts anderes als die Verlängerung des Spiels auf dem Flop. Ich habe allerdings schon mehr Information, da ich weiß, was meine Gegner auf dem Flop gemacht haben. Ich muss schauen, wie die vierte Gemeinschaftskarte, der Turn, meine Situation und die der Gegner verändert oder eben auch nicht. Ich muss genau analysieren, ob die vierte Karte mir geholfen hat oder dem Gegner. Wenn ich in der zweiten Wettrunde auf dem Flop gewettet oder erhöht habe, weil ich nach meiner Einschätzung die beste

Hand hatte, so muss ich hier konsequent weiterwetten und erhöhen, wenn die vierte Gemeinschaftskarte keine offensichtliche Bedrohung darstellt.
Ich will es an dieser Stelle dabei belassen, um Sie nicht zu verwirren. Merken Sie sich, dass der Turn nur die Verlängerung des Flops ist. Es gibt weiterhin Draws und Made-Hands. Wenden Sie die Regeln an, die ich Ihnen bereits beim Flop-Play an die Hand gegeben habe, und analysieren Sie das Board ganz genau. Hier einige Grundregeln zum Spiel auf dem Turn:

- Oft müssen Sie auf dem Turn weiterwetten, wenn Sie bereits vor dem Flop und auf dem Flop gewettet haben. Wenn Sie eine mittelgute bis gute Hand haben, zum Beispiel Top-Pair, und nicht wissen, wo Sie stehen, sollten Sie auf dem Turn einfach weiterwetten, zum Beispiel die Hälfte des Pots. Vielleicht gibt der Gegner auf, und Sie haben gewonnen. In jedem Fall bekommen Sie Information.
- Wenn Sie Ihren Gegner auf einen Draw setzen, ist es extrem wichtig, dass Sie auf dem Turn wetten und nicht erst auf dem River. Es ist ein großer Fehler, auf dem Turn zu checken und erst auf dem River zu wetten. Hierdurch geben Sie Ihrem Gegner eine Free-Card, die ihm helfen könnte, seine Hand zu machen und Sie am Ende zu schlagen.
- Die typischen Draws, das heißt ein Flush- bzw. ein Open-End-Straight-Draw, auf dem Turn geben Odds für den River in Höhe von etwas weniger als 20 %. Merken Sie sich diese Zahl. Wenn Sie den Gegner mit einem solchen typischen Draw verscheuchen wollen, müssen Sie ihm durch eine Wette oder Erhöhung Pot-Odds über 20 % geben. Sie müssen also mindestens ein Drittel, besser die Hälfte des Pots wetten.
- Wenn Sie selbst auf einem Draw sind und denken, Sie lägen momentan hinten, müssen Sie bei einer Wette des Gegners

rechnen, ob sich ein Call lohnt: Wenn Sie zum Beispiel 12 Outs auf dem Turn haben und der Gegner wettet den ganzen Pot, haben Sie Odds von 26 % und Pot-Odds in Höhe von 33 %. In der Regel sollten Sie in einer solchen Situation aufgeben.

4. TEIL

River Play –
Der letzte Akt

Die Situation in der letzten Wettrunde

Die letzte Wettrunde beim Texas Hold'em ist entscheidend. Hier gilt es, das Geld, das sich in den drei Wettrunden zuvor im Pot angesammelt hat, einzustreichen. In meiner Spielpraxis habe ich oft erlebt, dass Anfänger und schlechte Spieler sich durch Fehler auf dem River »es sich haben abnehmen lassen«. Sie haben gewettet, wo sie nicht mehr hätten wetten dürfen, und sie haben Calls gemacht, bei denen sich mir die Zehnägel hochgebogen haben. Auch ich selbst musste oft erleben, dass ein sicher geglaubter Pot sich auf dem River ganz schnell wieder vor meinen Augen verflüchtigt hat. Es ist daher erforderlich, dass wir uns nun eingehend mit dem Thema River befassen. Machen wir uns zunächst einige Eigenheiten der letzten Wettrunde klar:

- Alle Karten sind auf dem Board, und es gibt nichts mehr, was mir oder den anderen Spielern helfen könnte, die Hand zu verbessern. Outs spielen also keine Rolle mehr. Die mathematisch korrekte Spielweise ergibt sich aus einem Vergleich der Gewinnchancen und der Pot-Odds. Ich muss schauen, wie wahrscheinlich es ist, dass ich die Hand gewinnen kann, und ob dies einen Einsatz, bezogen auf die Pot-Odds, rechtfertigt. Die Gewinnwahrscheinlichkeit ist hierbei ein Gesamteindruck, der sich aus vielen Faktoren ergibt und nicht auf der Anzahl der Outs basiert. Outs zählen ist auf dem River nicht mehr angesagt.

- Ich muss mir aber sehr wohl Gedanken darüber machen, ob der Gegner seine Outs getroffen hat oder nicht. Ist die letzte Karte für mich gefährlich oder harmlos? Hier ist eine

korrekte Analyse des Boardes gefragt, die sich im Wesentlichen nicht groß von der Analyse des Boardes auf dem Flop oder dem Turn unterscheidet.
- Weiterhin muss man beachten, dass alle verbliebenen Spieler bereits relativ viel Geld investiert haben und so im Zweifel eher *pot-committed* sind. Wenn die Gegner bereits viel Geld in den Pot eingezahlt haben, werden sie tendenziell eher callen als in den Wettrunden zuvor. Die Spieler sagen sich: »Jetzt hab ich schon so viel eingezahlt, jetzt kann ich mir das auch noch angucken.«

Die letzte Wettrunde wird weniger von allgemeinen Prinzipien bestimmt als zum Beispiel die erste Wettrunde. Auf dem River habe ich durch das Verhalten der Spieler in den Wettrunden zuvor und das Board bereits so viele Informationen, dass ich hier eher ganz spezielle und präzise auf die Situation abgestimmte Taktiken anwenden muss. Ich muss die eigene Handstärke gegen die Handstärke der Gegner abwägen. Ich muss meine Position beachten, wie viel Geld im Pot ist, wie viel Geld meine Gegner noch zur Verfügung haben, wie viel Geld ich im Verhältnis zu den anderen Spielern habe und vieles mehr.

Ein korrektes Spiel auf dem River hat viel mit Instinkt und Erfahrung zu tun. Instinkt ist vor allem wichtig, wenn der River eine potenziell gefährliche Karte für Sie bringt oder Sie einen Bluff auf eine Scare-Card starten wollen.

Eine weitere wichtige Frage ist, ob sie eine eher mittelprächtige Hand auf dem River wetten oder lediglich checken. Wie gesagt: Erfahrung spielt hier eine große Rolle, dennoch werden Ihnen die folgenden Ausführungen helfen, Ihr Spiel entscheidend zu verbessern.

»Please don't drown on the River!«

Die korrekte Analyse des Boardes auf dem River

Vor jeder Entscheidung, die wir auf dem River treffen, kommt eine Beurteilung der Karten auf dem Tisch. Wenn Sie die *Stone-Cold-Nuts* geflopt haben, kann es Ihnen natürlich herzlich egal sein, was das Board auf dem River zeigt, aber das passiert nun einmal nicht in jeder zweiten Hand. Nein, leider ist es im Texas Hold'em oft so, dass sich die Situation im Laufe der Wettrunden dreht.

Der Draw, den Sie auf dem Turn getroffen haben, war möglicherweise ein Re-Draw, also ein Draw, der Ihrem Gegner wieder entscheidende Outs gegeben hat. Er könnte sie jetzt auf dem River getroffen haben. Es ist manchmal zum Heulen. Die Karte, die Sie das Geld in den Pot feuern lässt, gibt dem Gegner wieder die Möglichkeit, Sie zu schlagen. Das ist Texas Hold'em. Lernen Sie, damit zu leben, und vor allem, diese Situationen zu erkennen. Dann sind Sie dem Ziel, nämlich No-Limit Texas Hold'em zu meistern, ein Stück näher gekommen. Nehmen wir ein Beispiel:

Sie haben

Flop ***Turn*** ***River***

Bis zum River sah für Sie alles ganz gut aus. Sie haben Pre-Flop gewettet, und zwei Spieler sind mitgegangen. Auf dem Flop und auf dem Turn haben Sie ebenfalls gewettet, ein Spieler, der Ihnen als relativ loose bekannt ist, ist mitgegangen, und den haben Sie jetzt am Hals. Im Pot sind jetzt 80 €. Sie haben nur gecheckt, weil das Herz-Ass Ihnen Angst gemacht hat. Prompt wettet der Gegner 20 €. Was sollen Sie tun?

Sie haben zu Recht Angst bekommen, als das Herz-Ass auftauchte. Eine schlechtere Karte gibt es für Sie nicht. Zum einen liegen jetzt drei Herz auf dem Board, so dass ein Flush möglich ist. Auf der anderen Seite könnte Ihr Gegner jetzt ein Ass-Paar haben, welches Ihr bis dahin sehr gutes Damen-Over-Pair schlägt. Sehr gefährlich! Die Entscheidung hängt jetzt nur noch davon ab, ob der Gegner durch seine Wette echte Stärke zeigt oder ob er nur blufft und sich dabei eine Scare-Card zunutze macht. Die Entscheidung ist nicht leicht zu fällen, und es gibt hier keine per se richtige Entscheidung. Am Tisch kann ein unmerkliches Zucken des Gegners Ihnen verraten, dass der andere blufft. Ich finde es dennoch sehr wichtig, eine solche Situation hier gedanklich genau durchzuspielen, denn es ist eine typische Texas-Hold'em-Situation. Es ist unangenehm. Sie haben viel Geld investiert, und der Wind könnte sich gedreht haben. Machen Sie jetzt einen guten *Lay-Down,* oder begehen Sie den Fehler des Abends? Sollen Sie erhöhen und noch mehr Geld verlieren, oder ist die Erhöhung der Move des Abends? Wie gesagt, diese Entscheidung ist nicht leicht zu treffen. Einige Entscheidungshilfen kann ich Ihnen jedoch an die Hand geben:

- Wettet der Gegner gegen einen oder mehrere Gegner? Zwei oder mehr Spieler zu bluffen ist schwieriger als einen.
- Ist Ihnen der Spieler als Bluffer bekannt? Ist er überhaupt

zu derartigen Moves fähig, oder wettet er jetzt ganz einfach, weil er nun einfach seinen Flush oder sein Top-Pair hat.
- Wie sind die Pot-Odds, die der Gegner mir durch seine Wette bietet, im Vergleich zu meinen Gewinnchancen?
- Wie wahrscheinlich ist es, dass der Gegner tatsächlich getroffen hat. Hier ist vor allem das Wettverhalten des Gegners in den vorigen Wettrunden ausschlaggebend.

Sie kommen zu dem Ergebnis, dass der Spieler wohl eher kein Bluffer ist. Die Pot-Odds, die er Ihnen durch seine Wette in Höhe von einem Viertel des Pots gegeben hat, betragen 1 zu 5, also 16,6 %. Das ist eigentlich gar nicht so schlecht. Wenn Sie also Ihre Gewinnchance bei über 16,6 % ansiedeln, sollten Sie mitgehen. Letztlich kommen Sie zu der Überzeugung, dass Sie es wohl hier mit einer Wette zu tun haben, die von einer echten Hand gedeckt ist. Die Pot-Odds sind verdächtig gut. Es kann sein, dass Ihr Gegner die Pot-Odds so verlockend gemacht hat, damit Sie den Fehler begehen mitzugehen. Sie werfen also Ihre Hand weg und sparen sich die letzten 20 €. Der Gegner muss die Karten nicht zeigen, und so werden Sie nie erfahren, was er hatte. Sie reden sich ein, dass er ein Ass hatte, aber Sie wissen es einfach nicht. So ist es leider im Poker.

Keine Wette, die kein Geld mehr bringen kann

Dieses Konzept ist für das River-Play von fundamentaler Bedeutung, und es ist zwingend erforderlich, dass Sie es verinnerlichen. Ich habe schon viele Spieler gesehen, die auf dem River sehr viel Geld verloren haben, weil sie diese einfache Regel ignoriert haben.

Machen Sie bitte keine Wetten auf dem River, die Ihnen kein Geld mehr bringen können, weil der Gegner entweder mit einer schlechteren Hand aufgibt oder nur mitgeht, wenn er Sie schlagen kann. Wetten Sie also nicht, wenn es unwahrscheinlich ist, dass der Gegner mitgeht und Ihnen dann eine schlechtere Hand zeigt.

Es ist sehr wichtig, den Unterschied zwischen einer echten *Value-Bet* auf dem River, mit einer guten Aussicht auf Profit, und einer Wette, die kein Geld mehr bringen kann, zu kennen. Eine Wette auf dem River kann kein Geld mehr bringen, wenn der Gegner entweder hoffnungslos geschlagen ist, so dass eine Wette keinen weiteren Profit einfahren kann, oder er Sie schlägt, so dass Sie mit einer Wette nur mehr Geld verlieren. Solche unprofitablen Wetten sind dann gegeben, wenn der Gegner entweder eine sehr gute Hand hat oder ein hoffnungsloser *Underdog* ist und alle Möglichkeiten dazwischen mehr oder weniger ausscheiden. Ein Beispiel zur Verdeutlichung:

Sie haben

Flop ***Turn*** ***River***

Sie haben auf dem Flop und auf dem Turn gewettet. Sie hatten ja auch allen Grund dazu. Erst Top-Pair und dann Top-Two-Pair. Sie haben also echtes *Betting for Value* betrieben, und der Gegner ist brav mitgegangen. Sie sind auf dem River als Erster dran. Was machen Sie?

Die letzte Karte war für Sie eine Katastrophe, da Sie jetzt möglicherweise höhere Two-Pair oder, was noch wahrscheinlicher ist, eine Straße gegen sich haben. Sie müssen checken. Wenn Sie jetzt wetten und der Gegner hat nichts getroffen, dann wird er höchstwahrscheinlich aufgeben, und Sie haben durch die Wette nichts gewonnnen. Wenn er die Straße getroffen hat, was gar nicht so unwahrscheinlich ist, dann wird er wohl erhöhen, und Sie werden dabei wohl kaum die Odds zum Mitgehen haben.

Wie viel Geld auf dem River ist im Pot?

Man steht auf dem River sehr oft vor der Entscheidung, ob man eine Wette mitgehen soll oder eben nicht. Anfänger machen genau an dieser Stelle verhängnisvolle Fehler, indem sie in ihre Entscheidung keine Überlegungen zu Pot-Odds einfließen lassen. Sie geben ihre Hände auf, obwohl der Pot groß ist und die Pot-Odds für sie extrem gut sind.
Andererseits gehen Sie oft mit, obwohl die Pot-Odds schlecht sind und man für einen profitablen Call eigentlich schon fast sicher sein muss zu gewinnen. Dann zeigen die Anfänger im Show-Down Bottom-Pair, High-Card König oder gescheiterte Draws. Es fällt einem als erfahrener Spieler schwer, keinen Kommentar dazu abzugeben. Ich verkneife es mir regelmäßig. Ich wollte als Anfänger auch nicht ständig hören, wie schlecht

ich gespielt habe. Außerdem wollen Sie ja in einer Pokerrunde Geld gewinnen und nicht die anderen Spieler durch Tipps noch verbessern. Oft hört man gute Spieler zu Verlierern sagen: »Da hattest du überhaupt keine Wahl. Du musstest mitgehen. Eine solche Hand kann man nicht loslassen.« Das ist meist nicht ernst gemeint. Die guten Spieler wollen die schlechten Spieler nur bei Laune halten und gleichzeitig noch in ihren Fehlern bestärken, um in der Zukunft noch mehr Geld aus ihnen herausholen zu können. Machen Sie sich die folgenden, zugegebenermaßen sehr simplen Grundsätze klar:

- Wenn der Pot groß und die Wette klein ist, sind die Pot-Odds für einen Call günstig, und ich sollte in der Regel auch bei relativ geringen Gewinnaussichten mitgehen.
- Wenn der Pot klein und die Wette groß ist, dann gibt mir die Wette keine besonders guten Pot-Odds, und ich sollte tendenziell eher die Hand loslassen und aufgeben.

Wenn 200 € im Pot liegen und mein Gegner 20 € wettet, dann muss ich wegen der Pot-Odds in Höhe von ungefähr 8 % schon sicher sein, dass ich die Hand wohl zu über 90 % verloren habe, damit sich aus mathematischer Sicht ein Aufgeben rechtfertigen lässt. Machen Sie sich eines klar: Da Poker ein Spiel der unvollständigen Informationen ist und viele Spieler nur sehr schwer einschätzbar sind, wird man eher selten über 90 % Gewissheit haben, geschlagen zu sein. Dazu kommt, dass viele Spieler oft und gerne bluffen oder ihre Handstärke völlig falsch einschätzen, weil sie zum Beispiel die Technik des Händelesens nicht einmal im Ansatz beherrschen.

Denken Sie daran, wenn Sie den Kampf um einen großen Pot aufgeben wollen: Bitte treffen Sie in jeder Situation eine eigene und auf die Situation perfekt abgestimmte Entscheidung.

Denken Sie auch daran, dass vor allem gute Spieler mitbekommen, wenn Sie sich auf dem River öfter den Schneid abkaufen lassen. Sie werden dann umso häufiger in Sie hineinbluffen.

Seien Sie bitte auch nicht über in der Vergangenheit erlittene Verluste auf dem River frustriert. Klar, es ist oft schwer nach mehreren Runden, die man auf dem River wirklich unglücklich verloren hat, weil der andere zum Beispiel einen seiner zwei Outs noch getroffen hat, nicht zu denken, dass man im Show-Down sowieso immer nur verliert und es daher von vorneherein besser ist aufzugeben. Das ist aber falsch, und die meisten von Ihnen wissen auch, dass es falsch ist. Umgekehrt begehen Sie bitte nicht den Fehler, zu viel Geld in kleine Pötte einzuzahlen. Wie gesagt sind die Pot-Odds bei kleinen Pötten eher schlecht, so dass der entgangene Gewinn hier nicht so groß ist. Es ist ähnlich wie beim Pre-Flop-Spiel: Ein All-In, nur um die Blinds zu kassieren, wenn diese relativ niedrig sind, ist fast nie ein besonders kluger Spielzug.

All-In auf dem River

Manche Spieler denken, beim No-Limit gehe es vor allem darum, kraftvolle Moves zu machen, den Gegner einzuschüchtern und ihn herauszudrängen. Die All-In-Wette ist vor allem bei Anfängern sehr beliebt, und man erlebt oft, dass es bei No-Limit-Turnieren eine regelrechte All-In-Inflation gibt. Ich will nicht leugnen, dass der All-In-Move beim No-Limit eine wichtige Rolle spielt, aber dieser Spielzug muss mit Bedacht gemacht werden. Er ist oft fehl am Platz, und es gehört zu den typischen Anfängerfehlern, durch All-In an der falschen Stelle all seine Chips zu verlieren. Was muss ich also beachten, wenn ich All-In gehe oder mit einem All-in des Gegners konfrontiert werde?

- Beachten Sie, dass ein All-In den Verlust Ihrer gesamten Chips bedeuten kann. Im No-Limit, vor allem in einem Turnier ohne *Re-Buy*, sollte man es sich gut überlegen, All-In zu gehen, wenn nur wenig Geld im Pot ist. Für die Pot-Odds, die ich dem Gegner setze, spielt es keine große Rolle, ob ich den fünffachen oder den achtfachen Pot wette. Ein Blick in das Koordinatensystem von oben erläutert dies ganz gut.
- Wenn Sie mit Ihrem All-In Gegner aus dem Pot vertreiben wollen, dann müssen es wirklich ängstliche, passive Gegner sein, die einem All-In noch Respekt entgegenbringen. Gegen gewiefte Spieler, die die Pot-Odds stets wie aus der Pistole geschossen nennen können, ist ein All-In oft nicht das richtige Mittel.

Overcalls – Mitgehen, wenn schon Spieler vor einem mitgegangen sind

Eine typische Situation beim Pokern ist, dass ein Spieler erhöht, ein anderer mitgeht und der nächste Spieler ebenfalls mitgeht. Der letzte Caller und alle darauf folgenden machen so genannte *Overcalls*. Sie denken meist nicht groß darüber nach, denn für sie ist es egal, ob sie als Erster oder als Letzter in der Wettrunde mitgehen.

Diese Spieler irren sich gewaltig. Man braucht für den Overcall eine noch stärkere Hand als zum bloßen Mitgehen. Man muss nämlich jetzt mit seiner Hand nicht nur den ursprünglich wettenden Spieler schlagen, sondern auch alle, die nach ihm noch mitgegangen sind. Seien Sie also auf der Hut und stellen Sie höhere Anforderungen an Ihre Hand als beim einfachen Mitgehen. Ein weiterer Grund dafür ist, dass nach dem von Sklansky beschriebenen Gap-Konzept derjenige, der eine Wette mitgeht, ein besseres Blatt braucht als der Wettende. Wetten kann man auch, ohne eine Hand zu haben, mitgehen dagegen nicht. Selbst wenn man also davon ausgeht, dass der Wettende blufft, derjenige, der nach ihm mitgeht, wird meist nicht bluffen und eine solide Hand haben, und diese müssen Sie ebenfalls schlagen. Das ist eine Konsequenz des Gap-Konzepts, und Sie sollten das bedenken, wenn Sie einen Overcall machen. Merken Sie sich:

Ein Overcall ist ein Call, der gemacht wird, nachdem ein oder mehrere Spieler vor Ihnen bereits mitgegangen sind. Für einen Overcall braucht man in der Regel eine bessere Hand als zum bloßen Mitgehen. Das gilt nicht nur für den River, ist aber gerade hier ein sehr wichtiges Spielkonzept.

Man kann den Spieß aber auch umdrehen: Man kann durch bloßes Mitgehen die Spieler hinter einem dazu animieren, ebendiese schlechten Overcalls zu machen. Ein Beispiel:

Sie haben

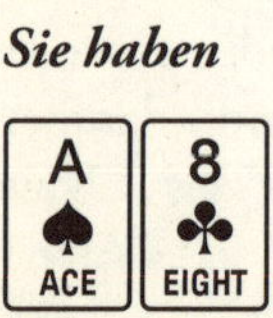

Flop ***Turn*** ***River***

Sie sind mit vier Spielern auf dem River. Im Pot sind ungefähr 120 €, und Sie haben eine Straße. Das ist schon einmal nicht schlecht. Sie vermuten aber, dass noch ein weiterer Spieler die 8 zur Straße hat, die anderen beiden Pair, Two-Pair oder Drillinge. Der Spieler, der als Erster an der Reihe ist, wettet 30 €. Sollen Sie mitgehen oder erhöhen?

Wenn Sie jetzt wetten, werden Sie höchstwahrscheinlich von dem anderen Spieler mit der 8 gecallt und müssen sich mit ihm den Pot teilen. Die Spieler nach Ihnen werden höchstwahrscheinlich aufgeben, sofern sie keine Straße haben. Mit einem bloßen Mitgehen können Sie aber die Spieler nach Ihnen den Fehler begehen lassen, schlechte Overcalls zu machen. Vorausgesetzt natürlich, diese Spieler sind relativ loose und tendieren stark in Richtung *Calling-Station*. So kann man diese beiden Calls noch in den Pot kriegen, die man sonst durch einen Raise verscheucht hätte. Selbst wenn es jetzt zum Split-Pot kommt, hat man zumindest einen Call durch die Aktion gewonnen. Sie gehen im Ergebnis also nur mit. Man kann schlechte Overcalls unter folgenden Umständen hervorrufen:

- Sie haben eine sehr gute Hand, zum Beispiel *Second-Nut-Flush* oder eine Straße, die aber von einer höheren Staße geschlagen sein kann oder bei der Sie sich den Pot mit einem anderen teilen müssten. Man rechnet sich zudem aus, dass derjenige, der vor einem wettet, einen möglicherweise schlägt.

- Overcalls kann man auch provozieren, wenn man denkt, der Wettende vor einem blufft.
- Die Spieler nach einem sollten tendenziell schlechtere Hände haben, zudem sollten sie als loose und eher spielschwach zu qualifizieren sein. Gute Spieler machen in der Regel keine schlechten Overcalls.

5. TEIL

Bet-Sizing –
Die richtige Wetthöhe beim No-Limit Texas Hold'em

Grundsätzliche Überlegungen zur Wetthöhe im No-Limit Texas Hold'em

Wenn ich beim No-Limit Texas Hold'em an der Reihe bin, kann ich immer aufgeben, mitgehen, wetten oder erhöhen. Während es im Limit Poker festgesetzte Wetthöhen gibt und ich dann wirklich nur zwischen den vier Möglichkeiten wählen kann, kann ich beim No-Limit dazu noch frei bestimmen, wie hoch gewettet oder erhöht wird. Das ist ein signifikanter Unterschied, da Pokerspieler beim No-Limit gewissermaßen über die Wetthöhe kommunizieren. Eine hohe Wette besagt: »Hey, ich mache es teuer für euch. Wer mit mir spielen will, muss dafür auch was zahlen.« Eine niedrige Wette bedeutet übersetzt: »Bitte bleib im Pot. Ich mache es auch nicht teuer.« Eine niedrige Wette kann aber auch bedeuten: »Ich wette mal klein, um zu sehen, wo ich stehe«. Oder: »Ich möchte für meinen Draw billige Gemeinschaftskarten sehen.«
Man kann auch, wie im Limit üblich, durch Nichtwetten signalisieren, dass man keine besonders tolle Hand hat. Das Setzverhalten ist also das Hauptkommunikationsmittel am Tisch. Beim No-Limit ist dieses Kommunikationsmittel wegen der variablen Wetthöhe aber viel differenzierter als beim Limit Poker. Tells spielen natürlich auch eine Rolle, und die Spieler reden miteinander. Unter dem Strich ist das Wettverhalten aber das Konkreteste, woran ich mich am Tisch halten kann. Tells können missverstanden werden, und gerade im Poker sollte man auf das Gerede am Tisch nicht besonders viel geben. Viele Spieler machen sich gerade im No-Limit nicht klar, dass sie durch ihre jeweilige Wetthöhe über ihre Hand »reden«. Man kann die Spieler grob in drei Kategorien unterteilen:

- Die schlechten Spieler beherrschen die Kommunikation über die Wetthöhe nicht. Sie wetten zu hoch oder zu niedrig und verraten oft durch ihr Wettverhalten ihre Hand.
- Es gibt Spieler, die die Kommunikation ein wenig beherrschen, aber dennoch recht einfallslos sind. Diesen Spielern kann man relativ leicht ein Beinchen stellen. Sie sind auch leicht zu lesen, weil ihre Wetthöhe oft allzu sehr mit ihren Karten korrespondiert.
- Zuletzt gibt es die guten Spieler, die die Kommunikation perfekt beherrschen. Sie verraten ihre Handstärke nicht, indem sie ihre Wetten geschickt variieren. Sie gaukeln anderen Spieler mit ihrem Setzverhalten etwas vor und bringen sie dazu, Fehler zu machen.

Wichtig ist, dass Sie am Tisch die Form der Kommunikation über das Wettverhalten beherrschen, um auf Dauer ein erfolgreicher Pokerspieler zu werden. No-Limit erlaubt es, eine sehr präzise Sprache zu sprechen, da die Wetthöhe variabel ist. Konkret bedeutet es, dass Sie lernen müssen, durch Ihr Wettverhalten Ihren Willen durchzusetzen und am Wettverhalten der anderen zu erkennen, was diese wollen, um es dann zu vereiteln. Gleichzeitig müssen Sie Ihr Spiel für die anderen undurchschaubar machen.

Gründe für eine Wette oder Erhöhung

Eine Wette oder Erhöhung kann viele Intentionen haben: Ich kann wetten, um mit einer guten Hand Geld in den Pot zu bringen, das so genannte *Betting for Value*. Ich kann wetten, um zu sehen, wo ich stehe, eine so genannte Testwette. Ich kann wetten, um andere Spieler zu eliminieren oder zu isolieren. Ich kann wetten, um zu bluffen, aus der Verzweiflung heraus oder weil ich vorher schon gewettet habe und jetzt einfach weiterwette. Ich kann mich auch durch eine Wette verteidigen oder darauf abzielen, in der nächsten Runde eine Free-Card zu bekommen.

Gründe fürs Mitgehen

Ein Spieler geht mit, wenn er noch mehr Gemeinschaftskarten sehen, er einen Re-Raise vermeiden oder weil er die Stärke seiner Hand verbergen will, indem er Slow-Play betreibt. Er kann mitgehen, um die Pot-Odds für den nächsten Spieler an der Reihe günstig zu gestalten, um diesen ebenfalls zum Mitgehen zu bewegen. Schließlich kann man mitgehen, wenn man zwar ausreichende Pot-Odds für einen Call, nicht aber für eine Wette hat.

Sie werden in den nachfolgenden Kapiteln lernen, wie man im No-Limit Texas Hold'em für diese Formen der Wetten oder Erhöhungen den jeweils richtigen Betrag wählt und welche Pot-Odds man dem Gegner dadurch gibt. Umgekehrt lernen Sie, die Wette eines Gegners korrekt einzuordnen, um anschließend richtig darauf zu reagieren.

Betting for Value – Wie bekommen Sie möglichst viel Geld in den Pot?

Betting for Value ist keine besonders schwere oder sehr komplizierte Angelegenheit. Man schätzt seine Gewinnchancen als gut ein und wettet, weil man sich stark fühlt und Geld in den Pot bekommen möchte. Zum einen hofft man, einen oder mehrere Spieler mit schlechteren Händen in den Pot zu locken. Zum anderen gibt man schlechteren Händen, die sich dadurch verbessern könnten, keine Free-Card, und diese werden dann eher aufgeben. Nehmen wir ein einfaches Beispiel:

Sie haben

Flop

Sie sind in einem No-Limit-Texas-Hold'em-Spiel mit fünf Spielern. Pre-Flop hat der Button erhöht, und alle Spieler bis auf einen sind mitgegangen. Auf dem Flop sind noch vier Spieler dabei. Sie sind als Zweiter an der Reihe. Der Spieler vor Ihnen hat gecheckt. Im Pot sind 30 €. Was machen Sie?
Ich habe Top-Pair mit einem guten Kicker. Der Flop macht Straßen und Flushs unwahrscheinlich, so dass ich davon ausgehe, momentan die beste Hand zu haben. Ich muss wetten. Betting for Value. Ich will schließlich Geld in den Pot bekommen. Die Frage ist nur, wie viel? Am besten wettet man in einer solchen Situation den halben bis ganzen Pot. Die Wette darf nicht zu hoch sein, um Gegner mit schlechteren Händen nicht zu vertreiben. Andererseits soll sie auch so hoch sein, dass sie wie ein Bluff aussieht, denn so bekommt man Gegner mit schlechteren Händen in den Pot. Es geht auch darum, die wahre Absicht zu verschleiern. Die Wette soll also auch wie eine Testwette aussehen oder wie eine Fortsetzungswette. Eine Fortsetzungswette ist eine Wette, die nur gemacht wird, weil man in den Wettrunden zuvor gewettet hat. Man wettet am besten den halben bis ganzen Pot, um die Gegner mit Drawing-Hands bezahlen zu lassen.
Slow-Play, also gar nicht wetten, um seine eigentliche Handstärke zu verschleiern, ist hier nicht angebracht. So gut ist Top-

Pair dann auch wieder nicht. Ich persönlich würde erst ab Top-Two-Pair aufwärts an Slow-Play denken, ansonsten geben Sie Ihren Gegnern Free-Cards, was Sie am Ende oft bitter bereuen werden. Der Effekt ist ähnlich, wenn Sie zu niedrig wetten. Betting for Value bedeutet, ordentlich zu wetten, also mindestens die Hälfte des Pots.

Ideal wäre also in einer solchen Situation eine Wette in ungefähr der Höhe des halben Pots, also 15 €. Das ergibt für meine Gegner Pot-Odds in Höhe von 1 zu 3, also 25 %. Das sind Pot-Odds, die so dazwischenliegen und im Zweifel keine eindeutige Entscheidung rechtfertigen. Auf diese Art kann der Gegner die meisten Fehler machen, weil sich ihm keine eindeutige Entscheidung aufdrängt. Wenn ich in einer solchen Situation zu viel wette, lasse ich meinem Gegner mit einer schlechteren Hand als Top-Pair gar keine andere Wahl, als aufzugeben. Wenn Sie Geld in den Pot bringen möchten, beachten Sie bitte folgende Grundsätze:

- Die Wetthöhe einer Value-Bet sollte weder zu hoch noch zu niedrig sein. Ideal ist eine Wette in Höhe von mindestens der Hälfte des Pots.
- Eine Value-Bet ist in der Regel geboten, wenn Ihre Hand relativ gut ist, zum Beispiel Top-Pair oder Two-Pair. Sie müssen wetten, um Geld in den Pot zu kriegen und Ihre Hand gegen Draws zu verteidigen, die ohne eine Wette ihrerseits zu billig Free-Cards bekommen könnten. Wenn das Board in einer ähnlichen Situation gefährlicher wäre als in unserem Beispiel, mit offensichtlichen Straßen- oder Flush-Chancen, sollte man höher wetten. Eine Wette zwischen drei Viertel des Pots und dem ganzen Pot verschlechtert die Pot-Odds. So machen Sie weitere Gemeinschaftskarten noch teurer und vermeiden, am Ende gegen eine durch Gemeinschaftskarten verbesserte Hand zu verlieren.

- Spielen Sie nicht starr nach System. Sie werden sonst durchschaubar. Variieren Sie die Wetthöhe von Fall zu Fall, um unberechenbar zu bleiben.

Testwetten – Auf den Busch klopfen

Eine Testwette, auch *Probe-* oder *Evaluation-Bet* genannt, ist eine Wette, um herauszufinden, wo man steht. Eine Testwette ist in Situationen angebracht, in denen ich auf dem Flop eine mittelgute Hand habe, zum Beispiel Middle-Pair oder Bottom-Pair, und mir einfach nicht sicher bin, wie ich im Verhältnis zu den anderen Spielern stehe. Ich will aus der Reaktion meiner Gegner ablesen, wie ihre Handstärke ist, und zudem will ich mich moderat in die Wettrunde einbringen, damit es mit meiner mittelprächtigen Hand nicht zu teuer wird.

Die Testwette hat auch Eigenschaften von einem Bluff. Wenn der andere keine besonders tolle Hand hat, wird er unter Umständen aufgeben, und ich habe den Pot einfach so gewonnen. Höchstwahrscheinlich war es dann kein Bluff, da ich wahrscheinlich mit der besten Hand gewonnen habe. Das wäre dann wohl eher ein Semi-Bluff. Sie sehen, dass die Übergänge oft fließend sind.

Die Testwette holt nicht nur Information ein, sie gibt den anderen auch die Information, dass man selbst gut ist und einen mehr oder weniger aggressiven Schritt in Richtung Potgewinn macht. Es ist ein bisschen wie in der Quantenphysik: Indem man nachguckt und überprüft, schafft man erst den Zustand, den man überprüfen will. Keine Angst, ich hebe jetzt nicht vollständig ab. Bleiben wir also bei den Fakten.

Die Testwette sollte ungefähr zwischen einem Viertel des Pots und der Hälfte liegen. Wenn die Testwette zu niedrig ist, provoziert sie unter Umständen Erhöhungen, weil sie dann Schwäche suggeriert. Ein Beispiel:

Sie haben:

Flop

Vor dem Flop gab es eine Erhöhung, die Sie mitgegangen sind. Es sind noch zwei andere Spieler mit Ihnen in der Hand. Der Flop hat Ihnen Middle-Pair gegeben, aber Sie wissen nicht genau, wie Sie damit innerhalb der Runde dastehen. Der Spieler nach dem Dealer checkt. Im Pot sind bisher 18 €. Sie sind an der Reihe. Was machen Sie?

Es könnte sein, dass Sie mit Ihrem Middle-Pair momentan die beste Hand haben. Es kann aber genauso gut sein, dass ein anderer Spieler die Dame auf der Hand hat und Sie damit schlägt. Um genau das herauszufinden, wetten Sie. Am besten ein bisschen mehr als ein Drittel des Pots. Sie wetten 8 €. Damit repräsentieren Sie zu einem die Dame, indem Sie Ihre Wette wie eine Value-Bet aussehen lassen, und zum anderen finden Sie heraus, was die anderen haben könnten, sprich, ob ihnen ihre Hand 8 € wert ist. Rein rechnerisch gesehen brauchen die Gegner Odds von über 20 %, da Sie durch Ihre 8-€-Wette Pot-Odds in Höhe von über 20 % vorgegeben haben. Sollte ein anderer Spieler jetzt noch einmal erhöhen, dann seien Sie vorsichtig, und gehen Sie besser raus, wenn Sie seine

Erhöhung nicht als Bluff einordnen. Geben die anderen Spieler auf, umso besser.
Unter Umständen kann es in einer solchen Situation angebracht sein, gar nicht zu wetten und Information zu sammeln, indem Sie schauen, was die anderen machen, aber grundsätzlich ist es beim Texas Hold'em kein Fehler, der Aggressor zu sein. Indem Sie checken, erlauben Sie es einem anderen Spieler, durch eine Wette nach dem Pot zu greifen. Beim Texas Hold'em brauchen Sie eine bessere Hand zum Mitgehen als zum Erhöhen. Bitte vergessen Sie das nicht! Schließlich hat man beim Wetten oder Erhöhen die Chance, dass der andere aufgibt und es somit gar nicht mehr auf die eigene Handstärke ankommt. Beachten Sie folgende Regeln:

- Die Testwette sollte ungefähr ein Viertel bis ein Drittel vom Pot betragen. Auf diese Weise können Sie den Pot entweder direkt einstreichen, oder Sie erfahren schon früh, wo Sie stehen, indem Sie Ihre Gegner aus der Reserve locken. So sparen Sie sich teure Wettrunden auf Turn und River.
- Wenn Sie Ihrerseits eine Testwette des Gegners vermuten, dann kontern Sie mit einem knackigen Raise. Dabei spielt Ihre Handstärke eine eher untergeordnete Rolle. Wie oben schon gesagt, hat der Testwetter meist eine mittelgute Hand. Damit wird er im Zweifel eher aufgeben.
- Bitte seien Sie konsequent und geben Sie auf, wenn Sie durch die Testwette die Information bekommen, der Gegner sei stark. Sollten Sie das schon vorher vermuten, dann sparen Sie Ihr Geld und wetten Sie besser nicht.

Bitte machen Sie nicht zu oft Testwetten. Es ist natürlich grundsätzlich besser, wenn man weiß, wo man steht, ohne Geld in den Pot legen zu müssen.

Die Verzweiflungswette – Wenn nichts anderes mehr geht

Die Verzweiflungswette ähnelt der Testwette mit dem Unterschied, dass meine Hand noch schlechter ist und wenige bis keine Outs hat. Der Unterschied zum reinen Bluff ist, dass es sein könnte, dass die anderen noch schlechter sind als ich. Diese Wette wird aus der Verzweiflung heraus gemacht, damit einer solchen Hand zu checken noch schlechter ist. Man kann diese Wette auch als Verteidigungswette einordnen, da man in erster Linie bezwecken will, dass die Gegner wegen der Wette keine Aggression zeigen. Man hat schließlich keine Hand, um auf Aggression der Gegner entsprechend zu reagieren. Ein Beispiel:

Sie haben

Flop

In der Runde vor dem Flop wurde nicht erhöht. Sie sind als Erster in der Runde dran, und drei weitere, konservative Spieler sind nach Ihnen an der Reihe. Im Pot sind 8 €. Was sollen Sie tun?

Wenn Sie einfach abwarten und checken, laufen Sie Gefahr, dass ein anderer erhöht, und dann brauchen Sie wiederum eine bessere Hand als zum Wetten. Sie müssten aufgeben und hätten den Pot verloren. Sie haben nur zwei effektive Outs,

nämlich die verbliebenen zwei **4.** Die Gegner können sich mit Sicherheit eher verbessern als Sie. Auf teure Wettrunden auf Turn und River können Sie sich mit Ihrer Hand nicht einlassen. Sie müssten dann bei den Pot-Odds, die Sie vom Gegner bekommen, auf jeden Fall noch starke Reverse-Implied-Odds einrechnen, so dass ein Call für Sie noch unprofitabler wäre.
Sie wetten also ein Drittel des Pots, weil Sie sich aus der Verzweiflung heraus sagen, dass Sie wahrscheinlich die beste Hand haben, weil der Flop die Gegner meist nicht trifft und weil Sie davon ausgehen, dass selbst ein Ass mit einem schlechten Kicker Pre-Flop wohl erhöht worden wäre. Wenn ein Gegner jetzt erhöht, ist es Zeit aufzugeben. Es kann sein, dass Ihr Konzept aufgeht und alle aufgeben. Wenn die Gegner mitgehen, dann sollten Sie in der nächsten Wettrunde vorsichtig sein und eher nicht wetten. Die Gegner werden auf dem Turn oft nicht wetten, weil Sie zuvor in der Wettrunde durch Ihre Wette Stärke gezeigt haben.
Eine Verzweiflungswette ist eine Ausnahmesituation und sollte nicht oft gemacht werden. Merken Sie sich dieses Konzept eher als eine gelegentliche Flucht nach vorn. Vor allem um Gegner über Ihre Spielweise im Unklaren zu lassen, ist die Verzweiflungswette bestens geeignet.

Bluffing – Die Kunst der Täuschung

Die Intention, die hinter einer Bluff-Wette oder Erhöhung steckt, ist eindeutig: Ich habe eine schlechte Hand und will den Gegner aus der Hand vertreiben. Ich will alles, außer dass mein Gegner mitgeht. Mitgehen ist der Tod eines jeden Bluffs.

Semi-Bluff – Nur die halbe Wahrheit

Bluffs lassen sich zunächst nach ihrer Handstärke unterscheiden. Der reine Bluff basiert auf gar keiner bzw. einer sehr schwachen Hand. Der *Semi-Bluff* hingegen wird mit einer Hand gemacht, die momentan zwar relativ schwach ist, aber noch Potential hat, zum Beispiel ein Flush-Draw auf dem Flop mit Bottom-Pair. Geht der Gegner dann raus, so habe ich mein Ziel erreicht und den Pot gewonnen. Wenn der Gegner nicht aufgibt, habe ich als zusätzliche Option, mit meiner Hand regulär zu gewinnen, da noch Potenzial in ihr steckt. Ich kann beim Semi-Bluff also auf zwei Arten gewinnen.

Post-Oak-Bluff – Weniger ist manchmal mehr

Bezüglich der Wetthöhe kann man den normalen Bluff vom *Post-Oak-Bluff* unterscheiden. Beiden ist gemeinsam, dass man nichts oder sehr wenig auf der Hand hat. Beim normalen Bluff wette ich hoch und suggeriere dem Gegner damit, dass meine Hand mir viel wert ist und es für ihn zu teuer wird mitzugehen. Ich will den anderen durch eine hohe Wette dazu bringen, mit der besseren Hand aufzugeben. Beim Post-Oak-Bluff hingegen wette ich relativ niedrig, um dem Gegner zu suggerieren, dass ich eine relativ gute Hand habe und eher niedrig wette, um Geld in den Pot zu bringen.

- Post-Oak Bluffs sind vor allem gegen gute Spieler angebracht, die einen normalen Bluff schnell durchschauen. Gegen Anfänger ist der Post-Oak-Bluff völlig verfehlt, da diese niedrige Wetten meist ohne Weiteres mitgehen.
- Bedenken Sie beim Post-Oak-Bluff immer, dass wegen der niedrigen Wetthöhe und der guten Pot-Odds, die man dadurch gibt, die Gefahr besteht, dass der Gegner einfach nur mitgeht und unseren Bluff auffliegen lässt.

- Die Höhe des Post-Oak-Bluffs sollte der einer Value-Bet entsprechen, also die Hälfte des Pots, eher weniger.

Umgekehrter Bluff – Der Bluff, der gar keiner ist

Der umgekehrte Bluff ist streng genommen gar kein Bluff, weil er von einer durchaus guten Hand gedeckt ist. Ich lasse meine Wette aber nach einem Bluff aussehen, damit der Gegner mitgeht. Es soll so aussehen, als wolle ich mir den Pot kaufen, während es mir in Wirklichkeit nur darum geht, den anderen den vermeintlichen Bluff auffliegen zu lassen, damit er ins offene Messer läuft.

- Diese Taktik ist vor allem gegen sehr gute Spieler, die ausmanövriert werden müssen, angebracht.
- Ihre Hand sollte relativ stark sein, denn Sie muss einen Call des Gegners überleben.
- Sie sollten mindestens den Pot wetten.

Check-Raise-Bluff – Links antäuschen und rechts vorbeiziehen

Ein Check-Raise ist ein verbreitetes Konzept im Poker und bedeutet, dass ich in der gleichen Wettrunde zunächst checke und dann nach einer Wette des Gegners erhöhe. Ich täusche zunächst Schwäche vor, um danach Stärke zu zeigen. Es ist ein sehr starkes Konzept, denn der Gegner fühlt sich nach einem Check oft sicher und erhöht dann einfach, weil er grundsätzlich Schwäche attackiert und seine Hand dafür in der Regel nicht besonders toll sein muss. Der Check-Raise benötigt schon eine gute Hand, denn er ist gewissermaßen ein Slow-Play innerhalb einer Wettrunde. Es besteht schließlich die Gefahr, dass der Gegner ebenfalls checkt und so eine Free-Card bekommt.

Ein guter Spieler weiß also, dass ein Check-Raise ein Spielzug ist, der auf eine starke Hand hindeutet. Das kann man sich zunutze machen, indem man einfach, ohne eine Hand zu haben, einen Check-Raise macht, den so genannten *Check-Raise-Bluff.* Nehmen wir ein Beispiel:

Sie haben

Flop

Vor dem Flop haben Sie aus schlechter Position erhöht, und ein Gegner ist mitgegangen. Es sind 10 € im Pot. Der Flop ist nun gekommen und hat Sie leider total verpasst. Sie ärgern sich, dass Sie Pre-Flop überhaupt gewettet haben, und nehmen sich vor, die Hand nicht loszulassen. Was können Sie noch tun, um zu gewinnen?
Als Erstes könnte man an eine Fortsetzungswette denken, also einfach wetten, weil man vor dem Flop auch schon gewettet hat. Es gibt aber eine bessere Methode, die es Ihnen erlaubt, noch eine weitere Wette Ihres Gegners zu bekommen. Sie versuchen also einen Check-Raise-Bluff. Sie checken zunächst zu Ihrem Gegner hin und warten ab, ob dieser wettet. Wenn er wettet, dann erhöhen Sie die Wette. Nehmen wir an, der Gegner wettet nach Ihrem Check den Pot, also 10 €. Ein Mitgehen macht wenig Sinn. Die Pot-Odds betragen 1 zu 2, also 33,3 %. Sie müssten schon sicher sein, die Hand in über 33,3 % der Fälle zu gewinnen. Unsere Karten und das Board

geben aber eine solche Gewinnwahrscheinlichkeit nicht her. Ein Backdoor-Flush und eine schlechte Backdoor-Straight mit einer Lücke sind einfach zu wenig. Also wetten Sie. Am besten hoch, sagen wir 20 €. Wenn der Gegner eine mittelmäßige Hand hat und um das Konzept des Check-Raise weiß, dann wird er dahinter eine starke Hand vermuten und aufgeben. Aber Vorsicht! Der Check-Raise-Bluff ist teuer, wenn er versagt, und sollte nur in Ausnahmesituationen eingesetzt werden:

- Man muss schon wissen, ob der Gegner bei einer solchen Check-Raise-Bluff-Wette tendenziell eher herausgeht, sein Betting-Pattern muss in der Richtung schon etwas hergeben. Der Gegner sollte also eher ein ängstlicher bzw. ein konservativer Spieler sein.
- Ein Check-Raise-Bluff ist besonders dann angebracht, wenn der Gegner wenig und ich viele Chips habe. Er wird dann eher nicht mitgehen oder erhöhen, weil er Angst um seine Chips hat.
- Der Gegner muss überhaupt in der Lage sein, einen Check-Raise als solchen zu erkennen, um dahinter eine starke Hand zu vermuten. Gegen einen totalen Anfänger, der ohnehin alles mitgeht, ist das Konzept total fehl am Platz.

Worauf Sie beim Bluffen achten müssen – Zusammenfassung

Das war ein kurzer Überblick über die verschiedenen Arten von Bluffs. Die Übergänge zwischen den eigentlichen Formen sind fließend. Ein geschickter Pokerspieler verschleiert seine Aktionen. Sie müssen sich also ständig fragen: Was will der Gegner mit seiner Wette bezwecken? Ist mein Gegner ein Anfänger, der einfach nach seiner Handstärke wettet? Ist mein

Gegner ein gewiefter Spieler, der die Grenzen zwischen Value-Bet und Post-Oak-Bluff gezielt verschwimmen lässt, einen ständig vor schwierige Entscheidungen stellt und bewusst Fehler provoziert? Auch hier kommt es wieder darauf an, die Wetthöhe richtig zu interpretieren und selbst die richtige zu wählen. Wie sollte man aber die Wetthöhe bei einem reinen Bluff ansetzen? Auf keinen Fall zu niedrig, denn sonst besteht die Gefahr, dass der Gegner einfach mitgeht und am Ende gewinnt. Ideal ist eine Wette von mindestens der Hälfte des Pots, mehr wäre sogar besser. Hier einige Faustregeln bezüglich Bluffen und Wetthöhe.

- Passen Sie auf, wenn Sie gegen Anfänger spielen. Bluffen bringt meist nichts, da sie mit fast jeder Hand mitgehen.
- Das Gleiche gilt für absolute Top-Spieler. Diese durchschauen Ihre Bluffs schneller und könnten böse kontern oder mitgehen. Ideal zum Bluffen sind mittelmäßige Spieler. Es bringt nichts, auf Ziele zu schießen, die nutzlos sind oder zu gut verteidigt.
- Vorsicht ist auch bei vielen Spielern am Tisch bzw. in der Hand geboten. Hier sind potenziell stärkere Blätter unterwegs als bei einem Short-Handed-Spiel. Bluffen Sie grundsätzlich nicht aus schlechter Position in ein großes Feld von Spielern hinein.
- Ein Bluff sollte dem Gegner in der Regel schlechte Pot-Odds geben, um ein Mitgehen unprofitabel zu machen. Es sollte mindestens die Hälfte des Pots sein, manchmal der ganze Pot oder mehr. Pot-Odds ab 30 % aufwärts geben Spielern zu denken und machen einen Call in vielen Fällen unprofitabel. Wetten Sie aber auch nicht unnötig viele Chips. Beherzigen Sie den berühmten Ausspruch von David Sklansky: »Bet enough to get the job done, but not more.«

- Ein Bluff, der den Gegner All-In setzt, ist besonders wirkungsvoll. Im Turnier steht der Spieler damit kurz vor dem Aus. Unabhängig von ihrer Hand werden vor allem konservative Spieler sich auf ein derartiges Risiko meist nicht einlassen.
- Ein Bluff ist oft nicht mehr sinnvoll, wenn ein Gegner bereits Stärke gezeigt hat. Bluffen Sie grundsätzlich lieber in einen Gegner hinein, der Schwäche gezeigt hat.
- Wenn ein Spieler Schwäche gezeigt hat, dann ist er auch meistens schwach. Schlechte Hände kommen häufiger vor als gute, und nur die besten Hände eignen sich zum Slow-Play. Denken Sie also nicht zu kompliziert und reagieren Sie ruhig mit einem Bluff auf Schwäche.
- Wenn Sie bluffen, dann ist es immer besser, eine bestimmte Hand zu repräsentieren, anstatt einfach nur Stärke zu zeigen. Wetten Sie auf Scare-Cards und geben Sie damit eine spezifische Information: »Ich habe Trips. Ich habe das Full-House. Der River hat mich getroffen und so weiter«.
- Ein Bluff klappt besser, wenn es keine Indikatoren dafür gibt, dass Sie auf einem Draw waren, der jetzt gescheitert sein könnte, zum Beispiel zwei gleiche Farben auf dem Board.
- Denken Sie immer über einen Bluff nach, wenn die Gegner zu Ihnen durchgecheckt haben.
- Ein Bluff funktioniert in der Regel nur, wenn man hochkonzentriert und voll im Spielgeschehen drin ist. Um »tricky« zu sein, braucht man Energie, Konzentration und Selbstvertrauen. Nur so kann man Manöver gegen den Gegner fahren. Es ist wie im Polizeiverhör: Wenn man die Wahrheit sagt, ist es viel weniger anstrengend, als wenn man lügt, weil man bei der Lügenversion ständig darauf Acht geben muss, dass man sich nicht verrät oder verplappert. Ähnlich ist es beim Bluffen im Poker. Bluffen Sie daher

nicht, wenn Ihr Spiel aus dem Gleichgewicht geraten ist oder wenn Sie gerade am Boden zerstört sind, weil Sie vorher hoch verloren haben. In dem Zustand werden die Gegner Ihre Bluffs viel leichter durchschauen.

Bluffs provozieren und stoppen

Opponenten, die ihr Spiel geschickt und abwechslungsreich gestalten, sind gefährlich. Sie bluffen in einer Art und Weise, die es schwierig macht zu sagen, ob es sich bei ihren Wetten um Value-Bets oder um Bluffs handelt. Dadurch bringen diese Spieler einen dazu, Fehler zu machen. Es ist daher zwingend erforderlich, dass man gerade bei diesen Gegnern Bluffs stoppt bzw. Bluffs provoziert, um sie von ihrer korrekten Bluffstrategie abzubringen. In der Regel solllte man Bluffs bei Gegnern provozieren, die dazu tendieren, zu häufig zu bluffen. Umgekehrt sollte man Gegner, die schon zu wenig bluffen, zusätzlich vom Bluffen abhalten. So verschlechtert man das Spiel dieser Gegner erheblich. Wie stoppt oder provoziert man einen Bluff?

Man provoziert einen Bluff, indem man Schwäche zeigt, und man stoppt einen Bluff, indem man Stärke zeigt. Einen Bluff zu provozieren geht stark in die Richtung Slow-Play, und einen Bluff zu stoppen geht ein bisschen in Richtung Semi-Bluff. Der Unterschied zum Slow-Play ist jedoch, dass die eigene Hand nicht so stark sein muss. Man braucht nur einen so genannten *Bluff-Catcher*, das heißt eine Hand, die gerade gut genug ist, um gegen den Bluffer im Show-Down zu gewinnen. Betrachten wir zunächst ein Beispiel, bei dem es darum geht, den Gegner zum Bluffen zu bringen:

Sie haben

Flop ***Turn***

Sie sind in einem Texas-Hold'em-Spiel, und die Runde verlief bisher wenig eindrucksvoll. Sie sind mit noch einem Gegner in der Hand und merken, dass dieser wohl keine besonders gute Hand hat. Dementsprechend checkt der Gegner auf dem Turn. Jetzt sind Sie an der Reihe. Was sollen Sie tun?

Wenn Sie jetzt wetten, geht der Gegner mit an Sicherheit grenzender Wahrscheinlichkeit aus der Hand. Das Ziel ist also, den Gegner dazu zu bringen, sich den Pot durch einen Bluff kaufen zu wollen. Folglich checken wir ebenfalls und hoffen, dass der Gegner in der nächsten Runde bluffen wird. Durch diese Spielweise geben wir dem Gegner zwar eine Free-Card, aber das können wir verkraften. Die Wahrscheinlichkeit, dass der River einen König oder ein Ass bringt und der Gegner Sie mit einem Ass- oder Königspaar schlägt, ist nicht so groß. Wenn er ein kleines Paar auf der Hand hat, sind seine Chancen nur 4,5 %, mit der letzten Karte einen Drilling zu bekommen. Sie checken also und hoffen, dass der Gegner auf dem River versucht zu bluffen.
Das war ein Beispiel, wie man einen Gegner zum Bluffen bringt. Tendenziell sollte der Gegner natürlich zum Bluffen neigen, wenn man diese Technik anwendet. Wenn man gegen

einen Anfänger spielt, der nur wettet, wenn er etwas hat, sollte man diese Technik nicht anwenden. Hier wäre eher eine simple Value-Bet auf dem Turn angebracht. Gerade Anfänger, die ohnehin dazu neigen, zu wenig zu bluffen, sollte man in dieser Hinsicht bekräftigen. Dadurch macht man ihr Spiel noch schlechter. Diese Gegner kann man auch leichter davon abhalten, da sie ohnehin nicht gerne bluffen. Hier ein Beispiel:

Sie haben

Flop ***Turn***

Sie sind in einem Texas-Hold'em-Spiel, und Ihr Gegner wettet auf dem Turn. Sie haben zwar zwei Paare, aber Sie sind besorgt: Ihr Gegner könnte einen Flush oder eine Straße haben. Sie sind sich unsicher, ob Ihr kleines Two-Pair gut genug ist. Sie wollen gerade jetzt nicht, dass Ihr Gegner auf dem River blufft. Sie wollen diese Möglichkeit ausschließen, da ein potenzieller Bluff des Gegners auf dem River Ihre Entscheidung sehr schwer machen würde. Sie wollen wissen, wo Sie stehen. Was tun Sie, um dies zu erreichen?

Sie erhöhen die Wette des Gegners auf dem Turn noch einmal und zeigen somit Stärke. Der Gegner wird dann höchstwahrscheinlich auf dem River nicht bluffen. Wenn er jetzt noch mal erhöht, sollten Sie in der Regel aussteigen. Das Gleiche gilt, wenn er mitgeht und dann auf dem River erneut wettet. Dass es sich dann bei diesen Einsätzen um Bluffs handelt, ist nach Ihrer Erhöhung recht unwahrscheinlich. Wie gesagt, es geht immer darum, den Gegner von einer korrekten Bluff-Strategie abzubringen. Folgende Punkte sollten Sie sich merken.

- Man verhindert einen Bluff, indem man Stärke zeigt. Dies kann man erreichen, indem man wettet oder erhöht. Die Gegner bluffen oft nur, wenn Sie Schwäche zeigen.
- Man provoziert einen Bluff, indem man durch Checken oder bloßes Mitgehen Schwäche zeigt. Der Gegner wird dann oft versuchen, sich den Pot in dieser oder der nächsten Wettrunde durch einen Bluff zu kaufen.
- Man kann aber auch psychologische Tricks einsetzen, um Stärke zu zeigen. Sie können zum Beispiel nach Ihren Chips greifen, als wollten Sie auf jeden Fall mitgehen oder erhöhen, während der Gegner gerade überlegt, was er machen soll. Meist reicht hier schon eine angedeutete Bewegung in Richtung der Chips. Wenn der Gegner das sieht und trotzdem wettet, sollte man seine Hand wegwerfen. Ein solcher Trick funktioniert aber nur gegen spielschwache Gegner. Bei fortgeschrittenen Spielern müssen Sie etwas subtiler vorgehen.
- Man kann auch hier Schwäche durch psychologische Tricks simulieren. Man kann zum Beispiel seine Karten so halten, als wolle man sie schon bei der kleinsten Wette oder Erhöhung des Gegners wegwerfen. Wenn der Gegner wettet, geht man mit oder erhöht. Auch dieser Trick funktioniert eher gegen spielschwache Gegner.

Die Fortsetzungswette – Der Flop hat nicht getroffen – egal, Sie wetten trotzdem weiter …

Die Fortsetzungswette, auch *Continuation-Bet* genannt, ist eine Unterform des Bluffs. Sie kommt im Texas Hold'em extrem häufig vor, weshalb es nötig ist, sich hier ein wenig eingehender mit ihr zu befassen.

Eine Fortsetzungswette ist eine Wette auf dem Flop, die gemacht wird, obwohl man den Flop nicht getroffen hat. Man hat vor dem Flop erhöht und wettet jetzt weiter und hofft dabei, die Gegner glauben einem ein gutes Blatt, weil man ja schon vor dem Flop Stärke gezeigt hat.

Eine Fortsetzungswette hat ein hohes Maß an Glaubwürdigkeit in sich, weil man wie gesagt schon vor dem Flop Stärke gezeigt hat. Es ist ein Bluff, der einem sehr leicht geglaubt wird. Zudem ist es eine gute Möglichkeit, um das Pre-Flop investierte Geld nicht zu verlieren. Nehmen wir ein Beispiel:

Sie haben

Flop

Sie haben vor dem Flop in mittlerer Position erhöht, und ein Spieler ist mitgegangen. Der Flop ist jetzt gekommen, und Sie sind zuerst an der Reihe. Der Gegner ist Ihnen als relativ loose bekannt. Was sollen Sie tun?
Wenn Sie jetzt checken, dann zeigen Sie Schwäche. Es ist fast so, als würden Sie Ihrem Gegner sagen: »Hey, ich habe zwar eine ganz gute Starthand, aber kein Pocket-Pair. Ich habe Overcards, aber sonst nichts. Es hat mich nicht getroffen. Bitte nimm mir den Pot ab.« Das ist natürlich übertrieben, aber irgendetwas in dieser Richtung werden Ihre Gegner denken. Sie sollten Ihre Pre-Flop-Wette fortsetzen, um den Gegner hier herauszudrängen. Die Chance ist hoch, dass es ihn auch nicht getroffen hat und er aufgibt. Auch wenn er uns vielleicht nicht glaubt, dass uns die **9** oder die zwei **4** getroffen haben, dann glaubt er uns zumindest mal ein Paar auf der Hand. Die Wahl fällt hier auf eine Continuation-Bet, die von ihrer Höhe her ungefähr einer Value-Bet entsprechen sollte. Wetten Sie also ruhig den halben Pot und sehen Sie, was passiert. Unter Umständen kann es auch ein bisschen mehr oder ein bisschen weniger sein. Dann verschwimmt das Ganze eher mit Ihren anderen Wetten. Man muss an dieser Stelle sagen, dass es sich bei dieser Continuation-Bet um keinen reinen Bluff handelt. Die Chance ist hoch, dass Ihr **AK** im Augenblick noch die beste Hand und Ihre Wette eher eine Value-Bet ist, da sie dem Gegner keine Free-Card geben wollen. Diese Fortsetzungswette ist also in der Mitte zwischen Bluff und Value-Bet anzusiedeln. Da wir hier über unseren Gegner wissen, dass er relativ loose spielt und zudem noch ein Anfänger ist, der noch nie etwas von Value-Bets oder Post-Oak-Bluffs gehört hat, setzen wir die Wette lieber relativ hoch an, in diesem Fall etwa zwei Drittel des Pots, um sicherzugehen, dass er nicht doch mitgeht und uns vielleicht in einen Strudel aus unprofitablen Wettrunden zieht.

Denken Sie immer an das Konzept der Fortsetzungswette, wenn Sie vor dem Flop Stärke durch Wetten oder Erhöhen gezeigt haben, der Flop Sie aber nicht getroffen hat. Beachten Sie vor allem die folgenden Kriterien:

- Die Anzahl der verbliebenen Spieler auf dem Flop ist wichtig. Ideal ist ein Gegner. Unter Umständen gehen auch noch zwei Gegner. Ab drei Gegnern sollten Sie in der Regel lieber keine Fortsetzungswette machen. Die Chance, dass bessere Hände unterwegs sind, ist zu hoch. Man braucht dann schon eine relativ gute Hand, um weiterzuspielen.
- Wichtig ist auch, ob Sie den Flop völlig verpasst haben oder ob Sie vielleicht noch Outs haben. Wenn Sie noch echte Outs haben, dann sollten Sie eher darauf abzielen, eine Free-Card zu bekommen. Vor allem, wenn Sie als Letzter der Wettrunde checken können und so die Free-Card sofort bekommen können. Wenn Sie erhöhen, geben Sie dem Gegner die Möglichkeit, Sie durch einen Re-Raise aus der Hand zu drängen, indem er Ihnen schlechte Pot-Odds setzt. Wenn Sie den Flop total verpasst haben, spielt das keine Rolle, weil Sie, ohne irgendwelche Draws aufzugeben, einfach herausgehen können.
- Die Natur des Flops ist entscheidend. Wenn der Flop für Sie gefährlich ist, ist es verfehlt hineinzuwetten, obwohl Sie nichts getroffen haben. Sie könnten auf diese Art und Weise viel Geld verlieren. Ideal für eine Fortsetzungswette sind ungefährliche Flops mit niedrigen Karten, Flops mit Karten, die von ihrer Wertigkeit weit auseinanderliegen, und Rainbow-Flops.

Verteidigung gegen die Fortsetzungswette

Weil die Fortsetzungswette ein sehr starker Spielzug im Texas Hold'em ist, ist es zwingend erforderlich, diese als solche zu identifizieren und dann entsprechend zu handeln. Woher soll ich nun wissen, ob der Gegner den Flop getroffen hat oder nicht, wenn er wettet?

- Zunächst muss man den Gegner genau kennen. Man muss sein Betting-Pattern, also sein typisches Wettmuster, in Bezug auf Fortsetzungswetten ermitteln. Ist er ein Spieler, der oft Continuation-Bets macht, oder ist er ein eher konservativer Spieler, der auf dem Flop nur wettet, wenn er getroffen hat. Ein wichtiger Indikator hierfür ist ganz einfach die Häufigkeit, mit der ein Spieler, der auch Pre-Flop gewettet oder erhöht hat, auf dem Flop wettet. Sie erinnern sich? Der Flop trifft die Spieler meistens nicht. Wenn also ein Spieler auf dem Flop fast immer wettet, wenn er auch schon Pre-Flop gewettet hat, dann kann ich davon ausgehen, dass er oft und gerne Continuation-Bets macht und die zu beurteilende Wette durchaus ein solcher Bluff sein kann. So oft kann der Flop ihn schließlich auch nicht treffen. Ein konservativer Spieler, der selten auf dem Flop wettet, wenn er Pre-Flop Stärke gezeigt hat, wird wohl eher nur wetten, wenn der Flop ihn getroffen hat. Das Wettmuster der einzelnen Spieler ist also ein guter Indikator dafür, um welche Art von Wette es sich handelt.
- Daneben bildet oft die Wetthöhe ein gute Entscheidungsgrundlage dafür, ob der Flop den Wettenden getroffen hat oder nicht. Die Wetthöhe bei der Fortsetzungswette sollte ungefähr der Value-Bet entsprechen, also die Hälfte des Pots. Eine Testwette oder eine Verteidigungswette ist meist

niedriger. Aber Vorsicht! Gute Spieler verschleiern die wahre Absicht hinter ihren Wetten und wetten daher bewusst nicht nach Lehrbuch.

- An der Anzahl der verbliebenen Spieler und der Position des Wettenden kann man gut erkennen, ob eine Fortsetzungswette vorliegt oder ob der Flop wirklich getroffen hat. Die Fortsetzungswette ist eher sinnvoll, wenn wenige oder nur ein Spieler noch in der Hand sind. Von daher wird man bei einem Spieler meist davon ausgehen können, dass der Flop ihn getroffen hat, wenn er aus schlechter Position heraus in ein Feld mit mehreren verbliebenen Spielern wettet.

Sobald Sie die Continuation-Bet als eine solche identifiziert haben, stellt sich die Frage, wie Sie darauf reagieren sollen. Das hängt natürlich von der eigenen Handstärke ab.

- Wenn Sie ein Monster geflopt haben, zum Beispiel einen guten Flush oder eine Nut-Straight, dann ist es generell besser, zunächst die Fortsetzungswette nur mitzugehen. Auf diese Weise können Sie mehr Geld generieren. Oft ist die Fortsetzungswette der letzte Versuch eines Spielers, die Hand noch zu gewinnen. Ein Raise würde ihn wahrscheinlich sofort vertreiben. Betreiben Sie Slow-Play und hoffen Sie, dass der Gegner es nochmals auf dem Turn versucht. Wenn Sie dann erhöhen und er aufgibt, haben Sie immerhin eine Wette mehr gewonnen. Es besteht natürlich auch für Sie die äußerst vorteilhafte Möglichkeit, dass der Gegner auf dem Turn doch noch etwas bekommt und so in sein Verderben, sprich in Ihr Monster, hineinläuft.
- Wenn Sie zwar eine gute Hand haben, aber nicht sicher sind, ob diese Hand den Verlauf der folgenden Wettrunden überleben wird, sollten Sie meiner Ansicht nach bereits auf dem Flop die Sache durch eine Erhöhung beenden und den

Gegner zum Aufgeben bringen. Es kommt hier wieder auf eine genaue Analyse des Flops und des Gegners an. Wenn Sie sich mit Ihrer Hand relativ sicher fühlen, kann auch ein bloßer Call angebracht sein, um dann auf dem Turn durch kräftiges Wetten Aggression zu zeigen.

- Wenn Sie selbst keine Hand haben, dann müssen Sie entscheiden, ob Sie aufgeben sollen oder versuchen, dem Fortsetzungswetten-Bluff mit einem Bluff Ihrerseits zu kontern. Hier müssen Sie vor allem beachten, wie schlecht es für Sie tatsächlich aussieht: Kann Ihre Hand einen Showdown überleben? Haben Sie noch Outs? Lässt sich der Gegner in vergleichbaren Situationen herausdrängen? Bin ich mir wirklich sicher, dass mein Gegner blufft? Selbst wenn er blufft, hat er ja meistens trotzdem die bessere Hand. Um hier einen Re-Bluff zu starten, wäre es gut, wenn Sie zumindest noch Outs hätten.

Die Isolationswette – Wenn ich mir einen Gegner allein vornehmen will

Eine Wette oder Erhöhung kann auch den Zweck haben, einen bestimmten Gegner zu isolieren. Man will sich eine bestimmte Person vornehmen, um diese dann ohne störende Gegner zu bekämpfen. Ein Beispiel.

Sie haben

Sie sitzen mit fünf Spielern in einem Turnier. Sie sind in der Runde als Vorletzter dran. Die Blinds betragen 500/1000

Chips. Ein Spieler vor Ihnen mit relativ wenig Chips erhöht die Big-Blind um 2.000 Chips. Ihm verbleiben nach dieser Wette nur noch 7.000 Chips. Sie selbst haben noch weit über 40.000 Chips. Was machen Sie?

Zunächst müssen Sie sich fragen, was der Spieler vor Ihnen, der erhöht hat, bezwecken will. Sie sind in einem Turnier, und der Spieler ist offensichtlich *Short-Stacked.* Er kann mit seinen Chips also keine besonders tollen Manöver mehr machen. Nein, dieser Spieler muss sehen, dass er sich mit einer einigermaßen guten Hand verdoppelt oder verdreifacht. Sonst hat er keine Chance und wird von den Blinds aufgefressen. Sie sehen seine Wette also als eine Art Verzweiflungswette an und kommen zu dem Schluss, dass er wahrscheinlich keine sonderlich schlechte, aber auch keine überragende Hand hat.

Folglich sollten Sie wetten. Sie haben mit **AK** eine gute Hand, die viele Hände, die Ihr Gegner hier wetten könnte, dominiert, zum Beispiel **AQ, AJ** oder **KQ.** Sie wollen diesen Spieler isolieren und den Pot Heads-Up mit ihm spielen. Er und kein anderer soll nach dem Flop ausgespielt werden. Ein Raise Ihrerseits vertreibt die anderen Spieler mit mehr Geld, die noch für Überraschungen gut sind. Daneben hat ein Raise hier noch den Vorteil, dass möglicherweise der Spieler hinter Ihnen herausgeht und Sie dadurch ab der zweiten Wettrunde als Letzter dran sind. Sie haben also durch Ihre Erhöhung einen angeschlagenen Gegner isoliert, dessen Handlungspielraum nach dem Flop stark eingeschränkt ist, und sich zudem noch Position für die folgenden Wettrunden verschafft. Mit Ihrem großen Stack haben Sie zudem einen großen Vorteil gegen ihn.

Die Free-Card-Wette – Wetten für die Gratiskarte in der nächsten Wettrunde

Oft ist es so, dass ich im No-Limit Texas Hold'em eine weitere Gemeinschaftskarte für möglichst wenig Geld sehen will, vor allem mit einer Drawing-Hand. Der Idealfall ist natürlich, wenn meine Gegner checken und ich auf dem Button ebenfalls checke und somit umsonst eine weitere Karte sehe, die meine Hand verbessern kann.
Leider funktioniert das im Poker selten. Wenn man checkt oder mitgeht, zeigt man Schwäche und die anderen Spieler reagieren darauf, indem sie wetten oder erhöhen. Somit ist es vorbei mit der Gratiskarte. Außerdem sitzen wir leider nicht in jeder Wettrunde auf dem Button und haben so die beste Position. Wir müssen es also ein wenig geschickter anstellen. Dabei können wir uns zunutze machen, dass viele Spieler die Tendenz haben, zunächst zu checken, wenn der andere Spieler in der Wettrunde zuvor Aggression gezeigt hat. Derjenige, der auf dem Flop die beste Hand hat, hat auch meist auf dem Turn noch die beste Hand. Viele Spieler wissen das und verhalten sich entsprechend.

Man kann durch eine relativ kleine Wette auf dem Flop, die so genannte Free-Card-Wette, einen Check des Gegners auf dem Turn hervorrufen. Darauf kann man dann wiederum mit Checken reagieren und hat die nächste Karte umsonst bekommen.

Dieses Konzept kann auch dazu benutzt werden, um einen billigen Showdown vorzubereiten. Wenn man auf dem Turn wettet, dann denken die Spieler oft, man hätte gute Karten, und checken zunächst. Sie können dann auch checken und haben einen Showdown, den Sie sich nicht teuer erkaufen müssen. Es kann auch sein, dass der Gegner aus der moderaten Wette auf dem Turn schließt, dass unsere Hand schwach sei, und daher auf dem River Slow-Play betreibt und hofft, durch einen Check eine hohe Wette ohne entsprechende Hand hervorzurufen. Im Ergebnis läuft es aufs Gleiche hinaus. Man kann ebenfalls checken und hat einen billigen Showdown. Beachten Sie folgende Grundsätze beim *Free-Card-Play:*

- Ihre Wette sollte relativ niedrig sein, schließlich wollen Sie wenig investieren, um in der nächsten Wettrunde eine Free-Card zu bekommen. Andererseits muss die Wette aber so hoch sein, dass es dem Gegner noch wie echte Aggression vorkommt. Als Richtlinie gilt hier ein Drittel des Pots. Im Einzelfall müssen Sie die Wetthöhe natürlich den Gegebenheiten anpassen.
- Free-Card-Play nutzt die Tatsache aus, dass viele Gegner auf moderate Aggression mit Passivität reagieren. Folglich sollten Sie Free-Card-Plays eher bei passiven Mitspielern anwenden. Wenn Sie aber Gegner am Tisch sitzen haben, die ständig einen nervösen Finger am Abzug haben, öfter reraisen und auch in der nächsten Wettrunde Aggression zeigen, ist das Free-Card-Play fehl am Platz.
- Bitte beachten Sie auch, dass das Konzept den anderen Spielern bekannt sein könnte. Wenn Sie eine auffällig niedrige Wette auf dem Flop machen und dann mit Position auf dem Turn checken, weiß Ihr Gegner unter Umständen viel über Ihre Hand. Hier müssen Sie aufpassen und die Wetthöhe gegebenenfalls höher ansetzen.
- Sie sollten natürlich Position auf Ihre Gegner haben, ansonsten können Sie ja nicht durch Ihr Checken die Wettrunde beenden und die Free-Card bekommen.

6. TEIL

Wichtige Spielkonzepte im No-Limit Texas Hold'em

Poker und Spieltheorie – Machen Sie es wie die Kinder ...

Was ist eigentlich Spieltheorie? Spieltheorie ist nichts anderes als die mathematisch-naturwissenschaftliche Untersuchung von Strategien in Spielen. Darüber hinaus findet die Spieltheorie in jüngster Zeit auch immer mehr Anwendung in der Wirtschaft, in der Biologie, in der Psychologie und natürlich auch im Poker.

Nehmen wir zunächst ein einfaches Beispiel, um Spieltheorie in Aktion zu sehen: Wenn Kinder Fangen spielen, können sie sich stark vereinfacht zwischen zwei Ansätzen entscheiden: Sie können entweder direkt auf den Gegner zulaufen oder an ihm vorbei. Der andere kann entweder stehen bleiben oder weglaufen. Beide Spieler können nicht lange abwarten, sondern müssen sich fast gleichzeitig entscheiden. Wie sieht eine erfolgversprechende Strategie für dieses Spiel aus?
Man kann entweder immer auf den Gegner zulaufen oder immer an ihm vorbei. Beides ist wenig sinnvoll, weil sich der Gegner sehr schnell darauf einstellt. Man muss also beide Ansätze mischen. Wie mischt man diese Ansätze am besten? Natürlich so, dass der Gegner kein Muster erkennen kann. Genau das tun Kinder instinktiv: Sie entscheiden spielerisch. Sie wählen zufällig das eine oder das andere und wenden damit, ohne es zu wissen, das Konzept der gemischten Strategie innerhalb der Spieltheorie an.

Im Poker hat dieses Prinzip essenzielle Bedeutung bei Entscheidungen, die nicht eindeutig sind und die ich so oder so treffen kann. Ich darf hierbei kein Muster erkennen lassen, damit der Gegner keine korrekte Gegenstrategie entwickeln kann. Bitte verstehen Sie das jetzt nicht falsch: Ich darf im Poker meine Entscheidungen natürlich nicht immer nach dem Zufallsprinzip fällen. Wenn ich durch Kombination mehrerer Faktoren zu einer vernünftigen Einschätzung komme, auf deren Grundlage ich eine Entscheidung treffe, dann hat das mit Spieltheorie nichts zu tun. Wenn aber in bestimmten Situationen zwei oder mehr gleichwertige Alternativen zur Verfügung stehen, dann kommt die Spieltheorie zum Einsatz. Ich muss in solchen Fällen so handeln, dass für den Gegner dauerhaft kein Muster erkennbar wird. Es ist wie beim Fangen spielen. Ich muss spielerisch zwischen den Alternativen wechseln. Nur dies garantiert im Poker andauernden Erfolg. Ansonsten teilt man im Poker das Schicksal der Computerspielendbosse, die immer nach einem vorhersehbaren Muster handeln. Wenn man das Muster einmal erkannt hat, kann man sich leicht darauf einstellen und den einfallslosen Endboss leicht besiegen. Werden Sie also kein ABC-Spieler, der durch seine starren Wettmuster leicht zu durchschauen ist.

Auf Poker übertragen, besagt die gemischte Strategie innerhalb der Spieltheorie nichts anderes, als dass man sein Spiel so gestalten muss, dass für den Gegner keine Muster erkennbar sind, auf die er sich einstellen kann. Wenn ich zum Beispiel einfach nicht weiß, ob der Gegner blufft, und überhaupt keine Anhaltspunkte habe, dann sollte ich weder immer mitgehen noch immer aufgeben. Ich muss vielmehr spielerisch und nach dem Zufallsprinzip entscheiden. Umgekehrt ist es genauso. Ich darf in bestimmten Situationen nicht immer bluffen – zum Beispiel wenn ich einen Draw habe, sollte ich nicht immer mit einem Semi-Bluff darauf reagieren –, und ich darf auch nicht nie bluffen. Ich sollte vielmehr mal so oder mal so handeln, ohne ein bestimmtes Muster erkennen zu lassen. Ich muss meine Entscheidung also nach dem Zufallsprinzip treffen, sofern ich keine anderen Anhaltspunkte habe. Nur so hat man im Poker dauerhaft Erfolg.

Spieltheorie in der Praxis – Spielerisch Geld verdienen

Die Spieltheorie ist kein Hilfsmittel, um eine konkrete Situation von einer unprofitablen in eine profitable zu verwandeln. Alles, was die Spieltheorie bewirkt, ist, dass der Gegner einen auf Dauer nicht leicht durchschauen kann. Es ist genau wie bei den Kindern und dem Fangen: Nur die zufällige, spielerische Auswahl der möglichen Handlungsalternativen garantiert dauerhaften Erfolg. Die Spieltheorie, also dieses zufällige Entscheiden, ist ein Schutz gegen die anderen guten Spieler, damit diese einen nicht wie mit einer Rakete anpeilen und abschießen können. Natürlich sollten Sie im Poker nicht wild spielen und all Ihre Entscheidungen mehr oder weniger zufällig treffen. Was ich Ihnen hier vermitteln will, ist, dass Sie Ihr Spiel lediglich hier und da zufällig variieren müssen, um Ihre Gegner zu verwirren.

Nehmen wir folgendes Beispiel: Pocket-Aces sind immer ein Highlight für jeden Pokerspieler und sollten generell sehr stark gespielt werden. Doch ab und an sollten Sie Ihr Spiel mit **AA** variieren und nur mitgehen, so als hätten Sie eine Drawing-Hand. Diese Handlungsalternative sollten Sie der Spieltheorie zufolge ab und zu zufällig in Ihr Spiel einfließen lassen. Ich persönlich zeige auch mal gerne Hände, in denen ich kreativ gespielt habe. Wenn ich **AA** in einer Situation hatte, in der meine Gegner mich auf ein Middle-Pair oder Suited-Connectors gesetzt haben, wird das ihnen im Gedächtnis bleiben, und sie werden mich in Zukunft nicht so leicht auf eine Hand setzen können.

Auch beim Bluffen hilft die Spieltheorie: Nehmen wir an, Sie nehmen sich vor, bei jeder vierten schlechten Hand aus guter Position heraus zu bluffen, wenn die Gegner vor Ihnen Schwäche gezeigt haben. Wenn Sie jetzt immer dreimal in einer solchen Situation Ihre Hand wegwerfen und dann einmal wetten, dann haben Sie bereits ein Muster etabliert, das Ihre Gegner erkennen könnten. Sie müssen gemäß der Spieltheorie zufällig ein Viertel der Hände in solchen Situationen bluffen. Rein hypothetisch könnten Sie dazu auf den Sekundenzeiger Ihrer Armbanduhr schauen. Sie wählen vorher gedanklich ein Tortenstück aus dem Ziffernblatt, das einem Viertel entspricht – also 00.00 bis 03.00 Uhr oder 06.00 bis 09.00. Dann schauen Sie auf die Uhr. Wenn der Zeiger innerhalb dieses Feldes ist, bluffen Sie. Man kann natürlich am Tisch nicht immer auf seine Uhr schauen. Wichtig ist aber, dass man sein Spiel spielerisch, also zufällig variiert.

Das Change-Gears-Konzept – Öfter mal was Neues

In diesen Bereich fällt auch das im Poker sehr wichtige *Change-Gears*-Konzept, das besagt, dass ich von Zeit zu Zeit eine andere Spielweise annehmen sollte, um undurchschaubar zu bleiben. Change-Gears heißt auf Deutsch »die Gänge wechseln«.

Nehmen wir an, Sie spielen ein No-Limit-Texas-Hold'em-Turnier und spielen anfangs recht tight. Ihre Gegner werden das höchstwahrscheinlich bemerken und versuchen, sich auf Ihre Spielweise einzustellen. Wenn das geschieht und Sie sich ein Image als konservativer Spieler aufgebaut haben und Respekt für Ihre Aktionen bekommen, schalten Sie einen Gang höher und fangen Sie an, mehr Hände aggressiver zu spielen und ein paar Pötte zu stehlen. Doch auch das wird Ihren Gegnern nicht lange verborgen bleiben, und sie werden versuchen, sich auch auf Ihren neuen Stil einzustellen. Sie schalten dann wiederum einen Gang herunter und spielen konservativer und profitieren nun davon, dass Ihre Gegner Ihnen keine Hand mehr glauben.

Change-Gears ist ein sehr wichtiges Konzept. Poker ist nun einmal ein flüssiges Spiel, das niemals stillsteht. Man kann grundsätzlich sagen, dass es immer am besten ist, entgegen seinem *Table-Image* zu spielen: Wenn meine Gegner mich für konservativ halten, sollte ich Gas geben und aggressiv spielen. Wenn sie mich für einen loosen Spieler halten, sollte ich einen Gang herunterschalten und konservativer spielen.

Das fundamentale Prinzip im Poker

Im Poker gibt es ein fundamentales Prinzip, welches das Pokerspiel als ein Spiel charakterisiert, in dem es um Entscheidungsfindung angesichts unvollständiger Informationen geht:

Jedes Mal, wenn man seine Hand anders spielt, als man sie gespielt hätte, wenn man die Karten des Gegners gesehen hätte, macht man einen Fehler. Jedes Mal, wenn man die Hand so spielt, als hätte man die Karten des anderen gesehen, macht man ein korrektes Spiel.

Umgekehrt machen die Gegner einen Fehler, wenn sie die Hand anders spielen, als sie sie gespielt hätten, hätten sie Ihre Karten gesehen. Jedes Mal, wenn sie ihre Hand so spielen, als würden sie Ihre Karten kennen, machen die Gegner ein korrektes Spiel.

Dieses Prinzip hört sich zunächst etwas umständlich und holprig an, und man muss es möglicherweise mehrmals lesen, um seinen Inhalt ganz zu erfassen. Es bedeutet völlig vereinfacht, dass es immer besser ist, die Karten des Gegners zu kennen, denn dann könnte ich mir jedes Mal genau ausrechnen, was im konkreten Fall die Entscheidung mit der besten Gewinnerwartung ist. Da ich aber die Karten des Gegners nicht kenne, kann ich nur eine solche Entscheidung treffen, die stochastisch gesehen in der größten Anzahl der Fälle richtig ist. Mit anderen Worten: Ich kann nur vermuten bzw. ausrechnen, welche Entscheidung derjenigen am ehesten entspricht, die ich getroffen hätte, wenn ich die Karten des Gegners gesehen hätte.

Wir müssen uns an dieser Stelle klarmachen, über welche Art von Fehler das fundamentale Prinzip im Poker eine Aussage trifft. Immer wenn Sie eine Hand anders spielen, als Sie es getan hätten, wenn Sie die Karten des Gegners gekannt hätten, haben Sie einen theoretischen Fehler im Sinne des fundamentalen Prinzips begangen. Das soll aber nicht bedeuten, dass Sie zwangsläufig schlecht gespielt haben Wenn Sie Pocket-Kings auf der Hand halten und dann in Pocket-Aces rennen, haben Sie einen theoretischen Fehler begangen. Denn hätten Sie gewusst, dass Sie gegen Asse unterwegs sind, hätten Sie mit **KK** aufgegeben. Natürlich können Sie das nicht ahnen, und obwohl Sie hier einen theoretischen Fehler im Sinne des fundamentalen Prinzips begangen haben, haben Sie keinen Spielfehler begangen. Es war halt einfach, im Poker nichts Ungewöhnliches, Pech.

Es geht im Poker also immer darum, die Karten des Gegners gedanklich einzugrenzen, sei es mit Hilfe der Mathematik, der Psychologie oder der Intuition, um der Entscheidung am nächsten zu kommen, die man getroffen hätte, würde man die Karten des Gegners kennen. Poker dreht sich vor allem darum, diese Wissenslücke auszufüllen und die unvollständigen Informationen zu vervollständigen. Hier noch ein einfaches Beispiel:

Sie haben ***Gegner***

Flop

Sie sind in einem No-Limit Texas Hold'em *Cash-Game*, Ihr Gegner hat vor dem Flop erhöht, und Sie sind mitgegangen. Der Flop ist gekommen und hat Sie leider nicht getroffen. Im Pot liegen 15 €. Der Gegner wettet 10 €. Was tun Sie?

Die Entscheidung, die Sie jetzt treffen müssen, ist leicht. Sie kennen die Karten des Gegners nicht und haben auch keine Anzeichen für einen Bluff festgestellt. Sie sollten aufgeben, da der Gegner Ihnen durch seine 10-€-Wette Pot-Odds in Höhe von 28,5 % vorgegeben hat. Sie müssten also schon sicher sein, die Hand in 28,5 % der Fälle zu gewinnen, damit sich ein Mitgehen aus mathematischer Sicht lohnt. Die Odds sind hier aber eindeutig niedriger als 28,5 %: Der Flop ist für Sie höchstgefährlich, da er ein höheres Paar beim Gegner wahrscheinlich macht. Gerade Asse und Bildkarten werden vor dem Flop gerne gewettet oder erhöht, so dass die Chance groß ist, dass Sie jetzt geschlagen sind. Sie haben eigentlich nur zwei echte Outs, nämlich die zwei verbliebenen **6.** Sie sollten aufgeben.

Die Entscheidung aufzugeben ist daher korrekt. In den meisten Fällen ist diese Entscheidung in einer vergleichbaren Situation richtig. Wenn man aber weiß, dass der Gegner in Wirklichkeit nur **58,** also Mist, auf der Hand hat und unsere Gewinnchancen dadurch viel höher sind, ist die Entscheidung aufzugeben falsch. Das ist aber rein hypothetisch, da wir die Karten eben nicht kennen. Bitte verstehen Sie das jetzt nicht falsch. Aufgeben ist hier kein eigentlicher Fehler. Es ist aber ein Spielzug, den man nicht machen würde, wenn man die Karten des Gegners kennen würde. Es ist also nur ein Fehler im Sinne des fundamentalen Prinzips im Poker.

Poker ist vergleichbar mit Tontaubenschießen im Dunkeln. Wir können die fliegende Taube im Dunkeln nicht sehen, aber wir können uns ungefähr ausrechnen, wohin sie fliegt, und in diese Richtung schießen. Wenn man das fundamentale Prinzip im Poker auf dieses Bild anwendet, dann könnte man sagen, dass wir einen Vorteil haben, wenn wir in die Richtung schießen, in die wir auch geschossen hätten, wenn wir die Taube sehen könnten. Andersrum ist es ein Nachteil, wenn man in eine Richtung schießt, in die man nicht geschossen hätte, hätte man die Taube gesehen.

Bitte lassen Sie sich nicht von mir verwirren. Das fundamentale Prinzip im Poker ist weniger eine konkrete Hilfe in bestimmten Situationen als vielmehr ein Leitmotiv, von dem aus sich viele Spielprinzipien ableiten lassen. Im Grunde genommen heißt es nichts anderes, als dass derjenige, dessen Pokerspiel sich am häufigsten dem Spiel annähert, das er gemacht hätte, wenn er die Karten des Gegners gekannt hätte, dauerhaft am besten ist.

Fehler vermeiden und Fehler provozieren

Das fundamentale Prinzip im Poker führt uns zum nächsten Thema: eigene Fehler vermeiden und Fehler beim Gegner provozieren. Wie bringe ich den Gegner dazu, Fehler zu machen? Am Beispiel von oben konnte man schön sehen, dass der Gegner durch seinen Bluff sowohl Pre-Flop als auch auf dem Flop geschickt eine Fehleinschätzung seiner Karten provoziert hat. Er hat in uns die falsche Vorstellung hervorgerufen, seine Karten seien gut genug, um damit Pre-Flop zu erhöhen. Durch seine Fortsetzungswette auf dem Flop hat er diese Vorstellung bestätigt. Gleichzeitig hat er uns unvorteilhafte Pot-Odds gesetzt. Das alles diente dazu, uns anders spielen zu lassen, als wenn wir seine Karten kennen würden und somit wüssten, dass er rein gar nichts auf der Hand hat.

Es geht also beim Poker darum, den Gegner zu täuschen und ihn falsche Schlüsse ziehen zu lassen. Er soll Fehlentscheidungen treffen. Er soll mitgehen, wenn er eigentlich keine Chance hat. Er soll aufgeben, wenn er die bessere Hand hat. Er soll einen Bluff an der falschen Stelle machen. Er soll an der falschen Stelle Slow-Play betreiben. Es gibt unzählige Möglichkeiten, den Gegner aufs Glatteis zu führen. Beachten Sie bitte einige Grundregeln:

- Spielen Sie bitte nie komplett nach Lehrbuch. Seien Sie unberechenbar, denn nur so bleiben Ihre Karten für den Gegner eine echte Informationslücke.
- Führen Sie die Gegner in die Irre, was Ihre Handstärke betrifft. So bringen Sie sie dazu, anders zu spielen, als wenn sie Ihre Hand kennen würden. Beispiele hierfür sind Bluffs, bei denen man den Gegner dazu bringt, den Fehler zu ma-

chen, mit einer besseren Hand aufzugeben, oder Slow-Play, bei dem man den Gegner dazu bringt, den Fehler zu machen, mit einer schlechteren Hand zu viel Geld in den Pot zu legen.

- Nutzen Sie die Methode aus, die der Gegner verwendet, um Ihre Hand gedanklich einzugrenzen. Machen Sie ungewöhnliche Moves, um über Ihre Handstärke zu täuschen. Das heißt nicht, dass Sie unkluge Spielzüge machen sollen. Sie müssen im Einzelfall sehr sorgfältig zwischen korrektem Spiel und Täuschungsmanöver abwiegen. Ob man mehr Gewicht auf die Täuschung oder auf das eher mathematisch korrekte Spiel legt, ist jeweils eine Einzelentscheidung und erfordert viel Erfahrung und Können.
- Vermeiden Sie eigene Fehler. Versuchen Sie immer so zu spielen, dass Sie die höchste Trefferwahrscheinlichkeit mit Ihrem Spielzug haben, auch wenn Sie die Karten des Gegners nicht kennen.

Das waren einige allgemeine Überlegungen zur Strategie im Poker. Wie gesagt sind das übergeordnete Prinzipien, die fast allen einzelnen taktischen Konzepten, die wir in diesem Buch besprechen, zugrunde liegen. Ich will es daher an dieser Stelle dabei belassen und jetzt nicht hundert Beispiele bringen, wie ich eigene Fehler vermeide oder Fehler bei anderen hervorrufe. Darum geht es ohnehin die ganze Zeit.

Pot-Massage – Wie mäste ich behutsam den Pot?

Der Name hört sich etwas komisch an, aber es geht immer noch, und wie sollte es anders sein, um Poker.

Den Pot zu massieren bezeichnet eine Spielweise mit einer sehr guten Hand, die darauf abzielt, auf behutsame Art und Weise stetig immer mehr Geld in den Pot zu bringen.

Das Konzept geht schon ein wenig in Richtung Slow-Play, aber es ist eher eine Haltung, die man entwickeln sollte, wenn man eine gute Hand hat. Diese diktiert weniger spezielle Spielsituationen, sie ist vielmehr ein Grundmotiv, welches sich wie ein roter Faden durch die Wettrunden zieht. Man will mit seinen guten Händen Profit machen. Dazu muss man geschickt den Pot massieren. Konkret bedeutet das:

- Machen Sie eher niedrige Wetten, die leicht mitzugehen sind. Wetten, die kleiner sind als die Hälfte des gegnerischen Stacks, sind gut, weil der Gegner denkt, er könne mitgehen, und hat dann noch ausreichend Chips.
- Gehen Sie möglichst nicht selbst All-In. Lassen Sie das lieber den Gegner machen. Er muss sich sicher fühlen.
- Niedrige Wetten haben auch den Vorteil, dass in der Regel mehr Gegner übrig bleiben, die den Pot füttern.
- Vertreiben Sie die Gegner nicht. Der Pot ist wie eine Wasserstelle in der Savanne, um die sich die Tiere scharen. Jeder will trinken. Wenn Sie aber an der Wasserstelle zu laut brüllen, laufen die Tiere weg, die Sie eigentlich noch auffressen wollten. Machen Sie auch keine zu hektischen Bewegungen. Lassen Sie sich beim Wetten Zeit, auch wenn Sie die Zeit nicht brauchen. Geben Sie Ihrem Gegner die Chance, sich den Kopf darüber zu zerbrechen, was Sie gerade denken. Dann ist die Chance größer, dass er falsche Schlüsse zieht und Fehler macht.

Squeeze-Play – Wie Sie einen anderen Spieler in die Zange nehmen

Gleich vorweg: Ein *Squeeze-Play* ist ein riskanter Spielzug und ein Bluff, den man nicht allzu oft machen kann. Er kann sehr teuer werden, wenn er fehlschlägt. Wenn er aber klappt, dann hat man viel Geld gewonnen und ein sehr fortgeschrittenes Konzept erfolgreich angewendet.

Als Squeeze-Play bezeichnet man eine Erhöhung, die gemacht wird, nachdem bereits ein Spieler erhöht oder gewettet hat und ein anderer Spieler mitgegangen ist. Der Spieler, der ursprünglich gewettet hat, befindet sich nun in der Zange zwischen dem Caller und dem Erhöhenden. Er wird zusammengedrückt, was auf Englisch »to squeeze« heißt.

Der Spieler, der ursprünglich gewettet hat, sieht sich mit folgender unangenehmen Situation konfrontiert: Selbst wenn er Ihre Erhöhung nochmals mitgeht und denkt, dass er Sie möglicherweise schlagen kann, so weiß er immer noch nicht, was der Spieler dann nach ihm tun wird. Da die Wettrunde durch die zweite Erhöhung wieder eröffnet ist, hat dieser Spieler auch wieder die Möglichkeit zu erhöhen. Der ursprünglich wettende Spieler wird seine Hand also tendenziell wegwerfen, vor allem natürlich, wenn er nur geblufft hat.

Der andere Spieler, der ursprünglich nur mitgegangen ist, hat das Problem, dass er jetzt, wenn er nicht gerade Slow-Play betreibt oder einen Check-Raise plant, noch eine Erhöhung mitgehen muss, um dabeizubleiben. Wenn er ursprünglich für seine Hand gerade noch ausreichende Pot-Odds zum Mitgehen gehabt hat, so wird er jetzt mit einem Re-Raise konfrontiert und braucht theoretisch eine noch bessere Hand, um auch hier mitzugehen. Auch er wird daher im Zweifel seine Hand eher wegwerfen. Die nochmalige Erhöhung, also das Squeeze-Play, verdirbt zwei Spielern gleichzeitig den Spaß, indem es ganz plötzlich die Anforderungen an ihre Hände drastisch anhebt, so dass es sich nicht mehr lohnt zu spielen. Zur Veranschaulichung dient die folgende Grafik:

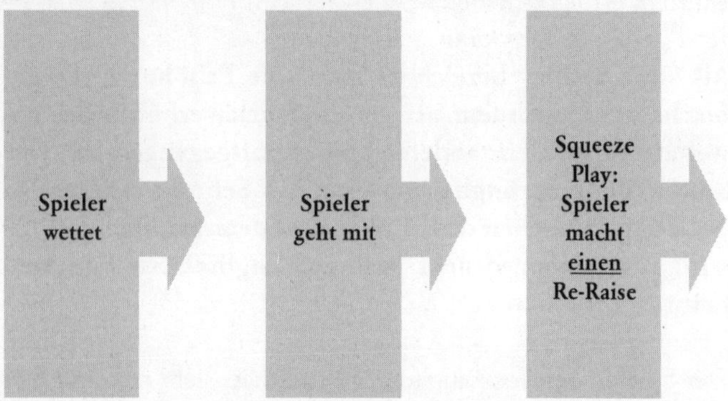

Der Unterschied zum bloßen Re-Raise ist, dass durch die Teilnahme eines dritten Spielers an der ganzen Aktion die Anforderungen an die Hand für beide Spieler ansteigen. Der erste Spieler kann nicht so leicht mitgehen, weil er noch einen Spieler hinter sich sitzen hat, der möglicherweise noch einmal erhöht. Der andere Spieler sieht sich plötzlich mit einer weiteren Erhöhung konfrontiert. Machen wir uns das Konzept an einem Beispiel klar:

Sie haben ***Spieler 1*** ***Spieler 2***

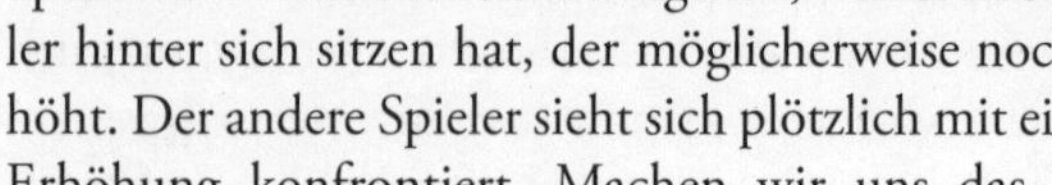

Flop

Der Flop war für uns nicht toll. Das steht fest. Vor dem Flop haben wir auf dem Button erhöht, und zwei Spieler sind mitgegangen. Im Pot sind 20 €. Spieler 1 wettet jetzt 15 €. Spieler 2 geht mit. Was kann man machen?

Jetzt kommt unser Squeeze-Play: Wir erhöhen nochmals um 35 €. Spieler 1 denkt sich jetzt, dass er zwar ein Ass-Paar hat, aber fragt sich ernsthaft, ob dieses Ass-Paar mit schlechtem Kicker ausreicht, um noch eine Wette zu bezahlen. Er will nicht mit der zweitbesten Hand am Ende hoch verlieren und gibt auf. Zudem weiß er nicht, zu welchen Aktionen der Spieler hinter ihm noch fähig ist. Im schlimmsten Fall wird nach ihm noch einmal erhöht, und dieses Risiko will er keinesfalls eingehen.
Spieler 2 hingegen weiß, dass sein Bubenpaar wahrscheinlich bei dem Flop aktuell nicht die beste Hand bildet, weil Asse gerne gespielt werden. Er hat im Prinzip nur die Chance, durch einen weiteren Buben auf dem Board einen Drilling zu machen, zudem hat er noch einen Backdoor-Flush-Draw, den man mit 1,5 Outs veranschlagt. Er hat also nur 3,5 Outs und somit Gewinnchancen in Höhe von ungefähr 15 %. Unsere Wette in Höhe von zwei Drittel des Pots hat ihm Pot-Odds in Höhe von 28,5 % gegeben. Mathematisch gesehen ein klares Aufgeben. Auch Spieler 2 geht heraus, und wir haben die Hand gewonnen.

Wie oben bereits erwähnt, ist Squeeze-Play eine gefährliche Angelegenheit, vor allem wenn es sich wie in unserem Beispiel um einen reinen Bluff handelt. Wenn einer der Spieler unseren Bluff durchschaut hätte, hätten wir viel Geld verloren. Es ist aber gerade die Ruchlosigkeit, die diesen Bluff so stark macht. Die Spieler denken oft, dass es sehr unwahrscheinlich ist, dass jemand zwei Gegner gleichzeitig herausbluffen will, was ja auch stimmt. Im konkreten Fall des Squeeze-Plays kommt uns diese im Allgemeinen richtige Annahme jedoch zugute. Es ist wie bei einem Bluff aus schlechter Position heraus, bei dem die Spieler ebenfalls tendenziell wegen der schlechten Position keinen Bluff vermuten. Beachten Sie bitte folgende Regeln, wenn Sie sich an einem Squeeze-Play versuchen:

- Man muss das Image haben, ein solider Spieler zu sein, der nicht oft blufft. Vor allem sollte man nicht erst vor ein paar Händen bei einem großen Bluff erwischt worden sein, so dass dieser in der Erinnerung der anderen Spieler noch frisch ist. Natürlich sollte auch vor kurzem kein Squeeze-Play-Bluff bei Ihnen aufgeflogen sein. In einem solchen Fall brauchen Sie schon für Squeeze-Play eine gute Hand …
- Sie sollten Anzeichen dafür haben, dass der ursprünglich Wettende keine überragende Hand hat.
- Sie sollten ebenfalls davon ausgehen, dass auch der zweite Spieler keine gute Hand hat. Sein Mitgehen darf kein Slow-Play sein. Ideal ist ein Draw, mit dem er vielleicht noch eine Erhöhung mitgeht, nicht aber zwei.

Protect your Hand – Beschütze deine Hand

Seine Hand beschützen bedeutet, dass man durch Wetten oder Erhöhen verhindert, dass eine Hand, die zum jetzigen

Zeitpunkt gut ist, Gefahr läuft, im Laufe der kommenden Wettrunden noch überholt zu werden. Durch die Wette bzw. Erhöhung werden Gegner mit schwachen Draws herausgedrängt, die einem ansonsten in späteren Wettrunden Probleme machen könnten.

Gerade wenn die Gegner schwache Draws haben, bringt man sie dadurch in eine Situation, in der sie nur verlieren können: Wenn sie aufgeben, verlieren sie das bislang in den Pot investierte Geld. Wenn sie mitgehen, zahlen sie in den Pot, obwohl ihre Gewinnchancen im Verhältnis zu den Pot-Odds zu gering sind. Dieses Konzept ist vor allem sehr wichtig, wenn der Pot bereits groß ist und sich noch mehrere Mitspieler in der Hand befinden. Den Pot hier zu verlieren, weil man den Gegnern erlaubt, dass sie sich durch Free-Cards verbessern, ist schmerzlich. Je mehr Mitspielern man es erlaubt, desto schlimmer. Es wird oft Spielsituationen geben, in denen die Gegner gemeinsam so viele Outs haben, dass es fast sicher ist, dass einer sich entscheidend verbessert und Ihnen am Ende einen schönen großen *Multiway-Pot* vor der Nase wegschnappt.
Dieses Konzept ist eigentlich selbstverständlich, und jeder gute Pokerspieler sollte es beherrschen. Es spielt vor allem in Situationen eine Rolle, bei denen ich auf dem Flop eine *Made-Hand* habe, zum Beispiel Top-Pair oder Two-Pair, die aber durch Draws der Gegner in Gefahr ist. Hier sollten Sie grundsätzlich aggressiv spielen. Es kann auch sein, dass Sie es mit Gegnern zu tun haben, die auf dem Flop nicht aufgeben, egal, wie viel Sie wetten. Das trifft typischerweise auf Anfänger zu, die zu loose spielen. Gerade gegen solche Gegner kann man es aber auch extra teuer machen und den Pot überwetten.

Unter Umständen kann es aber auch angebracht sein, auf dem Flop zunächst nur mitzugehen und erst auf dem Turn zu wetten, wenn die Draws immer unwahrscheinlicher werden und die Gegner eher geneigt sind, aus der Hand zu gehen. Das ist aber schon eine eher atypische Situation, denn in der Regel sollte man bereits auf dem Flop durch aggressives Wetten seine Hand verteidigen.

Es gibt auch Draws, die verteidigt werden müssen. Grundsätzlich sollte man aber bei einer mittleren Draw-Hand eher darauf bedacht sein, möglichst billig weitere Gemeinschaftskarten zu sehen, damit sich die Hand verbessert. Unter Umständen kann ein Draw aber so wertvoll sein, dass man ihn beschützen muss, genau wie man eine Made-Hand beschützen muss. Nehmen wir ein Beispiel:

Sie haben

Flop

Vor dem Flop wurde vom Button erhöht, und vier Spieler sind mitgegangen. Im Pot sind auf dem Flop bereits 35 €. Der erste Spieler checkt, und Sie sind an der Reihe. Was sollen Sie tun?

Auf den ersten Blick könnte man auf die Idee kommen, dass es hier sinnvoll wäre, ebenfalls zu checken und zu hoffen, dass

man vielleicht eine Free-Card bekommt oder zumindest billig die nächste Karte sieht.
Man könnte aber auch auf eine andere Idee kommen: Sie haben mit dem Nut-Flush-Draw einen sehr starken Draw, der, wenn er trifft, die Hand am Ende fast mit Sicherheit gewinnt. Dazu haben Sie zwei Overcards. Sie haben also insgesamt 15 Outs, um sich entscheidend zu verbessern. Wenn Sie jetzt erhöhen, werden möglicherweise einige Spieler aufgeben, die Ihnen gefährlich werden könnten. Sie müssen bedenken, was passiert, wenn der Flush Sie nicht trifft, sondern das Ass oder die **10.** Für diesen Fall müssen Sie vorsorgen und schon jetzt die Hände vertreiben, die Ihnen gefährlich werden könnten, zum Beispiel hohe Pocket-Pairs. Wenn am Ende das Ass oder die **10** kommt, wollen Sie auch nicht mit dem schlechteren Kicker verlieren. Wie gesagt, das gilt vor allem, wenn der Pot bereits groß ist. Sie sollten dann die anderen Spieler durch Wetten eliminieren. Sie sollten also kräftig erhöhen, mindestens um 20 €. Eine solche Wette ist eigentlich ein Semi-Bluff, denn wir haben die Möglichkeit zu gewinnen, indem die Gegner aussteigen oder indem wir ihnen im Showdown die beste Hand zeigen, in dem Fall den Nut-Flush.
Wenn der Pot klein ist, dann geht es eher darum, die Spieler bei der Stange zu halten, und Sie sollten eher checken.

BSB-Play – Der Button und die Blinds kämpfen um den Pot

BSB-Play beschreibt eine typische Situation in einem Texas-Hold'em-Spiel, bei der die Spieler tight und die Blinds relativ hoch sind. Die gezwungenen Wetten wurden gelegt. Die Karten werden ausgeteilt. Alle Spieler geben auf, außer dem

Button, der mitgeht oder erhöht, und den Blinds, die ebenfalls mitgehen.

BSB bedeutet also nichts anderes als Big-Blind, Small-Blind und Button. Der Button wird natürlich in einer solchen Lage oft mitgehen oder erhöhen, weil er ganz einfach die beste Position hat. Die Anforderungen an seine Starthand sind nicht so hoch, weil er ab der zweiten Wettrunde auch Position auf die Small- und die Big-Blind hat. Die Big-Blind ist in der Hand, weil sie schon die höchste gezwungene Wette investiert hat. Die Small-Blind wird häufig mitgehen, weil sie bereits die Hälfte der Wette eingezahlt hat und sich somit auch noch angucken kann, was der Flop bringt. Aus dieser Situation ergibt sich häufig, dass drei Spieler ohne wirklich gute Karten in der Hand sind. Wie kann man am besten von einer solchen Situation profitieren?

- Als Button ist natürlich Pre-Flop eine Erhöhung angezeigt, die mindestens der Größe des Pots entspricht, wenn alle anderen davor aufgegeben haben. Man setzt darauf, dass die Blinds oft nicht über spielbare Karten verfügen, und versucht, die Blinds auf diese Art und Weise zu klauen.
- Als Blind weiß man natürlich, dass der Button die Anforderungen an seine Starthand drastisch absenkt. Das kann man nutzen, indem man selbst wiederum erhöht. Auch der Button weiß, dass man als Blind auch Glück haben und etwas Gutes bekommen kann. Eine Erhöhung ist ein gutes Mittel der Blinds, um sich gegen das ständige *Blind-Stealing* zu wehren. Aber Vorsicht: Man sollte schon starke Indizien dafür haben, dass der Button blufft oder zumindest keine besonders tolle Hand hat. Man darf nicht vergessen, dass der Button in den Post-Flop-Wettrunden die bessere Position hat.
- Machen Sie es in diesen »Keiner hat was«-Situationen nicht

zu kompliziert oder zu teuer: Seien Sie grundsätzlich aggressiv, denn wer in solchen Situationen Aggression zeigt, wird oft belohnt. Denken Sie aber nicht zu weit nach dem Motto: »Er weiß, dass ich nichts habe, und hat damit selbst auch nichts, wenn er erhöht.« Oft haben die Spieler auch die guten Hände, wenn sie erhöhen, und wenn Sie das spüren, dann gehen Sie bitte einfach raus.
- Wenn es sich um *SB-Play* handelt, wenn also selbst der Button aufgegeben hat, dann gilt das eben Gesagte umso mehr. Der Aggressor wird den Pot meist gewinnen, wenn beide nichts haben. Seien Sie aggressiv, aber schleudern Sie auch nicht unbedacht mit großen Wetten um sich. Im No-Limit geht es gerade eher darum, den Gewinner der Hand mit kleinen Aktionen zu vertreiben, ohne dabei ein zu großes Risiko einzugehen. Als Big-Blind sollte man öfter versuchen, die Small-Blind zu klauen, indem man von seinem Recht, noch einmal zu erhöhen, Gebrauch macht. Die Small-Blind geht in der ersten Wettrunde oft nur mit, weil es sie nur die Hälfte kostet. Dieses Verhalten sollte man als Big-Blind ausnutzen, vor allem, weil man in allen darauffolgenden Wettrunden die bessere Position hat.

Trash-Hands – Hier zeigt sich wahres Können

Normalerweise sollte man *Trash-Hands,* also absolute Schrotthände, überhaupt nicht spielen. Das gilt besonders für volle Tische. Es kann aber sein, dass man in der Big-Blind sitzt und niemand vor dem Flop erhöht hat. Plötzlich findet man sich mit Händen wie **84**-offsuit in der Hand. Was tun?

Man spielt einfach, wie man immer spielt: Man analysiert den Flop, seine Position, überlegt, wie stark die Gegner sind, wie gut man selbst momentan ist und ob und wie man sich in den nächsten Wettrunden verbessern kann. Bei wenigen oder nur einem Gegner sollte man ans Bluffen denken, vor allem wenn der Gegner sehr tight spielt. Wenn der Pot schon relativ viel Geld enthält, dann sollte man ebenfalls gut überlegen, ob man blufft, weil der oder die Gegner dann weniger geneigt sind auszusteigen.

Bewerten Sie die Situation immer anhand der Faktoren, die ich Ihnen in diesem Buch an die Hand gebe. Es gibt im Poker keinen Königsweg. Jede Situation erfordert eine exakt abgestimmte Entscheidung. Ich würde Ihrem Spiel nur schaden, wenn ich Ihnen hier einfache Rezepte präsentieren würde. Klar, Sie würden vielleicht beim Lesen entspannter sein und sich mehr in Sicherheit wiegen. Sie wären froh, dass ich Ihnen die Denkarbeit abnehme, indem ich für jede Spielsituation die richtige Entscheidung präsentiere. Ich möchte Ihnen aber nichts vormachen. Gerade am Beispiel von Trash-Hands zeigt sich, dass es keine vorgefertigten Lösungswege im Poker gibt. Ein guter Pokerspieler kann eine Trash-Hand in eine Gewinnerhand verwandeln. Er kann es aber nur, wenn die Bedingungen stimmen. Sein Können besteht darin, die Faktoren zu kennen und zu erkennen, die eine Trash-Hand in eine Gewinnerhand verwandeln können. Er weiß um das Konzept der Position, er kann seine Gegner lesen und weiß somit zum Beispiel, dass diese auch keine überragenden Hände haben. Er kann anhand der verbliebenen Chips des Gegners wichtige Schlüsse ziehen und vieles mehr. Meine Aufgabe ist es, Ihnen diese Konzepte aufzuzeigen und Sie für entsprechende Situationen sensibler zu machen. Ich kann schließlich nicht beim Spiel hinter Ihnen stehen und Sie beraten.

Slow-Play – Wie man ein Monster versteckt

Slow-Play ist ein sehr wichtiges Konzept im Poker, vor allem nach dem Flop. Slow-Play ist ein umgekehrter Bluff, bei dem ich keine starke, sondern eine schwache Hand simuliere und darauf hoffe, dass der Gegner von sich aus wettet. Hier gelten folgende Grundsätze:

- Ich wende Slow-Play am besten gegen loose-aggressive Gegner an. Wenn ich bei diesen Gegnern Schwäche simuliere, ist es wahrscheinlich, dass diese mit großen Wetten darauf reagieren, während ein tight-passiver Spieler mit einer schlechten bis mittelguten Hand meist nicht wettet.
- Genau wie beim Bluff ist ein Slow-Play gegen wenige Gegner, am besten nur einen Gegner, am sinnvollsten. Das gilt natürlich nicht, wenn ich die Stone-Cold-Nuts habe, also eine Hand, die von keinem Spieler mehr geschlagen werden kann.
- Es besteht beim Slow-Play fast immer die Gefahr, dass der Gegner nicht wettet und umsonst weitere Gemeinschaftskarten bekommt, die ihm helfen können, sich entscheidend zu verbessern.

Der letzte Punkt ist der Grund, warum Slow-Play nicht allzu oft angewendet werden sollte. Im Normalfall sollte ich auf eine gute Hand einfach wetten und hoffen, dass der Gegner mitgeht, also Betting for Value. Es stellt sich die Frage, welche Hände überhaupt zum Slow-Play geeignet sind. Sie müssen auf jeden Fall gut sein. So gut, dass sie im konkreten Fall bis zum Showdown halten, obwohl man den Gegnern billig oder umsonst Gemeinschaftskarten gewährt. Daher folgende Richtlinien für einzelne Hände:

- Ein Full-House oder ein Vierling auf dem Flop oder auf dem Turn muss durch Slow-Play gespielt werden. Es ist unwahrscheinlich, dass andere Spieler ebenfalls derartige Hände haben, da Sie die Karten im Deck sozusagen aufgebraucht haben. Bei einem Vierling mit Königen zum Beispiel ist kein König mehr im Deck. Bei einem Full-House hat man zwei bzw. drei Karten der gleichen Sorte in der Hand.
- Flushs und Straßen sind ebenfalls Slow-Play-Kandidaten. Am besten eignen sich natürlich Nut-Flushs und Nut-Straights. Passen Sie ansonsten auf, dass ein anderer Spieler nicht eine bessere Straße oder einen besseren Flush macht.
- Ein Drilling ist ebenfalls gut geeignet für Slow-Play. Das gilt natürlich vor allem, wenn das Board es unwahrscheinlich macht, dass Straßen oder Flushs unterwegs sind. Die Chance, dass Sie mit Ihrem Drilling gegen einen höheren Drilling verlieren, ist sehr gering, und man sollte eher nicht davon ausgehen.
- Bei zwei Paaren wird die Sache etwas komplizierter. Ich persönlich würde höchstens Top-Two-Pair als Slow-Play-Kandidat sehen. Andere Two-Pair sind in den späteren Wettrunden zu verwundbar und sollten gewettet werden. Vor allem sind Bottom- oder Middle-Pair in Gefahr, wenn höhere Karten auf dem Board auftauchen oder wenn ein Paar auf dem Board liegt.
- Top-Pair sollte nur unter ganz bestimmten Bedingungen durch Slow-Play gespielt werden: Man sollte schon einen sehr guten Kicker haben, und es muss sehr unwahrscheinlich, gar unmöglich sein, dass ein anderer Spieler noch ein höheres Paar bekommt. Ein Beispiel hierfür ist **AK** auf der Hand und **K72** als Flop in unterschiedlichen Farben. Wenn das Ass noch kommt, sind Sie mit Ihrem Ass auf der Hand darauf vorbereitet.

- Slow-Play sollte man generell nur dann anwenden, wenn man davon ausgeht, dass man dadurch einen größeren Pot abgreifen wird. Wenn man denkt, man könne durch aggressives Spiel einen größeren Pot generieren, dann ist ein Slow-Play verfehlt. Daher gilt: Wenn das Slow-Play nicht zu einem größeren Pot führt, wurde das Ziel verfehlt.

Seien Sie kreativ, wenn Sie Slow-Play betreiben. Wenn Sie übertrieben geheimnisvoll gucken und verschmitzt und herausfordernd Check sagen, kann Ihr Opponent Sie leicht durchschauen. Eine schlechte Hand zu simulieren heißt auch nicht immer unbedingt, dass man gar nicht wettet. Hier ein Beispiel:

Sie haben:

Flop

Sie haben ein Monster in Form eines Nut-Flushs gefloppt. Sie fühlen sich wie Dr. Frankenstein, der soeben erfolgreich Leben erschaffen hat. Sie haben vor dem Flop bereits gewettet, und zwei Gegner sind mitgegangen. Auf dem Flop wetten Sie ein Drittel des Pots. Die Gegner gehen mit. Auf dem Turn wetten Sie gar nicht, und die Gegner checken ebenfalls. Hierdurch haben Sie die Illusion geschaffen, dass Sie nichts haben und dass Ihre Wette auf dem Flop eine reine Fortsetzungswette war. Sie haben dann sehr gute Chancen, dass der Gegner auf dem River sehr hoch in Sie hineinwettet, wenn er Ihnen glaubt.

Seien Sie kreativ! Slow-Play heißt nicht nur, nicht zu wetten, sondern, sich so zu verhalten, als hätte man eine schwache Hand.

7. TEIL

Die Psychologie –
Der Schlüssel zum Erfolg

Psychologie im Poker und zwei Gleichnisse

Die Psychologie im Poker dreht sich im Wesentlichen um drei Hauptaspekte: Es geht erstens darum, den Gegner in die Irre zu führen und ihn über die eigenen wahren Absichten zu täuschen. Man muss eine Scheinwelt um die Gegner herum aufbauen, um sie auszutricksen. Zweitens muss ich im Poker alles tun, um meinen Gegner zu durchschauen. Hierzu kann ich Tells oder Betting-Patterns benutzen oder mein Bauchgefühl sprechen lassen. Die Übergänge sind dabei oft fließend. Drittens ist es sehr wichtig, in welchem mentalen Zustand ich mich als Spieler befinde und wie ich diesen Zustand verändern bzw. aufrechterhalten kann.

Beginnen wir beim letzten Punkt: mein eigener Zustand beim Pokerspielen. Poker ist ein Spiel, bei dem man auf Situationen wettet, über die man nicht viel weiß. Die eigene Handstärke ist bekannt, aber ich muss mir Gedanken machen, was die anderen Spieler auf der Hand haben. Ich muss ständig logisch kombinieren, abwägen, schätzen, versuchen, den anderen zu durchschauen, den anderen bekriegen und vieles mehr. Das ist sehr anstrengend. Man muss ständig wie ein Schießhund aufpassen. Man muss aggressiv sein, wenn die Situation es erfordert. Man muss aber gleichzeitig in der Lage sein, auf eine gute Hand zu warten. Das erfordert wiederum Geduld und Disziplin. Es gibt Phasen in einem Pokerspiel, in denen nichts oder nur sehr wenig passiert. Es kann sogar sein, dass man noch nicht einmal mit jemandem reden kann und sich langweilt. Schließlich muss man auch noch Gewinne und Verluste psychisch verkraften und sich auch nicht durch das Gerede am Tisch nerven lassen.

Ein Pokerspiel stellt also höchste Anforderungen an unsere Psyche. Ruhe und Disziplin zu wahren ist oft schwer. Es ist aber möglich. Entwickeln Sie die richtige Einstellung. Lernen Sie, in einem Modus zu spielen, der für Sie am wenigsten anstrengend ist. Laufen Sie dem Geld nicht hinterher, versuchen Sie lieber, dem Geld entgegenzugehen. Seien Sie ständig aufmerksam und haben Sie ein offenes Auge für das Verhalten Ihrer Gegner. Regen Sie sich nicht groß auf. Denken Sie daran, dass der Gewinner eines Abends nicht unbedingt derjenige ist, der am besten die Pot-Odds ausrechnen kann, sondern derjenige, der am Ende die Nerven bewahrt. Ungeduld und fehlende Selbstdisziplin sind der Untergang vieler Spieler.

Ich selbst kenne viele Top-Spieler, die extrem gut spielen, wenn sie gewinnen oder wenn sie ausgeruht sind und gerade an den Tisch kommen. Die gleichen Spieler flippen aber total aus, wenn sie unglücklich verlieren. Das geht so weit, dass sie schlechter spielen als der blutigste Anfänger. Sie gehen auf *Tilt* und verlieren die Nerven. Es ist ähnlich wie bei Mike Matusow: Er kann den ganzen Abend Poker am Hochreck spielen und dabei viele Chips sammeln. Es reicht aber eine Kleinigkeit, und er verliert völlig die Nerven, und seine Chips sind nach ein paar Händen komplett weg. Was nützt es, ein technisch perfekter Spieler zu sein, aber trotzdem oft miserabel zu spielen? Hier sehen Sie, wie wichtig die Psychologie im Poker sein kann: Sie verwandelt Top-Spieler in traurige Verlierer. Man kann ihre Bedeutung daher gar nicht überschätzen. Im Folgenden werde ich Ihnen einige Techniken verraten, die Ihnen das Schicksal von Mike Matusow ersparen.

Das Gleichnis vom Leopard

Ich selbst habe entdeckt, dass eine lauernde Haltung mir im Endeffekt das meiste Geld einbringt. Ich liege wie ein Leopard auf einem Baum und beobachte. Hierbei verschwende ich keine Energie. Ich konzentriere mich darauf, was die anderen Tiere machen. Auf meinem Baum ist es gemütlich, und mir kann keiner etwas anhaben. Auf meinem Baum bin ich sicher. Wenn aber ein Beutetier am Baum vorbeiläuft, schlage ich zu. Mit aller Härte und sehr brutal. Wenn es noch mehr zu holen gibt, mache ich weiter und reiße ein Tier nach dem anderen. Wenn es nichts mehr zu erlegen gibt oder es gefährlich für mich wird, klettere ich wieder auf meinen Baum und verdaue meine Mahlzeit. Ich gehe wieder in Lauerstellung und bereite mich gedanklich auf meinen nächsten Angriff vor. Bei der ganzen Sache geht es nur um die Jagd. Sie ist lebenswichtig, und es gibt in der Zeit, in der ich auf dem Baum liege, keine anderen Ablenkungen. Nichts ist so wichtig, wie Beute zu erlegen, da nur dies mein Überleben sichert. Ich habe gleichzeitig Respekt vor der Wildnis. Ich weiß um meine Stärken, ich weiß aber auch, dass selbst ein schwaches Tier unter Umständen mit ein wenig Glück die Fähigkeit besitzt, mich zu erlegen.

Der schiefe Billardtisch

Ein anderes Bild, das mir oft geholfen hat, war das des schiefen Billardtisches: Bei einem schiefen Billardtisch laufen die Kugeln wegen der Schwerkraft immer in das gleiche Loch, weil der Tisch schief steht. Ihre Einstellung am Pokertisch sollte einen ähnlichen Effekt auslösen: Spielen Sie so, dass die Chips in den Spielrunden bei Ihrem Stack hängen bleiben, wie die Billardkugeln, die in das tiefstgelegene Loch rollen.
Fehler, die Sie machen, sollten Sie wenig oder am besten kein

Geld kosten, während gute Entscheidungen und Fehler der anderen dann stattfinden sollten, wenn es um viel Geld geht. Kontrollieren Sie den Glücksfaktor und lassen Sie ihn für sich arbeiten. Denken Sie, dass Sie gewinnen werden, und sehen Sie es als selbstverständlich an. Das setzt für die anderen Spieler eine Art Landmarke und ändert so die ganze Konstellation am Tisch. Der Tisch wird schief, und das Geld rollt automatisch in Ihre Richtung. Das bedeutet nicht, dass Sie arrogant auftreten und allen Spielern ständig eintrichtern, dass Sie der Beste seien. Im Gegenteil. Weil Sie für sich wissen, wo Sie stehen, haben Sie das gar nicht nötig.

Lassen Sie sich keinesfalls auf irgendwelche Spielchen am Tisch ein. Oft versuchen Spieler, Sie verbal zu ärgern oder in komplexe Gespräche zu verwickeln, die Ihre Aufmerksamkeit zu stark vom Poker ablenken. Das dürfen Sie nicht zulassen. Das Pokerspiel hat immer Vorrang. Blenden Sie das Gespräch sofort weg, wenn Sie im Spiel eine wichtige Entscheidung treffen müssen. Es ist egal, wenn Sie die Pointe von einem Witz verpassen oder nicht mehr erzählen. Es ist aber nicht egal, wenn Sie in einer Hand 300 € verlieren, nur weil Sie darüber nachgedacht haben, welche Antwort am geistreichsten ist. Gerade Anfänger lassen sich oft ablenken und haben noch nicht begriffen, worum es beim Poker geht. Ihnen ist es oft wichtiger, gute Witze zu machen, als gut zu spielen. Vergessen Sie das. Wenn Sie Poker spielen, dann dürfen Sie keine Energie darauf verschwenden, die Stimmung am Tisch zu verbessern. Übernehmen Sie in dieser Hinsicht keine Verantwortung. Selbst wenn minutenlanges Schweigen herrscht, dann sollte Sie das völlig kalt lassen. Machen Sie sich keine Sorgen: Der nächste spannende Showdown wird die Stimmung schon ankurbeln.

Wann ist die Psychologie wichtig?

Die Psychologie ist in jeder Pokerhand ein Faktor, den man beachten muss. Trotzdem gibt es Unterschiede. Ein wichtiger Ausspruch im Poker besagt, dass man den Moment erkennen muss, in dem die Psychologie wichtiger ist als die Karten auf der Hand. Da ist was dran. Manchmal ist die Psychologie der dominierende Faktor bei einer Entscheidung, und manchmal sind es eher technische Erwägungen. Wann ist die Psychologie also besonders wichtig beim Pokern? Wann spielt man eher den Gegner anstelle seiner Karten?

- Je mehr Mitspieler, desto kleiner ist der psychologische Faktor. Bei zehn Spielern ist die Bandbreite der ausgegebenen Hände einfach größer. Meist wird ein Spieler eine richtig gute Hand haben und ein anderer eine deutlich schlechtere. Bei wenigen Mitspielern entstehen auch schon vor dem Flop oft Situationen, in denen keiner etwas Tolles auf der Hand hat. In diesen Situationen dominieren Spieler, die den besten Instinkt haben. Sie erkennen am ehesten den Moment, in dem es gilt zuzuschlagen. Sie haben die psychologischen Tricks auf Lager, um dies auch zu tun. Sie wenden zum Beispiel subtile Bluffs oder Reverse-Tells an. Reverse-Tells sind Tells, die bewusst falsch gesetzt werden, um den Gegner in die Irre zu führen.
- Klar ist auch, dass beim Online-Poker die Psychologie weniger wichtig ist als beim Live-Poker am Tisch, wo ich die Spieler in natura vor mir sitzen habe.
- Die Relevanz der Psychologie ist vor allem in Pokervarianten sehr stark, in denen man relativ wenige Informationen hat. Es ist kein Zufall, dass der Psychologie-Papst im Poker, Mike Caro, ein sehr guter Draw-Poker-Spieler ist. Die einzige echte Information, die man beim Draw-Poker über den Gegner hat, ist, wie viele Karten er getauscht hat. Man

ist bei dieser Pokervariante auf jede noch so winzige Zusatzinformation angewiesen. Beim Texas Hold'em hat man durch die Gemeinschaftskarten zwar mehr Information, aber trotzdem bieten die verdeckten Hole-Cards genügend Raum für sehr subtile Denkansätze und Täuschungsmanöver.
- Die Psychologie ist oft ein entscheidender Faktor, wenn Spieler von ihrer technischen Spielstärke her annähernd gleichauf sind. Wenn sich Spieler von ihren technischen Fähigkeiten her nicht groß unterscheiden, dann wird Psychologie umso bedeutsamer. Auf diesem Feld wird sich das Spiel dann meist entscheiden, da technische Fehler kaum noch gemacht werden.

Das waren einige allgemeine Überlegungen zum Thema Psychologie im Poker. Es kann sein, dass einigen Lesern die Metaphern, die ich benutzt habe, zu wild oder zu schwammig waren, aber damit muss ich leben. Ich will in diesem Buch keine Sekte gründen. Psychologie im Poker hat eben viel mit Einstellung und mit nicht greifbaren Faktoren zu tun. Der Rush oder das Tilt-Phänomen lassen sich nicht einfach streng rational erklären. Julian »The Kid« Gardener sagte einmal: »Es geht nicht darum, wie du die Hand gespielt hast, in der du den *Bad-Beat* kassiert hast. Es geht darum, wie du die nächste Hand spielst.«

Tells – eine Wissenschaft für sich

Tells sind Verhaltensweisen, die auf die Handstärke des Gegners schließen lassen, aber mit dem Spiel direkt nichts zu tun haben. Ein Beispiel ist, dass die Hände eines Spielers zittern, wenn er gute Karten hat. Leider kann man Tells nicht gut kategorisieren wie zum Beispiel die Starthände im Texas Hold'em. Dafür ist das menschliche Verhalten viel zu komplex. Jeder Mensch ist anders und reagiert unterschiedlich auf seine Umwelt. Man könnte die Liste der möglichen Tells daher auf Tausende Verhaltensweisen erweitern und würde immer noch nicht alles abgedeckt haben. Es ist also wichtig, uns an dieser Stelle einige grundsätzliche Gedanken darüber zu machen, was die Signale, die jeder Mensch bewusst oder unbewusst aussendet, bedeuten. Dann fällt es uns leichter, am Tisch entsprechende Tells nach ihrem Gehalt und ihrer Wichtigkeit für die konkrete Hand zu beurteilen.

- Finden Sie heraus, ob ein Spieler schauspielert oder nicht. Wenn er schauspielert, dann finden Sie heraus, was er damit erreichen will, und vereiteln Sie es. Suchen Sie also nach Anzeichen, ob ein Spieler von seinem Normalverhalten bewusst abweicht. Werden Sie in solchen Situationen misstrauisch und versuchen Sie, die wahre Absicht dahinter zu ergründen.
- Machen Sie sich Gedanken darüber, wie erfahren Ihr Gegner ist. Je erfahrener ein Spieler ist, desto subtiler können seine Täuschungsmanöver sein. Gerade Anfänger spielen und verhalten sich oft genau ihrer Handstärke entsprechend. Wenn Sie dann ein Täuschungsmanöver machen, gilt oft der berühmte Satz: »Stark bedeutet schwach, und schwach bedeutet stark.« Wichtig ist, dass Sie erkennen, wenn ein Spieler sich anders verhält, als er sich normalerweise verhalten würde, wenn also geschauspielert wird. Ein Spitzenspieler handelt immer in der gleichen Weise. Ob er 500 € auf **AA** oder auf **72**-offsuit setzt, man sieht keinen Unterschied. Man kann ihn nicht lesen. Sein Verhalten ist immer gleich. Er ist ein *Zombie* im positiven Sinn.

- Ein anderes fortgeschrittenes Manöver, das Sie kennen müssen, ist der so genannte ehrliche Bluff. Hierbei teilt der Spieler ganz offen seine Handstärke mit und hofft, dass Sie getreu dem Satz »Stark bedeutet schwach und umgekehrt« eine falsche Entscheidung treffen. Dieses Manöver ist gefährlich, da man offen über seine Hand redet. Bei misstrauischen Opponenten, die immer einen Schritt zu weit denken, kann es aber sehr wirkungsvoll sein.
- Sie müssen immer genau bestimmen, was ein einzelner Tell bei einem bestimmten Spieler bedeutet. Es gibt zum Beispiel Spieler, die immer mit den Händen zittern, weil sie ein nervöses Leiden haben. Wenn Sie nun jedes Mal eine starke Hand dahinter vermuten, liegen Sie falsch und verlieren Geld. Hüten Sie sich also davor, Tells zu verallgemeinern. Jeder Mensch ist anders. Es gilt, eine Art Base-Line-Verhalten, also das Grundverhalten, jedes Spielers zu ermitteln und zu erkennen, wann er davon abweicht.
- Beachten Sie, dass Tells im Texas Hold'em Poker oft nur Hilfsmittel sind. Andere Faktoren wie das Betting-Pattern, die Position oder die Größe der Chip-Stacks sind meistens viel wichtiger. Beachten Sie, dass Tells Sie oft das Gegenteil von dem machen lassen, was Sie in der Situation eigentlich tun wollten, weil Sie ja schließlich eine Täuschung vermuten. Stellen Sie sich deshalb immer die Frage, wie wichtig der Tell in der einzelnen Situation überhaupt ist. Dies gilt vor allem, weil ein Tell oft wirklich alles andere als hundert Prozent sicher ist.
- Ein Tell ist vor allem bei so genannten Borderline-Entscheidungen, wo man auf jede noch so kleine Information angewiesen ist, wichtig. Ansonsten dominieren meist andere Faktoren das Spiel. Wie bereits gesagt: Es ist kein Zufall, dass der Spezialist in Sachen Tells, Mike Caro, ein sehr guter Draw-Poker-Spieler ist. Beim Draw-Poker hat man nur

sehr wenig Informationen und ist auf Tells mehr angewiesen als beim Texas Hold'em.

Hitliste der besten Tells

Auch wenn jeder Mensch anders ist und seine eigenen, ganz persönlichen Tells und andere Macken hat, will ich Ihnen nicht vorenthalten, was sich in der Pokerwelt im Laufe der Jahre an bekannten Tells herauskristallisiert hat. Ich hoffe, dass die nachfolgenden Tells Ihnen zumindest Anhaltspunkte geben werden, worauf Sie bei den Gegnern achten könnten und sollten. Vergessen Sie nicht, dass jeder Mensch ein einzigartiges Individuum ist und dass es leider Spieler gibt, die Tells bewusst einsetzen, um Sie in die Irre zu führen. Solche Tells nennt man Reverse-Tells.

Tell	**Bedeutung**	**Verlässlichkeit**
Plötzlich zitternde Hand, wenn die Hole-Cards oder die Gemeinschaftskarten kommen.	Starke Hand	Recht verlässlich.
Gesten oder Geräusche, die Schwäche signalisieren sollen, zum Beispiel Seufzen, resigniertes Achselzucken, gespielt trauriger Blick, Poker-Clack.	Starke Hand	Recht verlässlich, manchmal reversed.
Gegner stößt beim Wetten versehentlich seine Chips um und korrigiert dies umgehend.	Schwache Hand	Nicht besonders verlässlich.

Gegner stößt beim Wetten versehentlich seine Chips um und belässt es dabei.	Starke Hand	Nicht besonders verlässlich.
Ein Spieler schaut sofort auf seine Chips, wenn der Flop kommt	Flop hat getroffen. Absicht zu wetten.	Recht verlässlich.
Fast unmerkliches Aufrichten im Stuhl.	Gute Hand	Recht verlässlich.
Plötzliches Anfangen oder Aufhören zu reden	Gute Hand	Recht verlässlich.
Übertrieben energisches Plazieren der Chips beim Wetten.	Bluff	Nicht besonders verlässlich, manchmal reversed.
Ein Spieler kaut Kaugummi oder lutscht ein Bonbon und hört beim Wetten damit auf.	Bluff	Recht verlässlich.
Das Benutzen vieler geringwertiger Chips zum Wetten.	Bluff	Nicht besonders verlässlich.
Plötzliches Interesse am Fortgang der Runde.	Gute Hand	Recht verlässlich.
Spieler hält die Luft an. Er friert förmlich ein.	Bluff	Recht verlässlich.
Spieler schaut weg und tut übertrieben desinteressiert.	Gute Hand	Recht verlässlich.
Chips werden ordentlich vor sich aufgebaut.	Konservativer Spieler	Nicht besonders verlässlich.
Chips werden unordentlich vor sich liegengelassen.	Spieler ist loose.	Recht verlässlich.
Spieler zeigt seine Hand einem Außenstehenden. Reaktion des Außenstehen-	Gute/schlechte Hand	Recht verlässlich.

den ist oft sehr leicht lesbar. Wenn er sorgenvoll guckt, ist die Hand meist gut. Wenn er bewundernd guckt, oft schlecht.		
Ein schlechter Spieler erwartet einen Call und zeigt Außenstehenden die Hand.	Gute Hand	Recht verlässlich.
Hand vorm Mund.	Bluff	Recht verlässlich.
Fast unmerkliche Erweiterung der Pupillen.	Gute Hand.	Verlässlich.
Spieler, der dies sonst nicht tut, legt Chip auf Hole-Card.	Gute Hand	Nicht besonders verlässlich.
Gespieltes Lächeln.	Bluff	Recht verlässlich.
Echtes Lächeln.	Gute Hand	Recht verlässlich.
Ein Spieler guckt in seine Karten und checkt sofort.	Schlechte Hand	Recht verlässlich.
Klangfarbe der Stimme wirkt unsicher.	Schlechte Hand	Recht verlässlich.

Händelesen und Betting-Patterns – Der gläserne Gegner

Bei diesem Thema fällt mir immer eine Sherlock Holmes' Geschichte ein. In *Das gelbe Gesicht* findet der Detektiv in seinem Arbeitszimmer eine Pfeife. Er betrachtet die Pfeife eine Zeit lang und sagt dann zu dem verdutzten Dr. Watson: »Der Eigentümer ist offenbar ein kräftiger Mann, linkshändig, mit wohlerhaltenen Zähnen, nicht sehr ordnungsliebend und in guten Verhältnissen.« Holmes kombiniert ein paar Informationen und zieht so seine Schlüsse über den Eigentümer. Er sieht zum Beispiel, dass die Pfeife an der rechten Seite versengt ist, und kann daraus schließen, dass der Eigentümer seine Pfeife an einer Lampe anzündet, wie es nur ein Linkshänder tut. Also keine Magie, lediglich logisches Denken.

Etwas Ähnliches passiert im Poker beim Händelesen. Ich kombiniere einige Informationen, die ich über einen Gegner habe, und kann so seine Hand gedanklich eingrenzen. Hierzu ist es nützlich, die Wettmuster seines Gegners zu kennen. Diese Wettmuster sind Tendenzen im Wettverhalten eines Spielers. Eine grobe Kategorisierung nehme ich bereits vor, wenn ich sage, dass ein Gegner tight oder loose, aggressiv oder passiv ist. Es geht aber auch genauer. Wie reagiert er in bestimmten Situationen? Man wird hier bei jedem Menschen bestimmte Muster finden. Achten Sie vor allem auf folgende Punkte:

- Wie viele Hände spielt ein Spieler? Ist er oft im Pot dabei oder eher selten?
- Ist ein Spieler ein Caller oder ein Raiser?
- Welche Hände zeigt der Gegner beim Showdown?
- Wie oft blufft mein Gegner? Blufft er überhaupt?
- Mit welchen Händen erhöht mein Gegner? Mit welchen Händen geht er nur mit?
- Ist mein Gegner zu Slow-Play fähig, und mit welchen Händen macht er es?
- Verteidigt mein Gegner seine Blinds?
- Wie reagiert er, wenn ein Gegner over the Top geht, also einen Re-Raise macht?
- Erhöht mein Gegner nur, wenn er etwas hat?
- Gibt mein Gegner auf dem Flop oft auf, oder spielt er bis zum River weiter?
- Mit welchen Händen macht mein Gegner einen Check-Raise?

- Wie spielt ein Gegner seine Draws? Neigt er bei Draws, einen Semi-Bluff zu machen, oder versucht er eher, Free-Cards zu bekommen?

Das sind die Fragen, die man sich stellen sollte. Aber keine Panik. Das hört sich nach einer Menge Information an, die verarbeitet werden muss. Mit der Zeit werden Sie aber lernen, viele dieser Tendenzen bei Spielern instinktiv zu erkennen und in Ihre Denkprozesse einzuarbeiten. Die Spieler, auf die man sich hierbei besonders konzentrieren sollte, sind diejenigen, die unmittelbar rechts oder links neben einem sitzen. Die Spieler links nach Ihnen werden in fast allen Runden Position auf Sie haben, und die Spieler rechts von Ihnen sollten Sie kennen, damit Sie Ihre Position auf sie optimal ausnutzen können.
Wenn ich noch nicht viel über meinen Gegner weiß und in einem Spiel erahnen muss, gegen was für eine Hand ich unterwegs bin, dann sollte ich immer an folgende einfache Dinge denken:

- Was ist Pre-Flop passiert? War mein Gegner in der Blind und ist jetzt nur dabei, weil er billig oder umsonst den Flop sehen konnte, dann ist seine Hand im Zweifel eher nicht so gut.
- Hat mein Gegner Pre-Flop erhöht, oder ist er nur mitgegangen?
- Wie ist seine Position? Ist seine Wette oder seine Erhöhung aus guter oder schlechter Position heraus gemacht worden?
- Wie viele Chips hat mein Gegner? Dieser Punkt ist vor allem im Turnier sehr wichtig. Hierzu mehr im Turnierkapitel.
- Ist mein Gegner auf Tilt und spielt daher loose, zum Beispiel wegen eines Bad-Beats, oder hat er gerade einen Rush und bekommt eine gute Hand nach der anderen?

Beobachten Sie den Tisch genau, vor allem wenn Sie nicht in der Hand mit dabei sind. Auch wenn Sie von einem Spieler überhaupt kein Betting-Pattern haben, dann fragen Sie sich wenigstens, ob der Spieler in der Blind sitzt und welche Position er hat. Auch wenn Sie alles vergessen haben, reicht hierfür ein Blick auf den Dealer-Button. Grenzen Sie die Hand gedanklich immer mehr ein. Hier ein Beispiel aus der Praxis:

Sie haben ***Gegner***

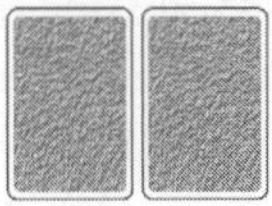

Flop

Sie sind in einem sehr tighten No-Limit-Texas-Hold'em-Spiel, und die Blinds sind 5 €/10 €. Vor dem Flop sind Sie in Early-Position die Big-Blind mitgegangen, und alle anderen sind ausgestiegen. Im Pot sind 25 €. Der Flop kommt, und der Gegner checkt. Sie sind an der Reihe und wetten 20 €. Ihr Gegner, die Big-Blind, erhöht nochmals auf 40 €. Was tun Sie?

Der Gegner hat Sie mit einem Re-Raise konfrontiert. Jetzt müssen Sie entscheiden und fangen an zu überlegen: Hat der Gegner eine bessere Hand als Sie? Im Pot sind 65 €, und der Gegner hat 20 € gewettet. Seine Wette betrug weniger als ein Drittel des Pots, und die Pot-Odds für Sie liegen somit knapp

unter 20 %. Eigentlich ganz okay, aber haben Sie wirklich eine 20%ige Chance zu gewinnen? Hat der Gegner einen Drilling oder nur Top-Pair?
Sie überlegen zuerst, wo der Gegner Pre-Flop saß. Er war Big-Blind und hat nicht erhöht. Tendenziell wird seine Hand also nicht überragend sein, also kein **AA, KK, AK.** Sie könnte eine **9** enthalten.
Weiterhin wissen wir, dass der Gegner eher konservativ ist, was auch dafür spricht, dass er die **9** auf der Hand hat. Er muss aufgrund unseres Pre-Flop-Calls aus schlechter Position heraus davon ausgehen, dass er es mit einem Overpair oder zumindest mit Top-Pair zu tun hat. Er weiß, dass Sie wahrscheinlich in schlechter Position Pre-Flop nicht mitgegangen wären, wenn eine **9** in Ihrer Starthand gewesen wäre. Er hat aber jetzt einen Check-Raise gemacht. Ist er wirklich zu einem Check-Raise-Bluff fähig? Er muss sich eigentlich denken, dass unsere Wette auf dem Flop von einer guten Hand gedeckt sein muss, weil Sie immerhin Pre-Flop mitgegangen sind. Jetzt erkennen Sie auch, dass Sie wohl besser Pre-Flop erhöht hätten, um Ihre Damen zu verteidigen, aber jetzt ist es zu spät. Sie haben Ihren Gegner schon einmal dabei beobachtet, wie er eine Monsterhand zunächst nur gecheckt hat, um seine Handstärke zu kaschieren. Seine Spielweise weist also Techniken zur geschickten Verhüllung seiner Handstärke, wie Slow-Play oder Check-Raise, auf.
Sie glauben ihm die **9** und geben auf. Zum Glück zeigt Ihnen Ihr Gegner mit einem Grinsen die **9** in seiner Starthand – und tut Ihnen damit einen Riesengefallen, weil Sie sich so nicht den ganzen Abend fragen müssen, ob Sie einen guten Lay-Down oder einen schlimmen Fehler gemacht haben.

- Wenn Sie Gegner und Hände lesen, sollten Sie immer überlegen, ob ein Spieler überhaupt zu dem Move fähig ist, den

Sie bei ihm vermuten. Ihr Spiel sollte sich an den Fähigkeiten des Gegners orientieren, daran, wie er denkt, wie sein emotionaler Zustand ist und wie er in bestimmten Situationen üblicherweise reagiert.

- Machen Sie Täuschungsmanöver gegen Gegner, die sehr auf Händelesen bedacht sind. Machen Sie diese Manöver nicht gegen Spieler, die fast nichts mitbekommen und die Technik des Händelesens gar nicht verstehen.

Das Pokerface – Legende und Wahrheit

Natürlich geht es im Poker darum, dass der Gegner, der nur am Tisch sitzt, um uns das Geld aus der Tasche zu ziehen, uns nicht durchschauen kann. Wir dürfen keinesfalls Tells, also Verhaltensweisen, die auf die Stärke unserer Hand schließen lassen, zulassen. Wie kann man das erreichen?

Man muss ein *Pokerface* haben. Was ist ein Pokerface? Hierüber kursieren die wildesten Gerüchte. Vor allem Pokerlaien scheinen oft am besten zu wissen, wie man ein Pokerface wahrt. Hierbei tauchen in den Köpfen immer wieder Bilder aus irgendwelchen alten Gangsterfilmen auf, bei denen düstere Schwerkriminelle mit Hut und Zigarre mit versteinerter Miene am Tisch sitzen und wirklich keinen Gesichtsmuskel bewegen und auch nicht sprechen. Das ist das Klischee-Pokerface. Lassen Sie mich jetzt zur Abwechslung ein wenig über die Realität berichten.

Ein Pokerface bedeutet für mich, dass ein Spieler nicht lesbar ist. Es heißt nicht, dass ein Spieler, wenn er eine gute Hand bekommt, plötzlich ein Pokerface aufsetzt. In dem Moment würde er sich ja verraten, und das wäre dumm von ihm.

Ein Pokerface ist kein bestimmter Gesichtsausdruck. Es bedeutet vielmehr, dass das Verhalten eines Spielers immer völlig gleich ist, unabhängig davon, welche Hand er gerade spielt.

Ob ein Spieler lustige Grimassen schneidet oder die ganze Zeit redet, ist unwichtig. Wichtig ist nur, dass sein Verhalten völlig losgelöst, also unabhängig, von seinen Karten ist. Ein guter Pokerspieler spielt wie folgt: Er gibt keine Tells, und man kann ihn nicht lesen. Er richtet sich nicht im Stuhl auf, wenn er ein Bombenblatt bekommt, und seufzt nicht, wenn die Karten nicht so toll sind. Die Karten scheinen einen solchen Spieler völlig kalt zu lassen. Einen solchen Top-Spieler nennt man deshalb auch Zombie. Trainieren Sie ein solches Verhalten.

- Leiten Sie die Informationsverarbeitung in dem Moment, in dem Sie Ihre Karten sehen, auf ein Nebengleis um. Lassen Sie die Information nicht direkt in Ihr Gehirn, sondern zwischenspeichern Sie sie in einer Art Puffer. So verhindern Sie unbewusste Reaktionen, wenn Sie die Hole-Cards angucken oder wenn Gemeinschaftskarten Sie treffen.
- Beobachten Sie sich und andere. Gucken Sie sich Ihre Hole-Cards an, wenn Sie unbeobachtet sind. Gute Pokerspieler gucken sich Ihre Hole-Cards erst dann an, wenn Sie an der Reihe sind. Auf diese Art können Gegner, die vor Ihnen an der Reihe sind, keine Informationen in Form von Tells bekommen.
- Machen Sie bei guten so wie bei schlechten Händen bewusst dieselben Gesten; am besten ist es natürlich, gar keine Gesten zu machen. Dauerhaft ist diese Strategie besser, als ständig mit falschen Tells um sich zu werfen. Gute Spieler werden Sie möglicherweise trotzdem lesen können.

Der Umgang mit den lieben Gegnern

Eines sollte Ihnen beim Poker klar sein: Sie wollen mit schlechten Spielern spielen. Von ihnen können Sie Geld gewinnen. Es geht nicht darum, mit absoluten Profis Poker am Hochreck zu spielen und eine fortgeschrittene Technik nach der anderen zu benutzen. Das kann zwar von Zeit zu Zeit lehrreich sein, aber wenn Sie dauerhaft im Poker gewinnen wollen, müssen Sie Ihre Tische so wählen, dass Sie gegen spielschwache Gegner spielen. So verdient man Geld im Poker. Wie gehen Sie am besten mit diesen Spielern um? Hier einige Richtlinien:

- Sprechen Sie nie über Strategie, wenn schlechte Spieler am Tisch sitzen. Es könnte sie dazu ermutigen, sich ebenfalls damit zu beschäftigen, oder sie darauf aufmerksam machen, dass es überhaupt eine Strategie gibt. Beides wollen Sie nicht. Sie veranstalten keine Lehrstunde, und um Information von Ihnen zu bekommen, müssen die schlechten Spieler zahlen. Es kann zudem sein, dass sich schlechte Spieler entmutigt fühlen und den Tisch wechseln.
- Kritisieren Sie niemals einen Spieler, wenn er schlecht spielt. Selbst wenn er bei einem All-In gegen drei Spieler mit **J7** mitgegangen ist, sagen Sie: »Du hattest ja keine Wahl, du musstest spielen und hattest einfach Pech«, oder etwas Ähnliches. Bitte verkneifen Sie sich dabei unbedingt einen ironischen Unterton, auch wenn es schwer fällt. Sie wollen nicht, dass die schlechten Spieler dazu motiviert werden, sich zu verbessern, oder dass sie aus Frust Ihren Tisch verlassen. Sie wollen vielmehr, dass sie sitzen bleiben und die gleichen Fehler immer wieder machen.
- Umgekehrt dürfen Sie auch nie einen Spieler loben, wenn er ein gutes Spiel gemacht hat. Der Belohnungsmechanismus im Gehirn des Spielers merkt sich das, und so

verbessert sich sein Spiel auf Dauer. Zudem wollen Sie keinen anderen Spieler am Tisch mit Selbstbewusstsein auftanken. Das kann gefährlich werden.

- Bitte jammern Sie nicht am Tisch über Bad-Beats oder eigene Spielfehler. Es könnte Ihre Gegner inspirieren und sie ermutigen, aggressiver gegen Sie vorzugehen.

How to handle the Swings – Der Umgang mit glücks- und pechbedingten Schwankungen im Poker

In dem berühmten Pokerfilm *Rounders* sagt der Protagonist folgenden Satz über No-Limit Texas Hold'em: »There's no other game in which fortunes can change so much from hand to hand. A brilliant player can get a strong hand cracked, go on tilt and lose his mind along with every single chip in front of him. This is why the World Series of Poker is decided over a No-Limit Hold'em table. Some people, pros even, won't play No-Limit. They can't handle the swings. But there are others, like Doyle Brunson, who consider No-Limit the only pure game left.«

Die entscheidenden Sätze in diesem Abschnitt lauten: »Some people, pros even, won't play No-Limit. They can't handle the swings.« – Einige Spieler, sogar Profispieler, spielen kein No-Limit. Sie können nicht mit den Schwankungen umgehen.« Mit den Schwankungen umzugehen hat nicht nur etwas mit der Größe der *Bankroll* zu tun, die beim No-Limit Texas Hold'em übrigens mindestens 500-mal die Big-Blind betragen sollte. Nein, es geht beim No-Limit auch vor allem darum, wie man psychisch mit den großen Geldschwankungen fertig wird, welche die nach oben hin offene Wetthöhe mit sich bringt. Oft gilt im No-Limit Poker: »Gestern noch auf hohen

Rossen, heute durch die Brust geschossen.« Hier zeigen sich im Poker sehr starke Parallelen zum echten Leben. Auch im Leben muss man mit Pech und Schicksalsschlägen fertig werden. Es ist klar, dass es hierfür keine Patentrezepte gibt. Eins steht jedoch fest: Man sollte im Poker auf jeden Fall ein guter Verlierer sein.

Ich selbst habe folgende Geschichte erlebt: Es geschah in einem No-Limit Texas Hold'em Cash-Game. Es war schon spät, und es wurde relativ viel getrunken. Die Hand wurde ausgegeben, und eine Bekannte von mir, eine wirklich nette und im realen Leben sehr bedachte und ruhige Frau, ist Pre-Flop All-In gegangen. Ich erinnere mich nicht mehr genau an den Betrag, es müssen aber über 100 € gewesen sein. Ihr Freund ging mit. Es war kein Spielfehler, aber ein beziehungstechnischer Fehler. Sie werden gleich sehen, warum. Da meine Bekannte All-In war und mangels Chips nicht mehr wetten konnte, legten sie und ihr Freund die Karten auf:

Meine Bekannte ***Ihr Freund***

Meine Bekannte lächelte nicht ohne Grund. **AK**s dominiert **AQ**s eindeutig, und ihre endgültigen Gewinnchancen standen sehr gut. Dann passierte es. Der Flop kam:

Flop

Ihr Freund hatte den Nut-Flush gefloppt. Pech für meine Bekannte. Als sie ihre Situation erkannte, lief sie sofort aus dem Zimmer auf den Balkon. Nach ein paar Minuten hörte ich einen Schrei. Was war geschehen? Meine Bekannte hatte aus Ärger und Frustration so fest gegen das Balkongeländer getreten, dass sie sich den Zeh gebrochen hatte.
Sie musste drei Wochen lang einen Gips tragen.

Aus der Geschichte kann man einige Lehren ziehen. Zunächst einmal sollte man nicht gegen gute Freunde oder gar Partner um relativ hohe Summen spielen. Zweitens sollte man mit Würde verlieren können und vor allem nicht betrunken sein, wenn man spielt. Je betrunkener man ist, desto emotionaler wird man auch. Wichtig ist vor allem, dass Sie nicht mit Geld spielen, das Sie nicht entbehren können. Verwenden Sie zum Pokern nur Ihre Bankroll und nicht das Geld für die nächste Miete. Man sollte auch aufhören können, wenn es schlecht läuft. Machen Sie dann ruhig eine Poker-Pause. Man entledigt sich hierbei der angstbedingten Spielschwäche, die durch hohe Verluste entsteht. Wenn man nach einer Pause wieder zu spielen anfängt, ist man nicht mehr so emotional in das Spiel verfangen und kann einfach viel freier spielen. Man hat den Überblick, den Helicopter-View.
Letztendlich ist es auch eine Typfrage, wie man mit den Swings umgeht: Der eine steckt Verluste einfach so weg und spielt danach sein bestes Poker. Der andere flippt völlig aus und spielt immer schlechter und verfestigt so den *Down-Swing*. Nach einer gewissen Zeit werden Sie wissen, welcher Typ Sie sind.

Was tun, wenn es mal schlecht läuft? – Instant-Strategien gegen das Verlieren

Selbst wenn man sehr gut Poker spielt, kann es immer wieder vorkommen, dass man ab und zu eine Phase hat, in der es nicht so gut läuft. Man darf nicht vergessen, dass man durch gutes Spiel den Glücksfaktor zwar eindämmen, ihn aber nicht komplett ausschalten kann. Das Blöde im Poker ist, dass diese Phasen lange anhalten können. Sehr lange. So lange, dass man kein Licht mehr am Ende des Tunnels mehr sieht. Manchmal bekommt man einfach eine schlechte Starthand nach der anderen. Wenn das auch noch in wichtigen Händen, so genannten *Key-Hands,* passiert, ist das besonders ärgerlich.
Das Gleiche gilt, wenn man gegen Anfänger verliert, die ständig von der Glücksgöttin Fortuna für ihre schlechten Moves auch noch belohnt werden. Man geht zum Beispiel vor dem Flop All-In mit **AA.** Ein Anfänger mit wenigen Chips geht aus seiner schlechten Position heraus mit. Er hat **62**-offsuit. Der Flop kommt: **J22.** Er gewinnt und fühlt sich auch noch in seiner Spielweise bestätigt und drückt uns einen Spruch nach dem anderen rein. Das ist hart, und Sie müssen wirklich aufpassen, dass Sie in einer solchen Situation nicht auf Tilt kommen. Daneben müssen Sie aber auch einige Veränderungen an Ihrem Spiel vornehmen:

- Bitte analysieren Sie zunächst ganz ruhig, ob Sie wirklich unglücklich verlieren oder ob Sie verlieren, weil Sie einfach schlecht spielen. Das ist der Ausgangspunkt für alle folgenden Überlegungen. Wenn Sie nur unglücklich verlieren, aber ansonsten gut spielen, dann ist alles nicht so schlimm. Langfristig werden Sie gewinnen. Wenn Sie aber Fehler machen, dann sollten Sie Ihre Strategie gründlich überdenken.

- Sie müssen verstehen, dass Sie jetzt ein Opfer sind. Sie verlieren, und die anderen Spieler bekommen das mit. Sie werden sich auf Sie einschießen und versuchen, Sie auszuspielen. Auch schwächere Spieler werden sich jetzt mehr gegen Sie trauen. Seien Sie also vorsichtig, und spielen Sie nur gute Hände, und diese mit Bedacht. Sie müssen verstehen, dass Sie jetzt im Nachteil sind, wenn Sie mit mittelguten Händen die Konfrontation mit Ihren Gegnern suchen. Wechseln Sie am besten den Tisch, wenn es möglich ist.
- Bluffen Sie weniger als normal. Da Ihre Gegner jetzt nicht mehr so viel Respekt vor Ihnen haben, werden Sie Ihnen auch potenziell keine guten Hände mehr zutrauen. Sie werden eher geneigt sein, mitzugehen oder, was viel schlimmer ist, Sie ebenfalls durch einen Re-Raise bluffen. Wie gesagt, die Gegner trauen sich jetzt mehr gegen Sie.
- Bitte beschweren Sie sich nicht lautstark am Tisch über Ihre verlorenen Hände. Das Einzige, was Sie damit erreichen, ist, dass Sie eine schlimme Situation noch schlimmer machen. So wird es noch der Letzte am Tisch mitkriegen, dass Sie sich auf der Verliererstraße befinden, und sich ermutigt fühlen, Sie auszuspielen. Zudem bestärken Sie in sich selbst noch das Verliererimage und verlieren sich in einem Teufelskreis.

Wir müssen zwischen zwei Arten von so genannten *Bad-Runs* unterscheiden: Meiner Erfahrung nach gibt es einen Bad-Luck-Run, bei dem man einfach nur noch Pech hat. Wir haben gerade gelernt, wie wir damit umgehen sollten. Das andere ist ein Bad-Run, in den man sich selbst aus mangelnder Disziplin manövriert hat. Ich habe schon oft Sessions gespielt, in denen ich über Stunden hinweg keine vernünftige Starthand bekommen habe. Viele Spieler würden nun anfangen, schlechte Hände zu spielen und sich in gefährliche Situationen

zu begeben, nur um später über ihr Pech zu klagen. Wie sollte man einer solchen Situation begegnen?
Wenn Sie über drei Stunden hinweg keine gute Starthand bekommen, sollten Sie sich auch darauf einrichten, über drei Stunden hinweg den Großteil Ihrer Hände aufzugeben. Wichtig ist vor allem, nicht gleich auszuflippen, wenn Sie nach Stunden der Langeweile plötzlich **AJ**-offsuit auf die Hand bekommen. Spielen Sie diese Hand ganz normal, und wetten Sie nicht zu hoch. Die anderen Spieler werden Sie für einen Rock halten, was Ihnen aber etwas mehr Glaubwürdigkeit für Ihre Bluffs gibt. Sie sollten aber trotzdem nicht anfangen, wild zu bluffen, sondern vielmehr auf Situationen warten, in denen Pötte auch stehlbar sind. Dann sollten Sie, mit dem Wissen, dass Ihnen der Bluff geglaubt wird, zuschlagen. Ihr größter Feind in dieser Situation ist meist die Langeweile. Nichts ist so öde, wie den anderen beim Spielen zuzusehen. Aber wenn Sie diese Tipps beherzigen, können Sie zumindest dafür sorgen, dass der Abend nicht zu kostspielig wird.

Spielsucht – Pathologisches Spielen und Poker

Da die Anzahl der Pokerspieler im deutschsprachigen Raum bereits in die Millionen geht, kommt man leider am Thema Spielsucht in einem Pokerbuch nicht mehr vorbei. Ich bin kein Psychologe, aber ich habe es mir zur Aufgabe gemacht, Ihr Spiel zu verbessern. Wenn man spielsüchtig ist, spielt man schlechter und ist nicht mehr Herr der Lage. Man kann sich seine Pokertische nicht mehr mit Bedacht aussuchen, weil man von einer unkontrollierbaren Kraft getrieben wird. Man spielt nicht mehr gut, wenn man spielsüchtig ist. Man läuft dem Glücksfaktor hinterher, anstatt ihn möglichst einzudämmen. Man verliert seine Freunde und seine Bankroll. Da die Spielsucht ein Faktor ist, der Ihr Spiel verderben und Ihnen echte Probleme im Leben bereiten kann, habe ich im Folgenden einige Informationen über Spielsucht zusammengetragen und einen Selbsttest an das Ende des Kapitels gestellt.

Wie wird Spielsucht wissenschaftlich definiert?

Spielsucht, auf Englisch auch Compulsive, Pathological oder Problem-Gambling genannt, wird durch die Unfähigkeit des Betroffenen gekennzeichnet, dem Impuls zum Glücksspiel oder Wetten zu widerstehen, auch wenn dies gravierende Folgen im persönlichen, familiären oder beruflichen Umfeld nach sich zieht. Männer sind häufiger von Spielsucht betroffen als Frauen. Spielsucht fällt wissenschaftlich unter die Kategorie der »abnormen Gewohnheiten und Störungen der Impulskontrolle«. Hierzu zählen auch Kleptomanie, Pyromanie und Trichotillomanie.

Die Symptome der Spielsucht

Häufiges oder auch episodenhaft wiederholtes Spielen ist mit einer ausgesprochenen gedanklichen Beschäftigung bezüglich erfolgversprechender Spieltechniken oder Möglichkeiten zur Geldbeschaffung verbunden. Versuche, dem Spieldrang zu widerstehen, scheitern wiederholt, und das Spielen selbst wird vor anderen verheimlicht. Die oft schwerwiegenden finanziellen Konsequenzen führen letztlich jedoch oft zum Zerbrechen von Beziehungen, auch weil sich der Betroffene immer wieder darauf verlässt, dass andere ihm die notwendigen Mittel »ein letztes Mal« beschaffen oder die entstandenen Schulden begleichen. Das Spielen selbst dient dazu, Problemen oder negativen Stimmungen, das heißt Ängsten, Depressionen oder Schuldgefühlen, zu entkommen. Es werden immer höhere Beträge eingesetzt, um Spannung und Erregung aufrechtzuerhalten.

Die drei Phasen der Spielsucht

Die Gewinnphase ist durch gelegentliches Spielen, einen größeren oder mehrere kleinere Gewinne, positive Erregung vor und während des Spiels, unrealistischen Optimismus, die Entwicklung von Wunschgedanken, häufigeres Spielen und das Setzen immer größerer Beträge geprägt.

Die Verlustphase ist von der Bagatellisierung der Verluste und der Prahlerei mit Gewinnen geprägt, wobei die Verluste durch Gewinne abgedeckt zu sein scheinen. Zu dieser Phase gehören auch häufigeres Spielen alleine, beständigeres Denken an das Spiel, erste größere Verluste, Verheimlichung von Verlusten, Vernachlässigung von Familie und Freunden, Beschäftigung mit dem Spiel während der Arbeitszeit, Aufnahme von Schulden und Krediten und die Unfähigkeit, dem Spiel zu widerstehen.

In der so genannten Verzweiflungsphase treten folgende Symptome auf, die dem Spieler zu schaffen machen: gesetzliche und ungesetzliche Geldbeschaffungsaktionen, Unpünktlichkeit bei der Schuldenrückzahlung, Veränderungen der Persönlichkeitsstruktur (Reizbarkeit, Irritationen, Ruhelosigkeit, Schlafstörungen), völliger gesellschaftlicher Rückzug, vollständige Entfremdung von Familie und Freunden, Verlust der gesellschaftlichen Stellung und des Ansehens, ausschließliche Verwendung von Zeit und Geld für das Spiel, wiederholtes tagelanges Spielen, Gewissensbisse und Panikreaktionen, Hoffnungslosigkeit, Selbstmordgedanken.

Wovon ist ein Spielsüchtiger genau abhängig? Ist es der Gewinn, der den Kick ausmacht? Nein, so komisch es sich anhören mag, es ist nicht der mögliche Gewinn selbst, sondern eher der Moment, wenn alles auf der Kippe steht. Es ist das Gefühl des Ausgeliefertseins, das entsteht, wenn die Karten auf den Tisch gelegt werden und man nicht genau weiß, ob man ein großer Gewinner oder ein Verlierer sein wird. Nun muss man dem Pokerspiel zugute halten, dass es kein reines Glücksspiel ist. Je nach Spielstärke beträgt der Glücksanteil beim Poker über den Daumen gepeilt zwischen 20 und 50 %. Insofern ist es kein pures Glücksspiel wie Roulette. Aber Vorsicht! Genau die Mischung von Glücks- und Geschicklichkeitsspiel lässt Poker zur Falle für einige Spieler werden. Sie bilden sich ein, sie hätten die totale Kontrolle über den Glücksfaktor und könnten das Spiel locker schlagen, was aber dann oft nicht klappt. Es herrscht die Illusion, das Glück könne völlig eliminiert werden, während man gleichzeitig eine Sucht in Bezug auf den Glücksfaktor entwickelt.
Viele Spieler sind zudem beim Poker nicht ehrlich zu sich selbst. Sie machen sich vor, sie seien im Plus, während sie es in der Realität nicht sind. Sie verdrängen ihre Verluste und vergessen bei Gewinnen, ihren Einsatz abzuziehen. Ich schätze, dass 70 bis 80 % der Spieler denken, sie seien im Plus, während sie in Wirklichkeit im Minus sind. Im Poker gewinnen nur ungefähr 15 % der Spieler dauerhaft Geld. Der Rest verliert. Führen Sie am besten Buch über Ihre Gewinne und Verluste, und seien Sie immer ehrlich zu sich selbst. Wer sich selbst betrügt, trägt auch selbst den Schaden davon.
Für viele Spieler wird Poker zur Flucht aus dem tristen Alltag. Sie brauchen immer mehr den Kick, der durch das Spiel entsteht, und befriedigen so ihren Urinstinkt nach Action. Das Pokerspiel simuliert existenzielle Situationen im Leben, bei denen man in einen von Adrenalin und sonstigen körper-

eigenen Substanzen geprägten Rauschzustand verfällt. Poker bedient und stimuliert das in jedem Menschen eingebaute Programm, das auf die Bewältigung von Problemen und das ständige Umgehen mit existenziellen, unvorhersehbaren Situationen gerichtet ist. Das moderne Leben hat hiervon für viele Menschen nicht mehr viel zu bieten, und so holen sie es sich auf diesem Weg zurück. Andere Spieler lockt der schnelle Weg zum Geld, und Poker ist für sie eine Art Abkürzung zu Ruhm, Erfolg und Geld.

Poker soll eine angenehme Beschäftigung bleiben. Es soll nicht krampfhaft oder zwanghaft betrieben werden. Sehen Sie es wie ein Geschicklichkeitsspiel, und respektieren Sie dabei trotzdem den Glücksfaktor. Halten Sie eine vernünftige Poker-Life-Balance. Wenn Sie sich gefährdet sehen, dann verzichten Sie auf hohe Einsätze, und meiden Sie vor allem High-Stakes-Cash-Games.

Selbstkontrolle – Bin ich spielsüchtig?

1. Haben Sie schon einmal so lange gespielt, bis Sie kein Geld mehr hatten?
2. Haben Sie sich schon einmal Geld bei Freunden geliehen, um spielen zu können?
3. Haben Sie wegen Ihres Spiels schon einmal Kredite aufgenommen?
4. Überschreiten Sie häufig finanzielle oder zeitliche Grenzen, die Sie sich selbst gesetzt haben?
5. Haben Sie schon einmal daran gedacht, sich auf illegalem Weg Geld zum Spielen zu beschaffen?
6. Kreisen Ihre Gedanken oft um das Spielen?
7. Haben Sie schon einmal Geld entwendet, um spielen zu können?

8. Können Sie sich nur schlecht auf andere Dinge als das Spielen konzentrieren, zum Beispiel am Arbeitsplatz?
9. Sind Sie unruhig und aggressiv, wenn Sie keine Möglichkeit zum Spielen haben?
10. Erscheint Ihnen der Alltag im Vergleich zum Spielen eher langweilig?
11. Merken Sie, dass Ihr Interesse an der Umgebung, zum Beispiel Familie, Hobbys oder Freundeskreis, nachlässt?
12. Spielen Sie gezielt, um Verluste wieder auszugleichen?
13. Dürfen Ihre Angehörigen oder Freunde nicht wissen, wie oft Sie spielen oder wie hoch Ihre Spielverluste sind?
14. Haben Sie nach dem Spielen oft ein schlechtes Gewissen?
15. Haben Sie schon weitergespielt, obwohl Sie spürten, dass Sie sich selbst und andere schädigen?
16. Haben Sie schon gespielt, um Ihre Stimmung positiv zu verändern, um Sorgen, Ärger und Frustration zu vergessen oder um Konflikten auszuweichen?
17. Sind durch Ihr Spielverhalten schon einmal familiäre Probleme oder Streitigkeiten entstanden?
18. Haben Sie wegen des Spiels schon einmal Ihre Arbeit versäumt?
19. Hatten Sie wegen Ihres Spielverhaltens schon Selbstmordgedanken, oder unternahmen Sie bereits Selbstmordversuche?

Wenn Sie mehr als drei Fragen klar mit »Ja« beantwortet haben, dann könnte es sein, dass Sie gefährdet sind. Bitte wenden Sie sich in einem solchen Fall an die entsprechenden Stellen, um das Problem in den Griff zu bekommen. Bitte kriegen Sie jetzt aber keine Panik, nur weil Sie vor dem letzten Turnier etwas nervös waren oder weil Sie jetzt dieses Buch lesen und denken, dies wäre schon eine übermäßige Beschäftigung mit dem Spiel. Vergessen Sie nicht, dass Poker hauptsächlich ein

Geschicklichkeitsspiel ist. Sich mit der Strategie zu beschäftigen ist eine absolut sinnvolle und notwendige Voraussetzung für den Erfolg. Wenn Sie ein Buch über ein bombensicheres Roulette-Konzept lesen und auch noch daran glauben, dann haben Sie schon eher ein Problem. Nur wenige Menschen werden spiclsüchtig. Die meisten von Ihnen werden wissen, ob ein entsprechendes Gefährdungspotenzial vorhanden ist. Wie gesagt, Poker soll Spaß machen und nicht zwanghaft betrieben werden. Wenn Sie merken, dass Sie zu viel spielen, dann machen Sie einfach eine Pause und beschäftigen Sie sich mit anderen schönen Dingen.

8. TEIL

Wie spiele ich gegen wen am besten? – Wer sich am besten anpasst, der gewinnt

Reading the Table – Wer sind die Gegner, und unter welchen Bedingungen muss ich gegen sie antreten?

Es gibt unendlich viele Pokertische. An manchen haben Sie gute Chancen und werden mit einem dicken Plus nach Hause gehen. An anderen Tischen werden Sie keine Chance haben und eingehen wie eine Primel. Eine vernünftige *Table-Selection* bzw. das Anpassen an die jeweiligen Gegebenheiten sind der Schlüssel zum Erfolg. Es ist wie bei Darwin: Derjenige, der sich am besten an seine Umwelt anpasst, ist erfolgreich und überlebt. Das beste Spiel ist nicht unbedingt das Spiel, bei dem es die größten Pötte gibt. Es ist das Spiel, bei dem Sie den größten Vorteil gegenüber Ihren Gegnern haben. Es geht beim Poker darum, von schlechteren Spielern Geld zu gewinnen. Manchmal kann im Poker Anpassung eben auch bedeuten, dass man am besten gar nicht spielt. Das zeigt uns die folgende kurze Geschichte:

Es geschah in Las Vegas im Jahr 1982. Ein junger Geschäftsmann mit relativ wenig Ahnung vom Poker betritt den Card-Room des Golden-Nugget-Casinos. An einem Tisch sitzen ein kleiner schmächtiger Typ, ein Chinese, ein korpulenter Typ mit Hornbrille, ein pummeliger Blondschopf und ein großer Mann mit Cowboyhut und spielen Poker. Der Geschäftsmann bemerkt, dass es an diesem Tisch viel Action gibt, und beschließt, sich mit 20.000 $ in das Spiel einzukaufen. Leider sind die 20.000 $ nach bereits einer halben Stunde verspielt. Als der junge Geschäftsmann, der gerade das Unternehmen seines Vaters geerbt hat, zum Nachtauschen geht, spricht ihn ein Spieler am Tisch an, der ihm unauffällig gefolgt ist. Er sagt:

»Ich verrate dir jetzt was, aber sag bitte keinem, dass ich dir was gesagt habe.«
»Was denn?«
»Wenn ich du wäre, würde ich mich nicht mehr in das Spiel einkaufen. Das Spiel heißt No-Limit Texas Hold'em, und die Leute, mit denen du am Tisch sitzt, sind die besten Spieler der Welt.«

Die Spieler am Tisch waren Stu Ungar, Johnny Chan, Doyle Brunson, Chip Reese und Jack Straus. Der freundliche Mann, der den unbedarften Geschäftsmann warnte, war Jack Straus. Es passiert sehr selten, dass ein freundlicher Ehrenmann vom Schlage eines Jack »Treetop« Straus so nett ist und uns vor dem Schlimmsten bewahrt. Sie müssen selbst ein Auge dafür entwickeln, wo es sich für Sie zu spielen lohnt und wo nicht. Man kann die Bedingungen, die man an einem Pokertisch vorfindet, in zwei Kategorien einteilen:

- Die äußeren Rahmenbedingungen des Spiels: Dazu gehört, ob ich ein Turnier oder ein Cash-Game spiele, wie die Table-Stakes sind, also der Mindesteinkaufbetrag, die Höhe der Blinds, die maximale Wetthöhe und so weiter. Es geht darum, ob mit oder ohne *Ante* gespielt wird, wie viele Spieler am Tisch sitzen und schließlich welches Spiel überhaupt gespielt wird.
- Die Eigenarten der Spieler selbst sind die inneren Bedingungen, die das Spiel prägen. Hierzu gehört insbesondere, wie stark meine Gegner sind, ob sie loose oder tight sind, aggressiv oder passiv. Spiele ich gegen Anfänger oder gegen erfahrene Profis?

Während die äußeren Bedingungen eines Spiels leicht identifiziert sind, machen die inneren Bedingungen schon etwas mehr Probleme. Vor allem in einem Multi-Table-Turnier wechselt man öfter die Tische, so dass man sich blitzschnell neu orientieren muss. In den folgenden Kapiteln werde ich Ihnen zeigen, wie man die Eigenarten der verschiedenen Spielarten erkennt und wie man sich am effektivsten darauf einstellt.

High-Stakes-Poker – Wo das große Geld über den Tisch geht

High-Stakes-Poker bedeutet, dass man um sehr viel Geld spielt. Es können ein paar hundert aber auch ein paar tausend Euro in einem Pot sein. Eine falsche Entscheidung kann einen so viel kosten wie ein Kleinwagen. Was unterscheidet High-Stakes-Poker vom Poker mit niedrigen Einsätzen?
Zunächst einmal gar nichts. Aus technischer Sicht zumindest. Es ist ähnlich wie in meinem Beruf als Rechtsanwalt: Ein Fall, der einen Streitwert von 200 € hat, kann juristisch komplizierter sein als ein Fall mit einem Streitwert von mehreren hunderttausend Euro. Dies betrifft natürlich nur die technische Seite. Genau wie bei der Juristerei gibt es natürlich signifikante Unterschiede je nach Höhe des Streitwertes. Je höher man sich vorwagt, desto dünner wird die Luft. Tendenziell werden sich eher spielstarke Pokerspieler in höhere Limits wagen. Sie müssen schon sehr gut sein, wenn Sie gegen diese Spieler dauerhaft bestehen wollen.
Es gibt aber auch Ausnahmen. Das sind Leute, die einfach sehr viel Geld haben und den Nervenkitzel suchen. Sie haben sich nicht erst mühsam eine Bankroll aufgebaut und ein Limit nach dem anderen geschlagen. Nein, sie haben schlicht und einfach das Geld und spielen. Diese Gegner können sehr lukrativ sein. Lernen Sie also, die Spieler beim High-Stakes-

Poker richtig zu erkennen. Habe ich einen Spieler vor mir, der eigentlich nicht viel Geld hat und sich hochgespielt hat? Hier ist äußerste Vorsicht angebracht. Seine Spielstärke muss zwangsläufig sehr hoch sein. Das andere Extrem bildet ein Spieler, der sich wegen seiner finanziellen Verhältnisse erlauben kann, mit hohen Einsätzen zu spielen. Hier sieht die Sache schon ganz anders aus. Spielstärke wird in dem Fall häufig durch eine entsprechende Geldmenge kompensiert. Der absolute Worst-Case sind natürlich Spieler, die durch das Spiel reich geworden sind.

- Seien Sie vorsichtig, wenn Sie gegen wohlhabende, relativ spielschwache Gegner antreten. Wenn Sie die hohen Beträge nicht gewöhnt sind, dann wird Ihnen das Scared-Money-Phänomen schwer zu schaffen machen. Sie wetten dann einfach zu ängstlich und sind ständig um Ihr Geld besorgt. Selbst wenn Sie viel besser spielen als die reichen Spieler, kann das Scared-Money-Phänomen diesen Vorteil wieder zunichte machen. Die gut betuchten Spieler gehen meist viel sicherer mit den höherwertigen Chips um.
- Seien Sie konzentrierter. Fehler können im High-Stakes-Poker eine Stange Geld kosten. Spielen Sie nur, wenn Sie in Top-Form sind.
- Bitte überlegen Sie es sich vorher, mit wem und wo Sie um hohe Beträge spielen. Ein bekannter Spruch besagt: »Bei Geld hört die Freundschaft auf.« Achten Sie auch unbedingt darauf, dass am Tisch nicht geschummelt wird. Spielen Sie möglichst nicht mit Freunden oder Partnern um viel Geld.
- Im Zweifel gehen Sie zum High-Stakes-Pokern am besten ins Casino. Der Vorteil ist, dass es einen professionellen Dealer am Tisch gibt, der in der Regel dafür sorgt, dass das Spiel in geordneten Bahnen verläuft. Sollte es dennoch

Ärger geben, kann man sich an den *Floorman* wenden, der dann zumindest versucht, die Sache zu schlichten.

- Spielen Sie in Home-Runden oder in dubiosen Hinterzimmer-Card-Rooms bitte kein High-Stakes-Poker. Es kann hier einfach zu leicht Ärger geben, und Sie wollen sich bei einem Gewinn auch nicht die ganze Zeit fragen, ob Sie den Raum überhaupt unversehrt verlassen können.

Low-Stakes Poker – Kleine Beträge – große Emotionen

Zunächst ein kleines Statement von mir vorab: Poker um sehr wenig oder gar kein Geld ist kein Poker. Wenn ich um nichts spiele, dann gibt es keine Bluffs und keine Value-Bets. Ein schlechter Call tut mir nicht weh, und ein Gewinn bringt mir nichts. Der Gegner erhöht um eine Millionen Chips, und ich erhöhe nochmals um eine Milliarde – es bedeutet nichts. Anders gesagt: Es ist witzlos.

Etwas Ähnliches gilt für Poker mit sehr geringen Beträgen. Man kann einfach kein Turnier mit einem 5-Cent-*Buy-In* spielen. Auch für Anfänger macht diese Spielart keinen Sinn, weil der Lerneffekt nicht gegeben ist. Wenn man das Gefühl nicht kennt, wenn man von einem Gegner All-In gesetzt wird und dabei am liebsten im Boden versinken würde, dann hat man noch kein Poker gespielt. Ich halte jetzt kein Plädoyer für High-Stakes-Poker, aber um Centbeträge zu spielen macht einfach keinen Sinn. Man sollte es verkraften können, seinen Einsatz zu verlieren, und sich freuen können, wenn man gewinnt. Wie viel Geld das ist, ist natürlich für jeden individuell unterschiedlich.

Wenn Sie in ein Spiel kommen, in dem um wirklich minimale Beträge, zum Beispiel ein Turnier mit 50-Cent-Buy-In, gespielt wird, sollten Sie in der Regel gar nicht mitspielen. Das ist nicht arrogant gemeint. Sie gewinnen einfach zu wenig. Das Argument, es gehe um den Spaß, kann hier nicht gelten, weil Poker um Cents einfach keinen Spaß macht. Zudem besteht die Gefahr, dass Sie Ihr Spiel verwässern, wenn Sie zu oft um nichtsignifikante Beträge spielen. Es ist kein echtes Poker. Sie wollen den anderen schließlich auch nicht den Spaß verderben, wenn Sie doch spielen und sich dann andauernd über die niedrigen Einsätze beschweren. Warten Sie, bis diese Spieler genug vom Spielen um nichts haben und sich fit genug fühlen, um mit höheren Einsätzen zu spielen. Dann können Sie abräumen und den Spielern live demonstrieren, was echtes Poker ist. Grundsätzlich gilt, dass ein Spiel um wenig Geld eher loose ist und ein Spiel um viel Geld eher tight.

Tight Games – Wo nur die guten Hände gespielt werden

Wer kennt die Situation nicht? Alle Spieler sind sehr vorsichtig, und es werden nur Top-Hände gespielt. Man sieht wenige Flops und in den Wettrunden sind immer nur wenige oder zwei Spieler beteiligt, obwohl der Tisch voll ist. Kurz gesagt: Der Tisch ist so tight, dass keine Briefmarke mehr dazwischen passt. Das ist die Situation. Wie adaptieren Sie Ihre Spielweise, um an einem solchen Tisch zu gewinnen?

- Zunächst einmal sollten Sie relativ oft versuchen, die Blinds zu stehlen. Viel öfter als an einem normalen Tisch. Übertreiben Sie es aber nicht, denn schließlich wollen Sie nicht, dass die Spieler plötzlich umschalten und loose werden.
- Achten Sie darauf, dass Sie ein solides Table-Image aufrechterhalten. Zeigen Sie ruhig ab und zu Ihre gute Hand,

wenn die Gegner aufgrund einer Wette von Ihnen ausgestiegen sind. Wenn Sie eine Hand aufgeben, dann denken Sie daran, sie zu zeigen, wenn sie einigermaßen gut war. Seien Sie aber trotzdem sparsam mit dem Zeigen Ihrer Hände. Man darf nicht zu viel Information preisgeben. Tun Sie also so, als wären Sie genauso tight wie die anderen, würden aber andauernd gute Hände bekommen.

- Seien Sie vorsichtig, wenn ein Spieler Ihren Bluff vor dem Flop mitgeht. Da er sehr tight spielt, hat er meist eine gute Hand. Dazu kommt, dass diese Spieler ihre Hände, wenn sie sie spielen, meist in späteren Wettrunden nicht loslassen können und dann eher loose spielen. Sie sollten Ihren Bluff deswegen in der Regel aufgeben. Wenn Ihre Hand aber gut ist, werden Sie von einem solchen Spieler viele gewinnbringende Calls in den späteren Wettrunden bekommen.
- Bluffen Sie auch nach dem Flop häufiger als gewöhnlich. Vor allem Semi-Bluffs haben an einem Tisch, der sehr tight ist, gute Chancen. Sie werden oft gewinnen, da Ihre Gegner tendenziell eher ihre Hand wegwerfen. Sie sind Ihnen sogar oft dankbar, wenn Sie ihnen einen Grund zum Aufgeben liefern.
- Passen Sie auf, dass Sie eine solide Hand haben, wenn es zum Showdown kommt. Sie werden an einem solchen Tisch meist gegen gute Hände unterwegs sein.
- Sie sollten im Ergebnis an einem Tight-Table also auch mit schlechteren Händen viele Angriffe auf den Pot starten, aber in der Regel aufgeben und sich schnell zurückziehen, wenn man auf echte Gegenwehr stößt.

Friendly Games – Loose-passive Spiele

Einen Tisch, an dem es tendenziell loose und passiv zugeht, erkennt man relativ leicht. Man sieht viele Flops, und es sind immer sehr viele Spieler in der Hand. Ein typischer Anfängertisch. Es gibt eher selten Erhöhungen, und Re-Raises sind Mangelware. Oft werden mehrere Wettrunden hintereinander nur durchgecheckt, und die Spieler leben ein friedliches Miteinander.
Sie machen aber nicht mit. Sie verschwenden keinen Gedanken an Frieden und Friendly Games. Sie denken natürlich nur daran, wie Sie das meiste Geld von diesem Tisch melken können. Das geht auch relativ einfach. Überlegen Sie: Die Gegner stellen geringe Anforderungen an ihre Karten. Um langfristig zu gewinnen, müssen Sie nur Ihre Anforderungen an Ihre Karten ein wenig anheben, das heißt ein wenig tighter spielen als der Tisch.

- Seien Sie semi-tight. Auf diese Art und Weise werden Sie im Showdown meist eine bessere Hand haben als Ihre Gegner.
- Bluffen Sie selten, da Ihre Gegner oft, ohne zu überlegen, mitgehen werden.
- Spielen Sie viele Drawing-Hands, selbst aus Early-Position heraus. Die Bedingungen sind ideal: Es kostet meist nichts oder sehr wenig, die nächste Karte zu sehen. Wenn Sie Ihren Draw treffen, können Sie bei vielen Spielern abräumen, da bei diesen loose-passiven Tischen im Showdown oft mehrere Spieler dabei sind.
- Generell spielen sich alle Hände gut, die ein hohes Multiway-Potenzial haben. Es geht dabei um Hände, die das Potenzial haben, sehr stark zu werden und gegen ein großes Feld von Spielern zu gewinnen, zum Beispiel Suited-

Connectors, die sich zu Flushs oder Straßen verbessern können, oder Sets, das heißt Pocket-Pairs, die durch eine weitere Karte auf dem Board zum Drilling werden. Diese Form eines Drillings ist für die Gegner sehr schwer zu erahnen.

Wild-Games – Loose-aggressive Spiele

Als *Wild-Games* bezeichnet man Spiele bzw. Tische, die loose-aggressiv sind. Es sind immer viele Spieler in der Hand, und es wird ständig erhöht und noch einmal erhöht. Den Flop zu sehen ist regelmäßig teuer, und man kann sich nie sicher sein, nach seinen Aktionen nicht noch einmal erhöht zu werden. Solche Tische können gerade für den unerfahrenen Spieler ein Albtraum sein, wenn man falsch an sie herangeht. Das muss nicht sein. Man braucht im Prinzip nur wenige Einstellungen an seinem Spiel neu zu justieren, und man kann auch hier Erfolg haben. Einige Spieler machen den Fehler und behandeln Wild-Games ähnlich wie normale Loose-Games und spielen zu viele Hände. Diese Spieler holen sich meistens eine blutige Nase bei dem Versuch, diese Tische zu schlagen. Die Unterschiede sind groß. Was müssen Sie beachten, wenn Sie an einem »wilden Tisch« sitzen?

- Spielen Sie auf jeden Fall eher tight. Viel tighter als in einem loose-passiven Game. Sie brauchen hier wirklich Top-Hände, um am Ende zu gewinnen. Es lohnt sich auch, lange auf diese Hände zu warten, da der Profit, den man damit macht, extrem hoch ist. Middle-suited-Connectors, zum Beispiel **98**s, und Medium-Pairs, zum Beispiel **99, TT,** sind in der Regel sehr gut in diesen Spielen. Diese Hände können Monster floppen und geben in loose-aggressiven Games hohe Implied-Pot-Odds. Marginal-Hands, wie **KQ, KJ, AT** verlieren stark an Wert, da man mit ihnen oft vor schwierige Entscheidungen nach dem Flop gestellt wird.

- Da in einem Wild-Game sehr viel und hoch gewettet wird, sind die Implied-Pot-Odds grundsätzlich sehr hoch. Die Gegner werden Ihre guten Hände doppelt und dreifach ausbezahlen. Sie werden versuchen, Sie zu bluffen, und feuern Chips, als gäbe es kein Morgen. Sehen Sie also zu, dass Sie dann die beste Hand haben. In einem Wild-Game sind die Stakes effektiv erhöht. Wenn Sie sich am Rande Ihrer finanziellen Möglichkeiten bewegen, können diese Spiele sehr einschüchternd sein. Wenn Sie aber komfortabel mit den Stakes sind und über mehr Geld verfügen, sollten sich diese Spiele als extrem profitabel erweisen. »It's always more fun to surf the big waves.«
- Umgekehrt sollte man die Finger von schlechten Draws lassen. In einem Wild-Game sind weitere Gemeinschaftskarten, die Sie für Ihren Draw benötigen, sehr teuer. Wenn Sie dann nicht treffen, haben Sie oft einfach viel zu viel Geld bezahlt.
- Halten Sie sich also an Hände der Starthandgruppen 1 und 2, insbesondere an hohe Paare. Vergessen Sie mittelgute Hände wie **KJ** oder **AT.** Sie werden damit in einem Wild-Game nur viel Geld verlieren.

Wie spielt man gegen Anfänger?

Poker unterscheidet sich von anderen Spielen wie Tennis oder Schach dadurch, dass auch ein Anfänger mal groß gewinnen kann. Dieser Faktor ist auf der einen Seite ein Segen, denn so kommen immer mehr Neulinge ins Spiel, und das Pokerterrain wirkt nicht so abgesteckt wie zum Beispiel beim Tennis, wo ich als Anfänger gegen einen Profi gar nicht erst auf den Platz gehen muss, weil ich ohnehin verliere. Auf der anderen Seite kann es einen als erfahrenen Spieler geradezu wahnsinnig machen, wenn man gegen einen Anfänger verliert. Der Segen verkehrt sich dann zum Fluch.

Erst letztens war ich bei einem Pokerabend, bei dem ein kleines Texas-Hold'em-Turnier mit acht Spielern gespielt wurde. Alle Spieler waren recht erfahrene Spieler, aber ein Spieler hatte seine Freundin mitgebracht, die erst einmal vorher in ihrem Leben gespielt hatte. Die Plätze wurden ausgelost, und sie saß links neben mir. Eigentlich ein Vorteil, einen schlechten Spieler links neben sich zu haben, werden Sie jetzt denken, vor allem, wenn Sie noch den ersten Teil dieses Buches im Kopf haben, in dem es um Position ging.

Ich sage Ihnen aber: Diese Spielerin hat mir mehr Probleme bereitet, als alle anderen erfahrenen Spieler am Tisch zusammen. Ich wusste, dass man gegen Anfänger in der Regel nicht bluffen darf, weil Anfänger oft gar nicht dazu fähig sind, eine Hand aufzugeben.

Also machte ich konsequent gegen die Anfängerin links neben mir Value-Bets mit guten Karten. Das Ergebnis war desaströs: Ich verlor mehrmals hintereinander mit Top-Pair gegen Two-Pair. Ich verlor mit Pocket-**99** gegen Pocket-**TT.** Ich verlor mit Middle-Pair gegen Top-Pair. Ich verlor mit Two-Pair gegen bessere Two-Pair. Ich verlor fast auf alle Arten, die es beim Texas Hold'em gibt, und das sind sehr viele. Es war zum Heulen, und ich wusste mir fast nicht mehr zu helfen. Ich versuchte es dann doch mit Bluffen, aber sie ist immer, ohne mit der Wimper zu zucken, mitgegangen und hat mir dann eine bessere Hand gezeigt. Ihr Freund, ein recht erfahrener Pokerspieler, hat ständig versucht, ihr Tipps zu geben. Sie hat aber nicht darauf gehört, schlecht gespielt und gewonnen! Ich habe dann mit eiserner Disziplin nur noch Top-Hände gespielt und habe mich so mit ihr bis ins Heads-Up gekämpft. Sofort schlug ich ihr einen Fifty-Fifty-Deal vor, bei dem jeder die Hälfte des Geldes bekommen sollte, und sie ging – dem Himmel sei Dank – auch darauf ein. Der Horror war endlich beendet, und ich war froh, dass sie im nächsten Turnier nicht mehr hinter mir saß.

Bitte verstehen Sie meine Geschichte nicht falsch. Die Dame war sehr nett, und ich freue mich normalerweise immer, wenn jemand sich für Poker zu interessieren beginnt. Rein spieltechnisch war es aber die pure Hölle, denn sie hatte ganz einfach Anfängerglück. Bitte beachten Sie unbedingt die folgenden Überlegungen beim Spiel gegen Anfänger. Vor allem der erste Punkt ist von essenzieller Bedeutung:

- Bluffen Sie nicht! Anfänger spielen in der Regel loose-passiv und gehen alles mit. Sie haben noch kein Gefühl dafür, mit welchen Händen Sie mitgehen können und mit welchen nicht. Sie ordnen sich dem Spiel der anderen unter wie die Lämmer. Sie denken, dass es, wenn einer wettet, sozusagen zum guten Ton gehört mitzugehen. Sie betrachten Aufgeben als einen schwachen Spielzug und denken oft gar nicht einmal an diese Möglichkeit. Das gilt vor allem in relativ kleinen Limits.
- Anfänger stellen oft pokerfremde Erwägungen an und können den Wert ihrer Hand noch nicht richtig beurteilen. Sie sind sich zum Beispiel unsicher, ob Sie mit einem Full-House gewinnen!
- Machen Sie es gegen Anfänger nicht zu kompliziert. Ihr Spiel sollte absolut straight sein. Sie sollten Ihre guten Hände wetten und erhöhen und dabei hoffen, dass der Anfänger mitgeht und Sie auszahlt. Wenn der Anfänger wettet, hat er auch meistens eine gute Hand. Anfänger bluffen

selten, und man sollte ihre Wetten und Erhöhungen unbedingt respektieren.

- Respektieren Sie auch die Existenz des so genannten Anfängerglücks. Gerade Anfänger bekommen oft eine gute Hand nach der anderen und wissen es noch nicht einmal. Sie sind dann ganz stolz und denken, sie hätten gut gespielt. In Wirklichkeit gab es bei ihren Karten meist keine Möglichkeit, nicht zu gewinnen. In den darauffolgenden Sessions verlieren sie dann meist hoch. Freuen Sie sich, denn auf die Art und Weise wachsen Fische heran.

Fehler der Gegner erkennen und ausnutzen

In den vorangegangenen Kapiteln ging es darum, wie man bestimmte Tische möglichst profitabel spielt. Jetzt möchte ich Ihnen zeigen, wie man einzelne Gegner bearbeitet, nachdem man ihre individuellen Fehler identifiziert hat. Da die Anzahl der möglichen Fehler im Poker recht hoch ist, habe ich die wichtigsten Fehler und die beste Strategie dagegen in Tabellenform dargestellt.

Fehler beim Gegner	Strategie, um diesen Fehler am besten auszunutzen
Blufft zu oft.	Bluffs provozieren, indem man Schwäche zeigt, und dann mit einer vernünftigen Hand mitgehen.
Blufft zu wenig.	Nehmen Sie die Wetten und Erhöhungen dieses Spielers sehr ernst und geben Sie im Zweifel lieber Ihre Hand auf. Halten Sie diesen Spieler vom Bluffen ab, indem Sie Stärke demonstrieren. So spielt dieser Spieler noch schlechter.
Gibt die Hand zu oft auf, vor allem in späteren Wettrunden.	Öfter bluffen, aber Value-Bets eher vermeiden, da der Gegner dann oft aufgibt. Man sollte den Pot schon vor dem Flop durch Wetten und Erhöhen groß machen, um ihn dann auf dem Flop zu pflücken.
Macht nie einen Check-Raise.	Wetten und erhöhen Sie öfter als normal, wenn dieser Spieler vor Ihnen gecheckt hat.
Macht nie Slow-Play.	Wenn dieser Spieler nur mitgeht oder checkt, sollten Sie spätestens in der nächsten Wettrunde bluffen, da Sie relativ sicher sein können, dass er nichts besonders Gutes hat.
Spielt zu viele Hände.	Bluffen Sie weniger und spielen Sie tighter als normal.
Verrät zu oft seine Handstärke, sei es durch Tells oder sein Wettverhalten.	Spielen Sie möglichst viele Hände gegen diesen Spieler. Ein solcher Spieler ähnelt einer wandelnden Hole-Card-Kamera und ist ein Glücksfall für jeden guten Spieler.
Macht zu oft Semi-Bluffs.	Erhöhen Sie seine Semi-Bluff-Wette nochmals.
Macht nie einen Bluff durch Erhöhen.	Geben Sie bei diesem Spieler auch mittelgute bis gute Hände auf. Wenn dieser Spieler erhöht, dann hat er auch was.

Strategien gegen den extrem aggressiven Spieler – der Hammer und der Rope-A-Dope

Zweifellos ist der loose-aggressive Spieler der unangenehmste von allen. Besonders in der Form des loose-superaggressiven Spielers kann ein solcher Spieler einem den ganzen Spaß verderben. Man weiß nie, was ein solcher Spieler machen wird. Ständig muss man bei seinen Wetten und Erhöhungen Entscheidungen treffen, die einen die gesamten Chips kosten können. Man kann den *Maniac* sehr schwer auf bestimmte Hände setzen, weil er sich selbst recht wenig um seine Handstärke kümmert. Er arbeitet lieber mit Position, Psychologie und Einschüchterung. Ein Fluch. Ich selbst habe schon Hunderte Abende damit verbracht, gegen diese Pokerungeheuer zu kämpfen. Ihr Mut ist unendlich, und es scheint, so absurd es klingt, als würden sie oft vom Glück noch dafür belohnt, mit nahezu allen Karten zu gewinnen. Was tun?
Die gute Nachricht ist, dass man überhaupt etwas tun kann. Im Gegensatz zum konservativen Spieler, bei dem man eigentlich nur aus der Hand gehen kann, wenn er erhöht und man selbst keine überragende Hand hat, gibt es zwei wirksame Gegenmittel:

Der Hammer

Wenn Sie eine Hand haben, die einigermaßen gut ist, dann wenden Sie den Hammer gegen den superaggressiven Spieler an. Gehen Sie seine Erhöhung nicht nur mit, sondern erhöhen Sie Ihrerseits noch einmal um einen signifikanten Betrag. Das wird dem Maniac einen Hammer verpassen und ihn vielleicht etwas bremsen. Ein solcher Spielzug erfordert Mut, aber haben Sie Selbstvertrauen! Wenn Sie den Maniac korrekt eingeordnet haben, dann wissen Sie genau, dass er potenziell schlechtere Hände spielt. Ihre Chancen sind also gut, den Pot abzuräumen und den Maniac von seinem hohen Ross zu stoßen. Oft ist es zwingend notwendig, dass ein Spieler sich so gegen den Maniac erhebt. Ansonsten kann der Maniac mit seiner Taktik gerade relativ konservative Tische regelrecht überfahren.

Der Rope-A-Dope

Denken Sie jetzt nicht an ein Hanfseil oder dass Sie dem Maniac Drogen einflößen müssten, um erfolgreich gegen ihn zu spielen. Der Ausdruck *Rope-A-Dope* entstammt ursprünglich einem Boxkampf zwischen Muhammad Ali und George Foreman und beschreibt eine Technik, bei der sich ein Boxer, in dem Fall Ali, in die Seile hängt. Foreman schlägt dann aggressiv auf Ali ein, aber Ali fällt durch die Seile einfach nicht um. Irgendwann ist Foreman dann ermüdet, und Ali kann den finalen Schlag landen.

Beim Poker ist es ähnlich. Die zweite Taktik gegen den Maniac nutzt die Tatsache aus, dass er superaggressiv ist. Anstatt die Wette des Maniacs mit einer guten bis mittelmäßigen Hand zu erhöhen, gehen Sie nur mit, Sie hängen sich also quasi in die Seile. Der Maniac wird das als Schwäche interpretieren und wird dann Opfer seiner eigenen Aggression. Er wird seine mittelmäßige Hand überwetten und Ihnen so in die Falle gehen. Wenn nicht in dieser Hand, dann vielleicht in der nächsten. Dieses Gegenmittel tendiert stark in Richtung Slow-Play, mit dem Unterschied, dass die Anforderungen an die eigenen Karten nicht so hoch sind wie beim richtigen Slow-Play, weil der Maniac oft auch mittelgute bis schlechte Hände spielt.

9. TEIL

Pot-Limit Texas Hold'em

Beim Pot-Limit Texas Hold'em wird die maximale Höhe der Wette oder Erhöhung durch die aktuelle Größe des Pots bestimmt. Pot-Limit liegt zwischen No-Limit und Limit Poker, was die Wetthöhe angeht. Diese Variante verlangt Aufmerksamkeit vom Spieler, da er neben vielen anderen Faktoren die Potgröße im Kopf haben muss. Nichts ist unangenehmer, als darauf aufmerksam gemacht zu werden, dass man überwettet hat, weil man die Potgröße gar nicht oder falsch bewertet hat. Wenn Sie im Pot-Limit setzen wollen, gibt es zwei Situationen:

- Wenn Sie wetten wollen, ist die Sache ganz einfach. Sie schauen, wie viele Chips im Pot liegen und kennen somit Ihre maximale Wetthöhe.
- Wenn Sie erhöhen wollen, müssen Sie überlegen, wie viel Geld nach Ihrem Mitgehen im Pot ist. Dies bildet dann die maximale Wetthöhe. Wenn zum Beispiel 100 € im Pot liegen und der Spieler vor mir 100 € wettet, kann ich maximal um 300 € erhöhen. Dies entspricht meinen 100 € zum Mitgehen plus 200 €, die nach der Wette des Gegners im Pot sind.

Mein erster Abend mit Pot-Limit war ein kleines Desaster. Ich hatte vorher hauptsächlich nur No-Limit gespielt und habe meine Strategie nicht groß geändert. Ich wusste, dass die Wetthöhe vor allem in den letzten Wettrunden rasant ansteigen kann, und habe daher meine übliche No-Limit-Strategie angewendet. Im Laufe des Abends ist dann etwas Interessantes und gleichzeitig etwas sehr Unangenehmes passiert: Ich verlor immer mehr Geld an die gleichen zwei Spieler. An dem Abend selbst fand ich das natürlich weniger interessant, sondern einfach nur furchtbar. Ich verlor über 100 €. Interessant war vor allem das Gespräch zu später Stunde mit den beiden Gewinnern des Abends. Selbstgefällig haben Sie erzählt, dass sie die Pot-Limit-Strategie studiert haben. Sie wollten aber einfach nicht damit rausrücken, was das Geheimnis der Pot-Limit-Strategie ist. Missmutig bin ich dann nach Hause gefahren und habe in den entsprechenden Büchern über Pot-Limit gelesen. Mir fiel es sofort wie Schuppen von den Augen. Was das Geheimnis von Pot-Limit ist, werde ich Ihnen im nächsten Kapitel erklären.

Pot-Limit-Strategie

Man muss sich beim Pot-Limit genau klarmachen, wie die Wetthöhe im Laufe der Wettrunde ansteigt, und daraus seine Konsequenzen für das Spiel ziehen. Das ist alles. Wie gesagt, der Hauptunterschied zu No-Limit ist, dass im Pot-Limit die Wetthöhe am Anfang relativ niedrig ist und zum Ende hin stark ansteigt. Betrachten wir also zuerst ganz genau, wie die Wetthöhe im Pot-Limit ansteigt, und danach, welche Schlüsse man daraus ziehen kann. Zur Veranschaulichung soll die folgende Grafik dienen. Sie zeigt, in welchem Maß die maximale Wetthöhe ansteigt, wenn immer der ganze Pot gewettet bzw. erhöht wird:

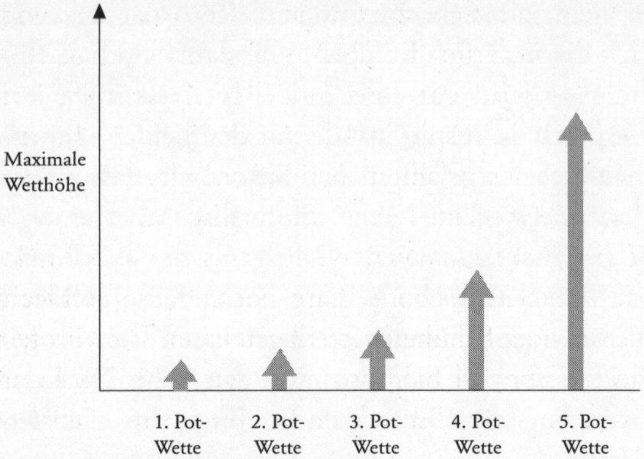

Man sieht in der Grafik schön, dass wir uns ab der vierten oder fünften Wette in voller Höhe des Pots bereits in No-Limit-Gefilden befinden. Die Wetten beim Pot-Limit sind also zu Anfang relativ klein und zum Ende ziemlich hoch. Was bedeutet das für unsere Strategie?

- Spielen Sie mehr Hände vor dem Flop als beim No-Limit. Da die Wetten am Anfang relativ niedrig sind, kostet es meist nicht so viel, den Flop zu sehen. Richtig teuer wird es oft erst nach dem Flop. Sie können also im Pot-Limit billig Flops sehen. Das ist die wichtigste Strategie, die Sie sich merken müssen.
- Im Pot-Limit sind vor allem Karten sehr stark, die sich noch zu sehr guten Händen verbessern können. Hierzu zählen kleine Pocket-Pairs, Draws und kleine bis mittlere Suited-Connectors. Im No-Limit ist es oft nicht sinnvoll, diese Karten zu spielen, weil man manchmal wegen der von Anfang an unbegrenzten Wetthöhe sehr viel Geld bezahlen muss, um überhaupt den Flop zu sehen. Bei Pot-Limit dagegen ist es am Anfang relativ sicher, diese Hände zu spielen.
- Auf dem Flop ist die Entscheidung mit diesen Händen ein-

fach. Hat man getroffen, spielt man weiter. Hat man nicht getroffen, gibt man auf. Beachten Sie, dass in den letzten Wettrunden Implied Pot-Odds und Reverse-Implied Pot-Odds eine große Rolle spielen. Das gilt vor allem für Hände, die sich noch zu sehr guten Kombinationen entwickeln können oder eben nicht.

- Daraus ergibt sich leider auch, dass man seine guten Made-Hands, also mittlere bis hohe Paare, vor dem Flop schlecht durch Wetten oder Erhöhen verteidigen kann. Das »Protect your Hand«-Gebot ist hier also nicht wie beim No-Limit anwendbar. Je höher die Blinds und damit auch die anfängliche maximale Wetthöhe, desto besser kann man seine gute Hand im Pot-Limit beschützen. Noch mal: Im Pot-Limit kann man Made-Hands schlecht beschützen. Pot-Limit favorisiert Karten, die sich verbessern können, weil man wegen der anfangs niedrigen Wetthöhe oft billig einen Flop oder die nächste Gemeinschaftskarte sehen kann.
- Passen Sie aber auf, dass Sie nicht in die Falle tappen. Gerade weil man im Pot-Limit oft versucht ist, auch mal nicht so tolle Starthände zu spielen, die sich aber noch entscheidend verbessern können, lässt man sich manchmal in verlustreiche Wettrunden hineinziehen. Man findet sich dann zum Beispiel auf dem Turn mit einem aussichtlosen Draw wieder und fragt sich, warum man in Gottes Namen überhaupt noch dabei ist. Vor allem weil die Wetthöhe bedrohlich ansteigt. Entscheiden Sie möglichst schon auf dem Flop: Hat er mich getroffen – gut und weiter geht's. Hat er mich nicht getroffen – und tschüss …
- Locken Sie die Gegner in die Pot-Limit-Falle. Vor allem solche, die ihre Anforderungen an die Starthände ein wenig zu sehr abgesenkt haben.
- Die Pot-Wette ist im Zweifel das Mittel der Wahl. Im Pot-Limit ist die maximale Wette in Höhe des gesamten Pots

meist die richtige Wetthöhe. Zum einen zeigt man durch diese Wette ein Maximum an Aggression, und zum anderen verhindert sie, dass man wegen der Wetthöhe lesbar ist. Oft ist eine niedrigere Wette für einen anderen Spieler nur eine Einladung, daraufhin den Pot zu wetten. Das Wort »Pot« fällt bei einen Pot-Limit-Spiel sehr oft. Gewöhnen Sie sich daran.

- Auch ein Re-Raise in Höhe des Pots ist ein abschreckendes Mittel im Pot-Limit. Wenn der Gegner den Pot wettet und 9 € auf den Tisch legt, dann ist ein Re-Raise in Höhe von 27 € möglich. Ein Re-Raise ist sehr gut geeignet, um auch im Pot-Limit seine guten Hände zu verteidigen.
- Wenn Sie im Pot-Limit mit einer guten Hand den Pot mästen wollen, dann läuft das anders als beim No-Limit ab. Der Unterschied ist, dass Sie beim Pot-Limit aktiv an der maximalen Wetthöhe arbeiten müssen, während Sie im No-Limit immer sehr hoch wetten können. Sie müssen also mit Ihren guten Händen wetten und hoffen, dass ein anderer Spieler noch einmal erhöht oder zumindest mitgeht, um die maximale Wetthöhe hochzutreiben.
- Daraus folgt auch, dass Slow-Play im Pot-Limit eine geringere Rolle als beim No-Limit spielt. Wenn mein Slow-Play nämlich dazu führt, dass durchgecheckt oder sehr niedrig gewettet wird, dann kann ich unterm Strich nur niedrige Wetten und damit wenig Action erwarten, weil die maximale Wetthöhe nicht ansteigt. Im No-Limit hofft man beim Slow-Play auf den Versuch des Gegners, durch eine hohe Wette den Pot zu bekommen, um dann zuzuschlagen. Im Pot-Limit kann unter Umständen gar keine solche hohe Wette stattfinden.

Zum Schluss betrachten wir uns noch ein Beispiel, in dem die Besonderheiten eines Pot-Limit-Spiels besonders gut zu sehen sind.

Sie haben

Sie sind in einem Pot-Limit-Texas-Hold'em-Spiel mit neun Spielern, und die Blinds sind 2 €/4 €. Sie sitzen zwei Plätze vor dem Button. Vor Ihnen sind zwei Spieler die Big-Blind mitgegangen. Jetzt sind Sie an der Reihe. Was tun Sie?

In einem No-Limit-Spiel wäre die Entscheidung jetzt klar. Sie müssten in der Regel aufgeben, weil zu viele Gegner mit potenziell besseren Händen in der Runde mit dabei sind. Sie wüssten außerdem nicht, ob die zwei Spieler hinter Ihnen nicht noch einmal stark erhöhen, um das Geld von einigen Limpern zu kassieren oder um Spieler zu isolieren.
Im Pot-Limit sieht die Sache anders aus. Im Pot sind jetzt schon 14 €. Für 4 € haben Sie die Chance einen großen Pot abzuräumen, wenn Ihr mittlerer Connector auf dem Flop trifft. Das wäre auch im No-Limit so, aber hier im Pot-Limit sind die Möglichkeiten der Spieler hinter Ihnen stark eingeschränkt. Sie können maximal um 18 € erhöhen, und somit ist das Risiko zumindest begrenzt. Das gibt hier in der vorliegenden Situation für Sie den Ausschlag mitzugehen. Sie gehen mit, und die beiden Spieler hinter Ihnen steigen aus. Die Small-Blind gleicht an, und die Big-Blind checkt. Jetzt kommt der Flop.

Flop

Ihre Hoffnung ist Wirklichkeit geworden. Es passiert ja nicht oft, dass Connectors mal das halten, was sie versprechen, aber manchmal eben doch. Sie haben die Nut-Straight geflopt. Im Pot sind jetzt 20 €, und vier Spieler sind noch mit Ihnen in der Hand. Sie sind sich aufgrund der Textur des Flops sicher, dass Sie die beste Hand haben und auch noch am Ende die beste Hand haben werden. Die Big-Blind wettet 10 €, und ein Spieler gibt auf. Jetzt sind Sie dran. Was machen Sie?

Im No-Limit würde man jetzt eher nur mitgehen, um nicht zu verraten, dass man ein Monster auf der Hand hat. Im Pot-Limit sieht die Sache etwas anders aus. Ich muss zusehen, dass die maximale Wetthöhe steigt, um mit meiner Hand maximalen Profit zu machen. Wenn ich nur mitgehe und die anderen Spieler geben auf, dann kann ich oder der Gegner auf dem Turn nur maximal 40 € wetten. Wenn ich aber noch einmal um 20 € erhöhe, dann beträgt die maximale Wetthöhe auf dem Turn schon 80 €. Ich sollte also erhöhen, um die maximale Wetthöhe hochzutreiben. So steigen meine Implied-Pot-Odds erheblich. Das gilt natürlich nur, wenn Sie sich in der Situation relativ sicher sind, dass der Gegner Ihre Erhöhnung auch mitgeht. Auch im Pot-Limit bringt es nichts, den Gegner zu früh zu verscheuchen. In unserem Beispiel geht die Rechnung auf. Der Gegner steigt voll ein und zeigt uns beim Showdown ein Set, also einen Drilling, mit **9.** Wir haben über 200 € gewonnen.

Das waren die wichtigsten Strategietipps im Pot-Limit Texas Hold'em. Merken Sie sich auf jeden Fall, dass man vor dem Flop mehr Hände spielen sollte als beim No-Limit. Auf dem Flop muss man dann aber Hände loslassen können, die sich nicht verbessert haben.

10. TEIL

Limit Texas Hold'em –
Poker mit fixierter Wetthöhe

Beim Limit Texas Hold'em ist die Wetthöhe im Gegensatz zum No-Limit streng festgelegt. In einem 3-€/6-€-Limit-Spiel zum Beispiel kann ich in den ersten beiden Wettrunden nur 3 €, nicht mehr und nicht weniger, wetten. Ab der dritten Wettrunde, das heißt ab dem Turn, beträgt die Wetthöhe dann 6 €.

Mein Freund Adrian ist ein typischer Limit-Spieler. Er spielt täglich mehrere Stunden Limit Texas Hold'em am Computer und gewinnt gutes Geld dabei. Er spielt solides Poker, er weiß um Odds und Outs und hat bereits zahlreiche Bücher gelesen. Er ist also ein technisch sehr versierter Spieler, und man kann sagen, dass er die niedrigen Limits mittlerweile schlägt. Er hat eine Familie, die er zum Teil mit seinem Pokerspiel ernährt. Ein solider Pokerspieler. Wenn ich aber mit ihm zusammen in einem No-Limit-Texas-Hold'em-Turnier sitze, dann ist davon nichts mehr da. Es scheint, als hätte er vom Spiel keine Ahnung mehr. Er kommt mit dem No-Limit Spiel nicht klar und scheidet meist relativ früh aus dem Turnier aus. Er fährt dann nach Hause und holt sich Online beim Limit-Poker den Verlust wieder zurück.

Warum ist das so? Warum versagt ein wirklich brillanter Limit-Spieler beim No-Limit? Was sind die größten Unterschiede zwischen Limit und No-Limit Poker? Man braucht anscheinend andere Qualitäten und Fähigkeiten. Welche das sind, werden wir im nächsten Kapitel klären.

Um eine korrekte Limit-Strategie zu erarbeiten, ist es zunächst nötig, dass wir uns einige Besonderheiten des Spiels verdeutlichen, die sich aus der fixierten Wetthöhe ergeben. Erfahrene Spieler werden jetzt gähnen, aber gerade für Anfänger ist es sehr wichtig, dass sie sich darüber stets im Klaren sind. Noch einmal zur Verdeutlichung:

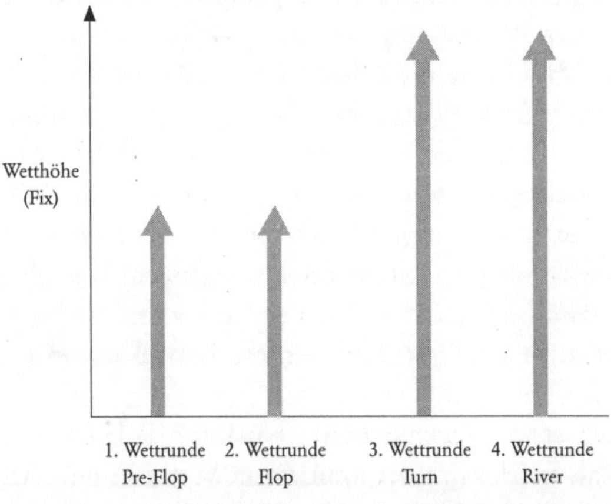

Im Limit Texas Hold'em sind die ersten beiden Wettrunden billig und die letzten beiden Wettrunden teuer. Hieraus ergibt sich, dass man sehen muss, dass man aussteigt, bevor es richtig teuer wird, also vor dem Turn oder auf dem Turn. Lassen Sie sich nicht mit der Second-Best-Hand in eine Falle locken, aus der Sie nicht mehr entkommen können. Die Tatsache, dass die Wetthöhe fixiert ist, hat zunächst mehrere Folgen für das Spiel:

- Limit Poker ist eher technischer als No-Limit Poker. Man muss eher mechanisch und nach System spielen. Man hat nicht so viel Raum für subtile Manöver, wenn die Wetthöhe fixiert ist. Man kann sich nicht der sehr komplexen Sprache bedienen, die durch die variable Wetthöhe am No-Limit-Tisch gesprochen wird. Ob ich wette, um Geld in den Pot zu kriegen, oder ob ich den anderen aus der Hand bluffen will: Ich muss immer den gleichen Betrag setzen. Ich kann nicht nach Belieben All-In gehen bzw. einen anderen Spieler All-In setzen wie im No-Limit.

- Im Limit-Spiel spielt Blind-Stealing beziehungsweise das Klauen kleiner Pötte eine große Rolle. Während im No-Limit Texas Hold'em, vereinfacht gesagt, die Blinds vielleicht 1% eines großen Pots ausmachen, betragen die Blinds im Limit Texas Hold'em eher 5 % eines großen Pots. Die Blinds sind im Limit Texas Hold'em also viel wertvoller! Da die Wetthöhe in den ersten Wettrunden relativ niedrig fixiert ist, wird allerdings sehr oft mitgegangen, was aber eigentlich falsch ist, da man im Vergleich zum Pre-Flop-Investment auch nach dem Flop nicht so viel gewinnen kann.
- Limit Poker ist im Gegensatz zum No-Limit Poker so, als hätte man als Spieler mit der limitierten Wetthöhe eine Art Sicherheitsnetz. Aber Vorsicht: Vor allem in den letzten beiden Wettrunden kann man sehr viel Geld durch Erhöhen und nochmaliges Erhöhen verlieren.
- Im Allgemeinen ist das Bluffen im Limit Poker schwerer und subtiler als beim No-Limit, da man meist nicht so hoch wetten kann, wie man möchte. Auf der anderen Seite ist ein Bluff auch schwieriger zu durchschauen, weil ich die Wette nicht ihrer Höhe nach analysieren kann.
- Bei einem Limit-Spiel sind meistens mehr Gegner in der Hand: Während im No-Limit meistens zwei bis drei Spieler um hohe Pötte kämpfen, kommt es vor allem bei niedrigen Limit-Spielen häufig vor, dass fünf bis sieben Spieler auf

dem Flop noch mit dabei sind. Daraus folgt, dass Sie beim Limit Poker etwas höhere Anforderungen an Ihre Starthände stellen sollten als beim No-Limit.

- Das Konzept der Aggression ist auch beim Limit Poker sehr wichtig. Hier hat der aggressive Spieler durch die limitierte Wetthöhe zwar nicht so viele Möglichkeiten wie beim No-Limit, aber das Konzept ist trotzdem gleich wichtig. Auch wenn Sie ein wenig tighter spielen müssen, so seien Sie doch aggressiv. Setzen Sie viele Chips auf Ihre guten Hände, und Sie werden viele Chips gewinnen. In allen Texas-Hold'em-Varianten hat oft derjenige die beste Aussicht, den Pot zu gewinnen, der ihn am aggressivsten für sich beansprucht. Die Mittel der Wahl hierzu im Limit Poker heißen: Wette, Erhöhung, nochmalige Erhöhung und *Cap*. Auch im Limit Poker können und müssen Sie die Gegner einschüchtern.
- Beachten Sie, dass Sie im Limit Poker viel öfter eine Hand zeigen müssen als beim No-Limit. Weil es relativ billig ist, gehen die Spieler hier sehr gerne mit, und es kommt oft zum Showdown. Sie brauchen also gute Hände, um zu gewinnen. Wie gesagt, Sie müssen die Anforderungen an Ihre Karten etwas erhöhen.
- Position spielt auch im Limit Poker eine große Rolle. Vor allem, wenn Sie sich mit vielen Mitspielern durch die langen Wettrunden kämpfen müssen.

Limit-Pre-Flop-Strategie

Das Pre-Flop-Spiel ist beim Limit-Spiel eher statisch und verläuft wegen der fixierten Wetthöhe im Gegensatz zu No-Limit recht schematisch. Das kommt daher, weil generell mehr Spieler in der Hand sind und es öfter zum Showdown kommt.

Insofern wächst die Bedeutung einer Pre-Flop-Strategie, die sich an der endgültigen Gewinnwahrscheinlichkeit der Startkarten und der Position eng orientiert. Wenden Sie also konsequent die Leitlinien an, die ich Ihnen im No-Limit-Teil dieses Buches für das Pre-Flop-Spiel gezeigt habe, vor allem die Starthandtabelle.
Ein netter Nebeneffekt hiervon ist auch, dass Sie die Spieler beim Limit Poker leichter auf Hände setzen können, weil sie eher nach System spielen. Bleiben Sie aber trotzdem für Ihre Gegner unberechenbar, indem sie öfter den Gang wechseln.

Im Ergebnis lässt das Limit-Spiel weniger Raum für sehr aggressive Spieler, vor allem für Maniacs. Ein Maniac hätte in einem Limit-Spiel mit seiner Taktik fast keine Chance. Er würde ständig mit schlechten Blättern erwischt werden, und seine Chips würden sich so schnell in Luft auflösen, wie er auf ein Schrottblatt wettet. Limit Poker favorisiert also eher konservative, technische Spieler, die solides Poker spielen, während No-Limit den mutigen, aggressiven und trickreichen Spieler belohnt. Im No-Limit sind die Swings, also die Geldschwankungen, viel größer als beim Limit Poker. Wenn man durch Poker konstant und sicher Geld verdienen will wie mein Freund Adrian, dann sollte man sich grundsätzlich eher auf Limit Poker konzentrieren. Hier wird technisch gutes und solides Spiel belohnt. Hier kann man als guter Spieler seine zwei bis drei *Big-Bets* pro Stunde verdienen. Wenn man Fehler macht oder unglücklich verliert, kommt man in der Regel billiger weg als beim No-Limit oder beim Pot-Limit Poker. Limit Poker ist also eher wie ein Job. Je mehr man als guter Spieler arbeitet, desto mehr verdient man. Selbstdisziplin und ein daraus resultierendes vernünftiges Money-Management sind essenzielle Fähigkeiten beim Limit Poker.

Es gibt auch einen Unterschied in der Denkweise, was die Chips betrifft. Im No-Limit-Poker denke ich in Chips bzw. in Geld. Beim Limit-Poker denke ich zwar logischerweise auch an Geld, aber die Einheit lautet hier Big-Bets bzw. Bets oder Wetten. Ich sollte beim Limit in Bets, also in Wetten, denken. Das bringt mich dazu, in Limit Kategorien zu denken und mich so den Besonderheiten besser anzupassen. Ich muss mich zum Beispiel fragen: Wie viel Wetten sind schon im Pot? Wie kann ich mir eine Wette sparen? Wie kann ich mehr Wetten in den Pot bekommen?

Wie bekomme ich beim Limit Poker mehr Wetten in den Pot?

Bleiben wir bei der letzten Frage. Im Limit Poker ist es oft eine regelrechte Kunst, ein paar Extrawetten mit seinen guten Händen zu machen. Ich kann nicht einfach wie beim No-Limit die Wetthöhe so variieren, dass der Gegner mitgeht oder erhöht. Die nachfolgenden Ausführungen sollen Ihnen auch das Denken in Wetten anstatt in Chips ein wenig nahebringen.

- Eine der bekanntesten Methoden, um zusätzliche Wetten in den Pot zu kriegen, ist der Check-Raise. Ich checke, um dann nach einer Erhöhung des Gegners noch einmal zu erhöhen. Auf diese Art bekomme ich unter Umständen zwei Wetten in den Pot, es besteht aber die Gefahr, dass der Gegner einfach durchcheckt, dann habe ich gar keine Wette bekommen. Ein Check-Raise ist also nur angebracht, wenn der Gegner dafür bekannt ist, auf Schwäche sofort mit einer Wette zu reagieren. Besser ist natürlich, wenn man selbst wettet, der Gegner erhöht und man dann selbst noch mal erhöht. So bekommt man drei Wetten statt zweier in den Pot.

- Überhaupt spielt Slow-Play beim Limit Poker eine größere Rolle als beim No-Limit Poker. Beim Slow-Play besteht in allen Varianten, ob Limit oder No-Limit, immer die Gefahr, dass ich meinen Gegnern Free-Cards gebe und sie am Ende dann doch noch unerwartet gegen mich gewinnen. Beim Limit Poker sind diese potenziellen Verluste aber nicht so extrem hoch wie beim No-Limit. Daher ist Slow-Play beim Limit Poker etwas sicherer als beim No-Limit und sollte öfter praktiziert werden. Am besten ist es natürlich, wenn der Gegner sich zur Second-Best-Hand verbessert und denkt, er sei in Führung.
- Nutzen Sie geschickt aus, dass sich die Wetthöhe beim Limit auf dem Turn verdoppelt, um Extrawetten zu kassieren. Zeigen Sie auf dem Flop Schwäche, indem Sie nur mitgehen. Wie gesagt, da Sie sich noch auf dem Flop befinden, gehen Ihnen hier unter Umständen nur ein paar kleine Wetten verloren. Hoffen Sie darauf, dass der Gegner dann auf dem Turn hierauf mit Stärke reagiert. Ab dem Turn ist die Wetthöhe dann doppelt so hoch, und Sie können abkassieren.

Zum Ende noch ein Beispiel aus einem Limit-Spiel, um zu zeigen, wie man mit einer guten Hand sehr geschickt Geld machen kann, indem man dafür sorgt, dass mehr Wetten in den Pot kommen:

Sie haben

Flop

Sie sind in einem 2 €/4 €-Limit Texas Hold'em Cash-Game. Sie haben vor dem Flop aus mittlerer Position heraus gewettet, und nur die Big-Blind ist mitgegangen. Auf dem Flop hat der Gegner zunächst nur gecheckt, und Sie haben gewettet. Daraufhin hat Ihr Gegner erhöht, ein Check-Raise. Was sollen Sie tun? Wie sollen Sie auf den Check-Raise reagieren?

Sie gehen davon aus, dass Ihr Gegner entweder einen reinen Check-Raise-Bluff unternommen hat oder zumindest eine schwächere Hand hat als Sie. Der Flop ist für **AA** ideal, da er weder Straßen- noch Flush-Chancen birgt. Wenn Sie jetzt nochmals erhöhen, wird der Gegner den Braten riechen. Sie gehen also nur mit und hoffen darauf, dass der Gegner auf dem Turn, wenn die Wetten höher sind, in Sie hineinwettet. Wenn Sie jetzt auf dem Flop noch einmal erhöhen, besteht die Gefahr, dass der Gegner aussteigt und Sie keine weitere große Wette in den Pot kriegen. Das gilt aber hier nur, weil das Board für Sie relativ ungefährlich ist. Ansonsten sollten Sie Ihre Hand durch eine nochmalige Erhöhung beschützen. Sie checken also und warten darauf, in den teuren folgenden Wettrunden mehr Wetten in den Pot zu kriegen.
Bringen Sie also im Limit Poker mit einer guten Hand den Gegner grundsätzlich dazu, dann in Sie hineinzuwetten bzw. zu bluffen, wenn die Wetten teuer sind, also ab dem Turn.

11. TEIL

Das Pokerturnier –
Generelle Strategie

Vorüberlegungen

Pokerturniere werden immer beliebter. Ob in Casinos, im Internet oder in Freundeskreisen – überall werden mittlerweile Turniere gespielt. Das ist auch kein Wunder. Ein Pokerturnier beschäftigt bis zu mehreren tausend Spielern gleichzeitig, und alle arbeiten nur auf ein Ziel hin: Sie wollen gewinnen bzw. einen Platz erreichen, der noch Geld bringt. Pokerturniere sind ein relativ neues Phänomen. 1971 wurde die WSOP zum ersten Mal in Turnierform gespielt, und sie sollte für einige Jahre die einzige Turnierveranstaltung im Poker bleiben.

Anders als beim Cash-Game, wo es an jedem Tisch und zu jeder Zeit Gewinner und Verlierer gibt, gibt es beim Turnier am Ende nur einen Gewinner. Ich selbst liebe die Sogwirkung, die von großen Turnieren ausgeht. Alle Spieler sind ganz heiß darauf zu gewinnen und freuen sich jedes Mal, wenn ein anderer Spieler ausscheidet. Das bringt einen schließlich dem Sieg einen Platz näher. Ein Pokerturnier gleicht einem sportlichen Wettkampf, ähnlich wie ein Fußball- oder ein Tennisturnier. Wenn die Spieler ausscheiden, spielen sich oft sehr dramatische Szenen ab. Gute Spieler können es einfach nicht verkraften, wenn sie durch Bad-Beats unglücklich verlieren oder gar Fehler machen. Bei weniger guten Spielern bricht oft eine Welt zusammen, wenn sie merken, dass ihre beim Internet-Play-Money-Spiel erworbene Spielstärke wohl doch nicht so berauschend ist, wie sie dachten. Es gibt große Emotionen, und man sieht sogar manchmal erwachsene Männer und Frauen weinen. Als Mike »The Mouth« Matusow 2004 bei der WSOP ausschied, hat er wie ein kleines Kind geweint. Ein bewegender Moment. Ich fand es in keiner Weise lächerlich. Ich weiß, dass

der Mann das Spiel wie kein anderer liebt, und musste selbst vor dem TV fast heulen. Man muss vor allem auch die nervliche Belastung aushalten, die ein Pokerturnier mit sich bringt. Wenn ein Turnier über mehrere Tage geht, ist es schon sehr schwer, ständig konzentriert zu sein und sich zusammenzureißen. Dann kommt beim Ausscheiden halt eben so einiges raus. Es gibt Spieler, die zu Ihren Eltern am Rand des Geschehens laufen und sich bemitleiden lassen. Andere Spieler wie Phil Hellmuth jr. sind schlechte Verlierer und beschweren sich lautstark darüber, wie schlecht der Gegner gespielt habe und wie viel Glück er doch hatte: »He is moving in all his chips with king-jack-offsuit when he knew that could'nt be good.«
Auf der anderen Seite bringt ein Sieg aber auch Ruhm und Ehre mit sich. Man hat für einen relativ kleinen Einsatz einen Batzen Geld gewonnen, und alle können es sehen. Die überglücklichen Gesichter der Gewinner auf den Siegerfotos sprechen Bände. Sie sind umgeben von Hunderten von Chips, und das Preisgeld oder die Sachpreise werden übergeben. Das hat ein bisschen etwas von Weihnachten und macht vor allem Riesenspaß. Dazu kommt, dass man es dem Gewinner beim Turnier auch eher gönnt zu gewinnen als beim Cash-Game. Beim Cash-Game kann schnell Streit entstehen, wenn ein Spieler gerade 600 € von einem anderen gewonnen hat. In dem Fall muss ein Spieler bluten, und ein anderer hat davon profitiert. Beim Turnier ist es anders. Hier blutet jeder nur ein bisschen, und die Stimmung ist dadurch meist wesentlich entspannter.

Die Strategie im Turnier ist eine völlig andere als beim Cash-Game. Der Hauptunterschied ist, dass es beim Turnier ums Überleben geht. Wenn meine Chips weg sind, kann ich mich bei einem Turnier nicht wieder einkaufen, und die Veranstaltung ist für mich beendet. Es ist zwar auch interessant zuzugucken, wenn man ausgeschieden ist, aber das ist natürlich nicht der Idealfall. Die Blinds werden bei einem Turnier kontinuierlich erhöht, was den Druck noch verstärkt. Es gibt daher beim Pokerturnier zusätzliche Faktoren, die ich beachten muss: Hierzu zählt vor allem die Größe meines Chip-Stacks. Ich muss mich ständig fragen, wie viele Chips ich im Verhältnis zu den Blinds und zu den anderen Spielern habe. Das diktiert mein Spiel und das der anderen Turnierspieler. Ich muss strategische Überlegungen anstellen, um einen Platz nach dem anderen gutzumachen. Hierzu später mehr.

Ein weiterer entscheidender Vorteil von Turnieren, den ich oben bereits angedeutet habe, ist das geringe Verlustrisiko. Wenn ich beim Turnier ausscheide, dann habe ich höchstens den Buy-In verloren. Wenn ich beim Cash-Game hoch verliere, habe ich unter Umständen mehrmals Geld nachgetauscht und viel mehr verloren. Ich weiß also bei einem Pokerturnier in der Regel vorher, was mich der Abend schlimmstenfalls kosten wird. Das gilt natürlich nur, wenn ich mich nicht nach dem Ausscheiden ins parallel laufende No-Limit Cash-Game mit 10-€/20-€-Blinds einkaufe oder wenn ich mich in einem Re-Buy-Turnier viel zu oft einkaufe. Ich habe selbst erlebt, dass ein Spieler bei einem Re-Buy-Turnier mit 10-€-Buy-In und 5-€-Re-Buy ganze 70 € ausgegeben hat. Er hat sich sage und schreibe zwölfmal eingekauft. Er wäre am besten am Ende der Re-Buy-Phase erst aufgetaucht, dann hätte er bessere Chancen gehabt. Es gibt mehrere Turnierformen, die zurzeit sehr populär sind:

- High-Stakes-Multi-Table-Turniere, auch *MTTs* genannt, wie zum Beispiel *WSOP*, *WPT* oder *EPT*. Hier kämpfen Hunderte bis Tausende Spieler oft über mehrere Tage um das Geld, und die Buy-Ins können mehrere tausend Dollar bzw. Euro betragen.

- Low-Stakes-Multi-Table-Turniere. Diese Turniere sind derzeit im Internet und in Studentenwohnheimen sehr beliebt. Die Buy-Ins gehen dabei von 5 € bis zu mehreren hundert Euro. Auch Casinos bieten in letzter Zeit verstärkt solche Turniere an, um Anfängern oder jüngeren Spielern den Einstieg in die Pokerwelt zu erleichtern.
- Single-Table-Turniere, zu denen auch Sit-'N'-Go-Turniere gehören, sind Turniere mit nur einem Tisch. Gerade Online sind diese relativ schnellen Turniere momentan sehr populär. In der Regel werden bei zehn Spielern die ersten drei Plätze ausbezahlt. Hiervon muss man Single-Table-Satellite-Turniere unterscheiden, bei denen nur der erste Platz den Buy-In für ein größeres Turnier gewinnt.
- Turniere mit Qualifikationsrunden für den Final-Table. Bei dieser in Deutschland zurzeit sehr verbreiteten Turnierform, auch *Shootout* genannt, muss man einen Vorrundentisch gewinnen, um am Final-Table teilnehmen zu können. Diese Turniere werden in Deutschland unter anderem von der *GPPA* angeboten.

Das waren die Turnierformen im Überblick. Die meisten Turniere werden als No-Limit-Texas-Hold'em-Turniere mit *Freeze-out*-System gespielt. Freeze-Out bedeutet, dass das Turnier so lange gespielt wird, bis ein Spieler alle Chips hat und alle anderen ausgeschieden sind. Im Gegensatz dazu kann man sich bei einem Re-Buy-Turnier nochmals einkaufen, wenn man seine Chips verloren hat. Die nachfolgenden Überlegungen zur Turnierstrategie beziehen sich auf ein mittelgroßes Multi-Table-No-Limit-Texas-Hold'em-Turnier ohne Re-Buy mit einem Buy-In im Bereich von 5 bis 5000 €. Die anderen Turnierformen und ihre jeweiligen Besonderheiten werden im Anschluss noch einmal gesondert besprochen.

Die korrekte Herangehensweise an ein Pokerturnier

Wie bekommt man das Pokerturnier in den Griff? Welche Fähigkeiten werden mir im Laufe des Turniers abverlangt? Ein Pokerturnier macht Spaß, ist aber eben auch sehr anstrengend. Selbst wenn das Turnier nicht über mehrere Tage geht, kann es doch oft fünf bis zehn Stunden andauern. Hier ständig konzentriert zu sein ist hart. Gerade im No-Limit kann ein kurzer Moment der Unaufmerksamkeit, ein kurzes trügerisches Gefühl der Überlegenheit oder eine unangebrachte Nonchalance das sofortige Aus bedeuten. Es geht ganz schnell, und diejenigen unter Ihnen, die schon einmal unerwartet aus einem Turnier ausgeschieden sind, wissen, wovon ich rede. Man wird von einer Sekunde auf die andere vom Turnier in die Realität zurückgeworfen.

Beim Turnier geht es also zunächst einmal um ein vernünftiges Kräftemanagement. Um Bankroll und Money-Management brauchen Sie sich in einem Turnier keine Gedanken zu machen. Sie zahlen den Buy-In, der Ihren finanziellen Rahmen natürlich nicht sprengen sollte, und das war es. Wichtiger ist es, dass Sie Ihre Kräfte gut einteilen. Verschießen Sie nicht Ihr Pulver in den ersten Stunden, sondern bewahren Sie sich Kraft für die anstrengende Endphase auf. Hier müssen Sie viel konzentrierter spielen als zu Beginn des Turniers. Sorgen Sie dafür, dass Sie vor oder während des Turniers ausreichend essen und trinken. So simpel sich dieser Ratschlag anhört, es entscheidet oft über Sieg oder Niederlage.

Halten Sie sich auch unbedingt den ganzen Abend frei. Wenn man ständig an einen Termin denken muss, den man danach noch wahrnehmen muss, hat man nur wenig Chancen. Spielen Sie diszipliniert und beobachten Sie Ihre Gegner genau. Bei einem Turnier hat man es mit vielen bis dato unbekannten Spielern zu tun. Sie müssen sich sehr schnell ein Urteil über deren Spielmuster und ihre Spielstärke bilden. Das erfordert ein hohes Maß an Konzentration. Gerade in der mittleren und späteren Phase eines Turniers, bei dem die Tische öfter zusammengelegt werden, muss man sein Spiel in Bezug auf die Gegner ständig neu ausrichten, was sehr anstrengend sein kann.

Das Turnier ist dadurch geprägt, dass die Blinds zum Ende hin ansteigen und die Anzahl der Spieler immer kleiner wird. Zum Ende eines Pokerturniers entsteht also Druck, während es am Anfang eher entspannt zugeht. Im Allgemeinen kann man sagen, dass es besser ist, es etwas ruhiger angehen zu lassen: Am Anfang also lieber etwas zurückhaltender spielen und nicht allzu viel riskieren, um am Ende dann aggressiver zu werden und richtig in das Spiel einzusteigen. Vermeiden Sie es, gleich zu Beginn eines No-Limit-Turniers All-In zu gehen.

Fragen Sie sich in jeder Phase des Turniers, ob es strategisch sinnvoll ist, sein Leben in dieser Phase des Turniers aufs Spiel zu setzen, oder ob man lieber auf eine bessere Gelegenheit warten sollte. Ich selbst bevorzuge in der Anfangsphase ein sehr konservatives Spiel und werde zum Ende hin aggressiver und spiele mehr Hände. Das hat den Vorteil, dass man zu Beginn des Turniers seine Kräfte und seinen Chip-Stack schont, um dann zum Ende hin Gas zu geben. Es gibt drei generelle Herangehensweisen an ein Pokerturnier: Die konservative, die aggressive und die superaggressive Strategie.

Die konservative Strategie – Der Turnierspießer

Eine konservative Turnierstrategie zielt darauf ab, seine Chips nicht in Gefahr zu bringen und möglichst lange zu überleben. Diese Spielweise ist in jedem Fall als tight zu qualifizieren. Man stellt relativ hohe Anforderungen an seine Starthände, indem man nur die besten 10 bis 15 % überhaupt spielt. Man wirft seine Starthände sehr oft weg und vermeidet All-In-Moves, um sein Turnierleben nicht zu gefährden.
Da man sich auf keine großen Risiken einlässt, gestaltet sich das Spiel relativ einfach: Entweder man kriegt ein gutes Blatt auf die Hand, oder man schmeißt es ganz einfach weg. Hierdurch gestaltet sich das Spiel sehr entspannend, und man kann sich bei schlechten Starthänden freuen, denn man hat wieder eine richtige Entscheidung getroffen, wenn man sie wegwirft. Gleiches gilt für das Spiel auf dem Flop. Wenn man trifft, spielt man moderat weiter. Wenn nicht, dann denkt man nicht an riskante Bluffs, mittelgute Draws oder gar Backdoor-Draws. Nein, man wirft einfach seine Hand weg und denkt nicht mehr darüber nach.
Ein weiterer Vorteil einer konservativen Spielweise ist auch, dass man sich ein entsprechendes Rock-Image aufbaut. Wenn man sich dann in der späteren Turnierphase dafür entscheidet, etwas aggressiver und looser zu werden und den einen oder anderen Bluff zu versuchen, werden die anderen Spieler einen meist noch als »Rock« einordnen und einem zumindest am Anfang noch glauben, dass man etwas Gutes auf der Hand hat.
Das bringt uns auch gleich zu einem entscheidenden Nachteil der konservativen Herangehensweise: Man muss wegen der steigenden Blinds sein Spiel zum Ende hin eher loose und aggressiv gestalten, sonst wird man von den Blinds aufgefressen.

Viele Spieler, mich eingeschlossen, haben dann von Zeit zu Zeit Probleme, sich umzustellen. Der Nachteil als Rock ist, dass man auf gute Hände angewiesen ist. Wenn sie nicht kommen, dann schwinden die Chips wegen der steigenden Blinds relativ schnell dahin. Man darf dann den Zug nicht verpassen. Man muss frühzeitig damit anfangen, die Blinds zu stehlen und auch schlechtere Hände zu spielen. Das gilt spätestens, wenn weniger Spieler am Tisch sitzen. Es kommt dann oft zu Situationen, die entscheidend sind, zu so genannten *Key-Hands*. Man ist dann mit wenigen Chips in Hände verwickelt, die man gewinnen muss, ansonsten ist man so gut wie ausgeschieden. Wenn man dann die Kurve nicht kriegt, hat man keine Chance mehr auf den Turniersieg.

Die aggressive Strategie – Mit Druck zum Erfolg

Ein aggressiver Spieler spielt 10 bis 30 % der Starthände, und er lässt sich nicht lumpen, wenn er spielt. Er wettet und erhöht gerne, und das auch nicht zu knapp. Er geht relativ oft All-In und ist bereit, etwas zu riskieren. Gute loose-aggressive Spieler spielen sehr viele Pötte extrem aggressiv, solange der Pot klein ist. Wenn aber dann das große Geld in den Pot hineinkommt, spielen sie oft nicht anders als konservative Spieler auch. Schlechte loose-aggressive Spieler spielen immer loose, ob in kleinen oder großen Pötten.

Ein loose-aggressiver Spieler hat die Möglichkeit, viele Pötte zu spielen und sie durch Bluffs zu klauen. Zudem können die anderen Spieler ihn nur sehr schwer einschätzen und auf bestimmte Hände setzen. Er ist auch nicht zwingend auf gute Blätter angewiesen und gewinnt mit seinen guten Blättern wegen seines aggressiven Wettverhaltens mehr Chips als der konservative Spieler. Er hat auch nicht das Problem, dass er wie der konservative Spieler seine Spielweise am Ende umstellen muss. Er kann einfach in seinem Modus bleiben.

Allerdings ist fraglich, ob er es mit seiner Strategie überhaupt bis zum Ende schafft. Der aggressive Spieler wird auf dem Flop häufig mit sehr schwierigen Entscheidungen konfrontiert. Überhaupt muss man für diesen Stil sehr spielstark sein. Es geht sehr oft darum, mit mittelguten Händen irgendwie zu gewinnen und gescheiterte Draws zu spielen. Als letzter Ausweg bleibt oft nur der Bluff. Die Gefahr ist groß, dass man so in Monster hineinläuft und sein Turnierleben aufs Spiel setzt oder dass man seine Hand schlicht überwettet. Gerade Anfängern würde ich von einem solchen Turnierstil eher abraten und ihnen eher eine konservative Strategie nahelegen. In der Realität ist es aber so, dass gerade die Anfänger zu Beginn von Turnieren viel zu loose und aggressiv spielen. Sie wetten mit mittelguten Händen aus schlechter Position in ein Feld von zehn Spielern hinein. Das kann auf Dauer nicht gut gehen. Spielen Sie also gerade als Anfänger lieber konservativ.

Die superaggressive Strategie – Der Turnier-Rambo

Die extremste Turnierstrategie ist sicherlich die superaggressive. Keine Angst, wir reden nicht über Jugendbanden im Ghetto, sondern über Poker. Der superaggressive Spieler spielt viele Starthände und wettet sehr hoch. Er lässt auch zu Beginn des Turniers keine Chance ungenutzt, um All-In zu gehen. Er befindet sich ständig auf einem schmalen Grat zwischen einem riesigen Chip-Stack und dem Ausscheiden. Der Vorteil ist,

dass er seine Chips gerade am Anfang eines Turniers sehr schnell verdoppeln oder verdreifachen kann. Er ist schwer zu lesen und kann einen sehr konservativen Tisch regelrecht überfahren. Wenn er seine Chips verdoppelt, verdreifacht oder vervierfacht hat, kann er sich lange Zeit ausruhen und auf tight-passiv oder tight-aggressiv umstellen. Die Frage ist aber, ob er das überhaupt noch schafft. Oft folgt dem schnellen Gewinn ein ebenso schneller Verlust, weil der Geist auf Klotzen und nicht auf Kleckern programmiert ist.
Ich würde eine solche Strategie in einem No-Limit-Turnier ohne Re-Buy nicht empfehlen. Man braucht sehr viel Glück und zusätzlich eine hohe Spielstärke. Es ist eben nicht jeder mit den *Skills* eines Gus Hansen gesegnet. Viele Spieler sehen solche Top-Spieler im Fernsehen und bewundern ihr wirklich extrem loose-aggressives Spiel. Daran ist nichts falsch. Ich bewundere Gus Hansen auch und halte ihn für einen der besten No-Limit-Spieler aller Zeiten. Viele Spieler machen aber den Fehler und denken, sie könnten seinen Stil einfach kopieren. Wie gesagt, eine solche Spielweise erfordert ein Höchstmaß an spielerischem Geschick. Gus Hansen hat seine Hausaufgaben gemacht. Er beherrscht das Pokerspiel perfekt und kennt zu jeder Zeit die mathematisch korrekte Spielweise. Es ist wie in der Musik: Wer improvisieren will, muss sein Instrument perfekt beherrschen. Er kann nicht erwarten, ohne Grundkenntnisse in einer professionellen Big-Band zu bestehen.

Welche Strategie Sie bevorzugen, müssen Sie natürlich letztlich für sich selbst entscheiden. Variieren Sie Ihren Stil von Zeit zu Zeit und denken Sie daran, dass die Veränderung des Stils sehr profitabel ist: Wenn die anderen Spieler Sie als eher konservativ einschätzen, können Sie gerade am Anfang eines Stilwechsels hin zu loose-aggressiv viele Chips gewinnen, weil die anderen Ihnen Ihre guten Hände glauben. Umgekehrt bekommt man viele Calls mit seinen guten Händen, wenn man dafür bekannt ist, viele schlechte Hände zu spielen. Wenn Sie also merken, dass sich in den Köpfen der anderen ein Table-Image von Ihnen festgesetzt hat, wechseln Sie den Stil! Jetzt ist es profitabel. Wenn die Spieler Ihr Table-Image dann entsprechend korrigiert haben, wechseln Sie erneut! Darum geht es beim Poker. Spielen Sie einfach viele Turniere, und Sie werden schnell merken, welcher Stil Ihnen am besten liegt.

12. TEIL

Die Turnier-Basics – Das technische Rüstzeug

Vorüberlegungen – Chips change Value und Gap-Konzept

Wie man in einem Pokerturnier spielt, hängt maßgeblich davon ab, wie viele Chips man im Vergleich zu den Blinds und im Vergleich zu den anderen Spielern hat. Wie gesagt ist im Turnier die Stackgröße so wichtig, weil es spätestens nach der Re-Buy- bzw. der *Add-On*-Phase keine Möglichkeit mehr gibt, Chips nachzutauschen. Wer dann ausgeschieden ist, ist endgültig weg vom Fenster. Im Cash-Game dagegen ändert sich die Strategie nicht groß, da man immer Chips nachtauschen kann. Im Turnier geht das nicht, und Sie müssen vorsichtiger sein.

Chips change Value und Gap-Konzept

»Chips change Value« besagt ein Standardsatz in der Turnierliteratur. Auf Deutsch heißt das: »Die Chips verändern ihren Wert.« Am Anfang hat man noch sehr viele Chips im Vergleich zu den Blinds. Am Ende, wenn die Blinds sehr hoch sind und man relativ wenig Chips hat, steigen die Chips im Wert, da sie das Überleben im Turnier sichern.

Das eingangs beschriebene Gap-Konzept spielt im Turnier eine größere Rolle als beim Cash-Game. Das Gap-Konzept besagt vereinfacht, dass man eine bessere Hand zum Mitgehen als zum Wetten braucht. Eine aggressive Wette gegen einen Gegner mit relativ kleinem Chip-Stack hat insofern in einem Turnier einen größeren Effekt, als sie beim anderen Überlebensangst auslösen kann. Die Lücke, also die Gap, zwischen der zum Wetten benötigten Hand und der Hand, die der Gegner zum Mitgehen braucht, ist in einem Turnier noch größer. Sie wird durch die Überlebensangst zusätzlich gestreckt.

Man kann das Turnier mit einer Kirmes vergleichen. Wenn man auf die Kirmes kommt, hat man relativ viel Geld und kann sich aussuchen, was man machen möchte. Man kann Riesenrad fahren oder Autoscooter. Man kann das volle Programm der Kirmes nutzen. Je weniger Geld man hat, desto weniger kann man ausprobieren. Wenn man sich jetzt vorstellt, dass unsere spezielle »Pokerkirmes« die Eintrittsgelder im Laufe des Abends auch noch erhöht, kann man natürlich umso weniger machen.
Eine andere Analogie ist der Boxkampf. Zu Anfang hat man seine volle Stärke und kann unter vielen Angriffsmöglichkeiten wählen. Wenn man aber in den letzten Runden eines Boxkampfes ist und hinten liegt, so schwinden die Optionen. Schläge, die viel Kraft kosten und schön aussehen, kann man sich nicht mehr leisten. Man kann nur noch hoffen, all seine Kraft zusammenzunehmen und den Gegner k.o. zu schlagen.

Die M-Ratio – Wie viele Chips habe ich im Vergleich zu den Blinds?

Im Pokerturnier ist die Größe des Stacks eines Spielers also eine wichtige Größe. Man muss sein Spiel entsprechend anpassen, ansonsten hat man auf Dauer keine Chance. Die Änderungen bzw. die Wendepunkte, die sich in einem Turnier aufgrund der Stackgröße ergeben, nennt man *Inflection-Points,* zu Deutsch »Wendepunkte«. Bei der Bewertung der eigenen Chip-Größe hilft uns in einem Turnier die so genannte *M-Ratio:*

Die M-Ratio, oder einfach M, ist das Verhältnis der Chips zu der Summe der Blinds und Antes. Um meine M-Ratio auszurechnen, muss ich die mir verbliebenen Chips durch die Summe der Blinds und Antes teilen.

Es ist sehr einfach. Lassen Sie sich nicht durch den eher komischen Namen M irritieren. Hier ein paar Beispiele:

- Ich habe 6.000 Chips, und die Blinds sind 200/400. Ich teile 6.000 durch 200+400=600. Das ergibt eine M von 10.
- Ich habe 36.000 Chips, und die Blinds sind 4.000/8.000. Ich teile 36.000 durch 12.000. Meine M ist 3.
- Ich habe 180.000 Chips, und die Blinds sind 5.000/10.000. Zusätzlich muss jeder Spieler der zehn Spieler am Tisch eine Ante in Höhe von 1.000 in den Pot legen. Einige Turniere werden so gespielt, dass ab einem bestimmten Blindlevel ein Ante vorgesehen ist. Ein Ante ist ein Betrag, den jeder Spieler in den Pot legen muss, bevor er Karten bekommt. Da man die Blinds in einer Runde jeweils nur einmal legen muss, das Ante aber jedes Mal, muss man das Ante mit der Anzahl der Spieler am Tisch multiplizieren. Mit Runde meine ich, dass man so lange spielt, bis der Dealerbutton wieder bei einem angekommen ist. Ich muss also einfach meine Chips durch alle Chips teilen, die ich in einer Runde zwingend legen muss. Im Ergebnis teilen wir 180.000 durch 15.000 Blinds plus 10.000 Ante, also 180.000 durch 25.000. Im Ergebnis haben wir eine M von 7,2.

Man muss die M nicht bis auf die letzte Kommastelle ausrechnen. Es reicht zu wissen, wie groß die M ungefähr ist. Machen wir uns Gedanken darüber, was die M aussagt:

Die M ist die Anzahl der Runden, die ich überleben kann, wenn ich nur die Blinds setze.

Wenn ich also keine spielbare Hand bekomme oder aus anderen Gründen nicht spiele und nur noch weggeblindet werde, dann sagt mir die M, wie lange ich das so betreiben kann, bis ich keine Chips mehr habe und ausscheide. Noch einmal, auch auf die Gefahr hin, mich zu wiederholen: Die M sagt mir, wie lange ich noch auf eine gute Hand warten kann, bevor ich von den Blinds aufgefressen bin. Die M konkretisiert also den Druck, der durch die steigenden Blinds in Relation zu meinen Chips entsteht.

Im ersten Beispiel kann ich 10 Runden überleben, ohne eine Hand zu spielen. Im zweiten Beispiel sind es nur drei Runden und im dritten Beispiel sieben Runden. Beachten Sie, dass mit Runden, die Runden gemeint sind, bis der Dealerbutton wieder zu Ihnen kommt. Wenn meine M, wie im ersten Beispiel, 10 ist, und es sitzen 10 Spieler am Tisch, dann kann ich mir theoretisch hundert Hände angucken, ohne zu setzen, bis ich pleite bin.

M ist die wichtigste Größe in einem Pokerturnier, weil sie mir sagt, was ich für Optionen habe und wie viel Zeit mir noch bleibt. Viele Turnierspieler beachten die Größe der Stacks ohnehin und ordnen diese auch instinktiv korrekt ein. M ist aber eine gute Methode, diese Überlegungen in einer Zahl auszudrücken, mit der man rechnen kann. Wenn ich sage: »Meine M ist 5«, dann weiß ich sofort, dass ich fünfmal so viel Chips wie Blinds habe und nur noch fünf Runden überlebe, wenn ich nichts mehr setze. Ich sollte also handeln.
Entwickelt wurde dieses fundamentale Turnierprinzip von Paul Magriel, der ursprünglich vom Backgammon herkommt. Von ihm stammt auch die Bezeichnung *Quack-Quack* für **22** als Starthand. Quack-Quack müssen Sie sich nicht merken. Bitte merken Sie sich aber unbedingt, was M-Ratio bedeutet.

Noch ein Tipp für die unerfahrenen Spieler unter Ihnen: Stapeln Sie bei einem Turnier die Chips in 20er bzw. in 10er

Haufen vor sich. Das macht das Chipszählen und das Ausrechnen der M wesentlich einfacher. Vor allem kann man schneller antworten, wenn ein anderer Spieler nach der Anzahl der verbliebenen Chips fragt, und sich so schneller mit wichtigeren Überlegungen beschäftigen.

Das M-Zonen-System im Pokerturnier – Wie passe ich mein Spiel am besten an die Größe meines Stacks an?

Bitte keine Panik. Wir befinden uns nicht im kalten Krieg, und eine Ostzone gibt es zum Glück schon lange nicht mehr. Heutzutage teilt sich die Welt in Fische und Haie und sonst nichts.

Nein, Scherz beiseite. Wie sich die jeweilige M auf Ihr Spiel und das der anderen auswirkt, kann man am besten in einem Zonensystem darstellen. Je niedriger meine M ist, desto weniger kann ich machen, bis mir zum Schluss nur noch der All-In-Move bleibt. Bedenken Sie auch, dass die Runden schneller vorbeigehen, je weniger Spieler am Tisch sitzen. Wenn nur noch drei Spieler übrig sind, dauert eine Runde logischerweise auch nur drei Spiele.

Es hat sich ein Zonensystem innerhalb der Turnierstrategie etabliert, das ähnlich wie eine Ampel funktioniert. Es geht von Grün, also einer hohen M, bis zu Rot bzw. der Todeszone, wenn die M sehr klein ist.

Die grüne Zone – M größer als 20

Die grüne Zone ist die ideale Spielsituation in einem Pokerturnier. Sie haben ausreichend Chips zum Spielen und keine Eile. Sie können sehr konservativ sein und Acht geben, Ihre

Chips nicht durch riskante Manöver zu verlieren. Es gibt noch keinen Zeitdruck, der Sie dazu zwingt, Risiken einzugehen. Wenn Sie bei einer M von 25 mit zehn Spielern am Tisch sitzen, können Sie theoretisch zweihundertfünfzig Spiele machen, bis die Blinds Sie gefressen haben. Natürlich müssen Sie beachten, dass die Blinds steigen, aber trotzdem haben Sie noch viel Luft.

Umgekehrt haben Sie aber auch genug Chips für teure Manöver. Sie können einen Re-Raise eines Spielers noch einmal erhöhen, und Sie haben danach selbst bei einem Verlust in der Regel noch genug Chips, um normal weiterzuspielen. Ein kostspieliges Slow-Play, bei dem der Gegner dann leider doch noch am Ende getroffen hat, ist hier in der Regel nicht tragisch.

In der grünen Zone können Sie sich ausleben. Spielen Sie den Stil, der am besten zu Ihnen passt und der für Sie am gewinnbringendsten ist. Versuchen Sie vor allem, in der grünen Zone zu bleiben. Nirgendwo spielt es sich so entspannt wie hier.

Die gelbe Zone – M beträgt 10 bis 20

Wie bei einer Ampel, die auf Gelb umspringt, ist auch beim Eintreten in die gelbe Zone ein Umdenken angebracht. Kein radikales Umdenken, eher ein langsames Einsetzen einer etwas veränderten Strategie.

Jetzt haben Sie nicht mehr alle Zeit der Welt, und Sie wissen, dass Sie höchstens noch 10 bis 20 Runden überleben können, wenn Sie nichts setzen. Sie müssen also beginnen zu handeln. Sie können es sich nicht mehr erlauben, einfach dazusitzen und auf Monsterhände zu warten, denn die steigenden Blinds und das drohende Ausscheiden schweben bereits wie ein Damoklesschwert über Ihnen. Sie müssen folgende Anpassungen an Ihrem Spiel vornehmen:

- Sie sollten die Anforderungen an Ihre spielbaren Hände etwas lockern und mehr bluffen. Werden Sie ein wenig looser, was Ihr Pre-Flop-Game angeht, und nehmen Sie im Zweifel ruhig noch eine Starthandgruppe zu Ihren spielbaren Händen dazu. Ihre Anforderungen, mit einer Hand mitzugehen, sollten Sie ebenfalls etwas absenken. Wie gesagt, Sie können es sich wegen der steigenden Blinds nicht mehr erlauben, nur noch Top-Hände zu spielen.
- Beachten Sie, dass kleine Paare und mittlere bis kleine Suited-Connectors bereits in der gelben Zone an Wert verlieren. Damit es sich lohnt, diese Multiway-Hände im No-Limit zu spielen, muss ich damit am Ende sehr viel Geld gewinnen können. Schließlich ist die Wahrscheinlichkeit, mit den Gemeinschaftskarten ein Set oder eine Straße zu treffen, relativ gering. Im Ausgleich brauche ich da schon hohe Implied-Pot-Odds. Das Problem ist aber, das ich diese Implied-Pot-Odds mit relativ wenigen Chips im No-Limit nicht mehr habe. Ich kann ja nur so viel Geld gewinnen, wie ich einsetze. Ich habe im Ergebnis in der gelben Zone oft einfach nicht mehr genug Munition, um Hände wie **55** oder **78**s gewinnbringend zu spielen. Das gilt natürlich umso mehr, je näher die M auf die 10 zugeht.
- Kostspielige Moves, wie Squeeze-Play oder Check-Raise-Bluffs verlieren in der gelben Zone an Bedeutung, weil sie einfach zu teuer sind. Besser sind kleinere Angriffe auf den Pot, bei denen ein schneller Rückzug noch möglich ist, wenn man auf zu viel Widerstand stößt. Denken Sie daran, dass Ihr Chip-Stack bereits nicht mehr allzu groß ist.

Die orange Zone – M beträgt 6 bis 10

Die Probleme, die wir bereits in der gelben Zone bewältigen mussten, machen uns in der orangen Zone noch stärker zu schaffen. Die Implied-Pot-Odds für kleine und mittlere Paare und Suited-Connectors sind wegen unseres kleinen Stacks zu schlecht, so dass diese Hände im Ergebnis nahezu unspielbar werden. Wir müssen eher versuchen, uns mit soliden Karten, insbesondere Made-Hands, gegen wenige Gegner wieder ins Geld zurückzubringen. Kleine Bluffs und Blind-Stealing sollten an der Tagesordnung sein. Wir können uns in dieser Situation nicht erlauben, eine mittelgute bis gute Hand wegzuwerfen. Wir müssen jede Chance nutzen, die sich uns bietet. Wir haben nur noch 6 bis 10 Runden, bevor wir ertrinken. Das ist bei wenigen Spielern nicht gerade viel, und somit können wir es uns hier umso weniger leisten, nur auf Top-Hände zu warten.

Man sollte sich in dieser Zone bewusst machen, dass oft derjenige den Pot gewinnt, der ihn als Erster durch eine relativ hohe Wette entschlossen für sich beansprucht. Man hat, ähnlich wie beim Semi-Bluff, zwei Möglichkeiten zu gewinnen: Im Showdown mit der besseren Hand oder dadurch, dass die anderen aufgeben. Hierbei ist natürlich die Position entscheidend. Je mehr Spieler ich hinter mir sitzen habe, die mir durch Raise oder Re-Raise den Pot noch streitig machen können, desto gefährlicher ist mein Angriff auf den Pot für mich.

Die rote Zone – M beträgt 1 bis 5

In der roten Zone ist Schluss mit lustig. Das oberste Ziel sollte sein, diese Zone so schnell wie möglich zu verlassen. Ihre Optionen in Bezug auf die Wetthöhe sind faktisch auf den All-In-Move reduziert. Wenn Sie drei- bis viermal die Big-Blind wetten, dann haben Sie in der roten Zone ohnehin bereits die Hälfte Ihrer Chips in der Mitte und sind fast schon gezwungen, danach noch mitzugehen und somit All-In zu sein. Man ist also Pot-Committed.

Man kann daher auch einfach direkt All-In gehen und hoffen, dass hierin noch eine gewisse Abschreckung liegt, die den einen oder anderen Gegner zum Aufgeben bringt. Sie sollten die Anforderungen an Ihre Karten noch etwas absenken. Paare und hohe Bildkarten sind in dieser Zone oft schon genug, um zu wetten. Ähnlich wie in der orangen Zone gilt es auch hier durch gezielte Angriffe auf den Pot seinen Stack zu vergrößern. Ein Beispiel aus einem Turnier, das die Denkweise in der roten Zone illustriert:

Sie haben

Die Blinds betragen 4.000/8.000, und Sie sind mit Ihren 22.000 Chips schwer am Atmen. Sie sitzen auf dem *Cut-Off-Seat,* das heißt einen Platz vor dem Button. Sie sind der Small-Stack am Tisch, und alle anderen Spieler vor Ihnen haben aufgegeben. Was tun Sie?

Zunächst einmal können Sie mit einer M unter 2 mit Bestimmtheit sagen, dass Sie in der roten Zone angekommen sind. Da alle anderen Spieler vor Ihnen aufgegeben haben und nur noch die Blinds übrig sind, müssen Sie einen Angriff auf den Pot unternehmen. Wenn Sie es schaffen, die Blinds abzuräumen, dann haben Sie Ihre M schon auf 3 hochgeschraubt und können etwas entspannter spielen. Zudem haben Sie auch die Position für einen solchen Angriff.
Sie gehen also mit Ihren 22.000 Chips All-In. Sie erwarten, dass die Blinds jetzt aufgeben, aber Sie haben sich getäuscht. Der Button gibt zwar auf und auch der Small-Blind. Leider geht der Big-Blind mit, legt 14.000 Chips in die Mitte und

zeigt Ihnen **AK.** Jetzt werden die Gemeinschaftskarten nacheinander aufgelegt.

Sie haben

Gegner

Flop

Turn

River

Ein super Ergebnis. Sie haben mit der letzten Karte die **5** getroffen und so als Underdog noch glücklich gewonnen. Diese Hand war für Sie eine Schlüsselhand. Das ist typisch für die rote Zone. Man braucht eben auch ein bisschen Glück, aber man muss die Konfrontation suchen, bevor man überhaupt keine Chips mehr hat, dann durch die Big-Blind All-In gesetzt wird und schließlich **72**-offsuit bekommt. Man muss eben in der roten Zone bereit zum Sterben sein, um zu überleben. Die nächste wichtige Hand lässt nicht lange auf sich warten:

Sie haben

Jetzt sitzen Sie zwei Plätze vor dem Button und haben 48.000 Chips. Die Blinds sind immer noch bei 4.000/8.000. Ein

Spieler in Early-Position hat auf 20.000 erhöht, und nach ihm sind zwei Spieler mitgegangen. Jetzt sind Sie an der Reihe. Was sollen Sie tun?

Ihre M beträgt jetzt ungefähr 4. Sie haben also ein wenig mehr Spielraum. Sie könnten All-In gehen, aber die Wette und die zwei Calls machen es wahrscheinlich, dass bessere Hände, insbesondere Asse mit einem besseren Kicker, unterwegs sind. Sie haben zwar Position, aber wenn Sie All-In gehen, ist die Position ab der zweiten Wettrunde ohnehin unbedeutend. Sie werfen also die Hand weg und warten auf eine bessere Gelegenheit.

Das waren zwei Beispielhände aus der roten Zone. Wichtig ist, dass Sie die Gelegenheit ergreifen, wenn sie sich Ihnen bietet und Sie genau wissen, wie lange Sie noch auf bessere Gelegenheiten warten können. Wie lange Sie noch warten können, sagt Ihnen Ihre M-Ratio.

Die Todeszone – M beträgt weniger als 1

Wenn Sie weniger Chips haben als die Blinds betragen, dann sind Sie nur formell noch beim Turnier dabei. In Wirklichkeit sind Sie bereits scheintot und genauso angeschlagen wie die Brüder Messner damals auf dem Nanga-Parbat. In der Todeszone fällt das Atmen schwer, und man ist dem Turniertod schon sehr nah.

Sie können zwar schlechte Hände aufgeben, wenn Sie nicht in der Blind sitzen, aber es dauert nicht lange, bis Sie selbst die Blind und dann gezwungenermaßen All-In sind. Ich weiß aus Erfahrung, dass man fast nie eine gute Hand in solchen Situationen bekommt. Meist ist es eher **42**- oder **82**-offsuit. Der Gegner, der ohnehin Chipleader ist, kriegt dann zu allem

Überfluss noch **KK.** Man kann also aufstehen und schon mal seine Jacke vom Stuhl nehmen.

Es gilt deshalb, sich durch All-In möglichst schnell zu verdoppeln oder zu verdreifachen. Bitte seien Sie unbedingt der Erste, der in den Pot wettet. Auf diese Weise werden Spieler, die ansonsten allein wegen Ihres kleinen Chip-Stacks mitgehen würden, davon abgehalten, weil sie Angst vor den Aktionen der anderen Spieler nach Ihnen haben.
Sich aus der Todeszone herauszukämpfen hat viel mit Glück und Timing zu tun. Sie müssen ein Gespür für den Moment entwickeln, in dem der Pot am ehesten zu holen ist. Wenn man in der Todeszone gelandet ist, weil man zu konservativ gespielt hat, ist das übel. Dann haben Sie wahrscheinlich vorher nicht rechtzeitig genug auf loose umgeschaltet oder einfach keine Hände zum Spielen bekommen. Es kann aber auch schon zu Beginn des Turniers passieren, dass Sie ein All-In eines Gegners mitgehen, der ein bisschen weniger Chips als Sie selbst hat. Wenn Sie dann die Hand verlieren – willkommen in der Todeszone!
Man kann sich aber aus der Todeszone herauskämpfen. Man ist noch am Leben, und ich habe es oft erlebt, dass Spieler, die schon Nahtoderfahrung hatten, sich wieder bis zum ersten Platz eines Turniers hochgekämpft haben. Es ist mit ein bisschen Glück und gutem Spiel möglich. Denken Sie daran: »A Chip and a Chair« – »Einen Chip und einen Stuhl«, mehr braucht ein guter Pokerspieler nicht.

M als Mittel zum Händelesen

Da Sie jetzt wissen, wie das Spiel in den einzelnen M-Zonen aussieht, können Sie auch die Gegner besser lesen. Da ich weiß, dass die meisten Spieler, auch ohne das Konzept der M-Ratio zu kennen, die Anforderungen an ihre Hände bei wenigen Chips und einer niedrigen M lockern, weiß ich auch, dass sie häufig Angriffe auf den Pot unternehmen, die nicht zwingend von guten Händen gedeckt sind. Dies und andere Überlegungen zu den einzelnen Zonen kann ich nicht nur für mein eigenes Spiel gewinnbringend nutzen, sondern auch, um das Spiel der anderen besser einschätzen zu können. Es ist ähnlich wie das relativ starre Pre-Flop-Game im Texas Hold'em, das einem beim Händelesen ebenfalls eine große Hilfe ist. Hier ein Beispiel:

Sie haben:

Sie sind in einem Turnier in der Endphase, und Sie sitzen auf dem Button. Die Blinds betragen 2.000/4.000, und Sie haben noch 80.000 Chips. Ein Spieler in Early-Position mit 6.000 Chips geht All-In. Der Spieler auf dem Cut-Off-Seat, also einen Sitz vor Ihnen, der noch 50.000 Chips hat, geht mit. Jetzt sind Sie an der Reihe. Was sollen Sie tun?

Zunächst analysieren wir die Aktionen unserer potenziellen Gegner. Der Spieler, der All-In gegangen ist, hat eine M von 1 und liegt somit genau an der Grenze zwischen der roten Zone und der Todeszone. Sein All-In wird wahrscheinlich nicht durch eine gute Hand gedeckt sein. Seine M diktiert ihm dieses All-In. Natürlich kann er auch Glück gehabt haben, aber im Zweifel bekommt man eher nichts, wenn man etwas braucht.

Der Spieler, der das All-In mitgegangen ist, hat eine M von ungefähr 8. Er kann sich mit seinen Chips mehr erlauben als der Wettende, aber mit einer M von 8 befindet er sich bereits in der orangen Zone. Seine Position ist auf dem Cut-Off-Seat relativ gut, aber trotzdem muss er eigentlich wissen, dass Sie mit mehr Chips noch hinter ihm an der Reihe sind. Vielleicht hat er es vergessen? Da Sie wissen, dass er relativ spielstark ist, gehen Sie davon aus, dass er es weiß. Er wird also eine spielbare Hand haben.

Die Frage ist jetzt, ob Sie sich trauen, gegen diesen Spieler in den nachfolgenden Wettrunden anzutreten. Da Sie aber über mehr Chips als er verfügen und ein Damenpaar eine gute Hand ist, die schon Pre-Flop durch eine Wette verteidigt werden muss, beschließen Sie, auf 20.000 zu erhöhen. Schließlich wollen Sie nicht, dass der Flop kommt und Könige oder Asse enthält. Sie legen die 20.000 Chips hin, und alle Spieler schmeißen weg. Der Spieler auf dem Cut-Off-Seat ebenfalls. Wahrscheinlich hat er Angst vor einer Post-Flop-Konfrontation mit einem Gegner, der mehr Chips als er hat. Sie und der Small-Stack, der All-In gegangen ist, legen nun die Karten auf, und die Hand wird, ohne zu wetten, aufgedeckt:

Sie haben:

Gegner

Flop

Turn

River

Das wurde ja noch mal spannend zum Ende hin. Eine typische Texas-Hold'em-Achterbahn. Beim Turn jubelte der Gegner noch, und beim Anblick der Dame auf dem River hat er schon seine Jacke in der Hand und verabschiedet sich enttäuscht von den anderen Spielern. Sie freuen sich. Sie sind dem Sieg einen Platz näher gekommen, indem Sie den Gegner zu Recht auf eine relativ schwache Hand gesetzt haben und vor dem Flop Ihre Damen aggressiv gegen den Cut-Off-Seat verteidigt haben.

Die Q-Ratio – Wie viele Chips habe ich im Verhältnis zu den Gegnern?

Die andere wichtige Größe, die Ihr Spiel in einem Turnier neben der M maßgeblich beeinflusst, ist das Verhältnis Ihres Chip-Stacks zum Chip-Stack der anderen Spieler im Turnier.

Das Verhältnis des eigenen Chip-Stacks zum durchschnittlichen Chipstack eines anderen Spielers zu einem bestimmten Zeitpunkt im Turnier nennt man die *Q-Ratio*. Wenn Sie zum Beispiel 100.000 Chips haben und der durchschnittliche Chip-Stack beträgt 10.000 Chips, haben Sie eine Q-Ratio in Höhe von 10.

Die Q-Ratio ist eine Größe, die Sie nicht unbedingt genau im Kopf haben müssen. Meist werden Sie schon vom Gefühl her wissen, wo Sie stehen. Wichtiger ist, seine M zu wissen. Häufig hängt die M auch stark mit der Q-Ratio zusammen. Wenn Sie eine schlechte M haben, wird Ihre Q-Ratio auch eher schlecht sein. Halten Sie sich daher im Zweifel eher an die M.

Es ist auch extrem wichtig, darauf zu achten, wie viele Chips man im Vergleich zu den einzelnen Gegnern am Tisch hat. Bei einem No-Limit-Turnier bedeutet, mehr Chips als ein anderer Spieler zu haben, nicht mehr oder weniger, als dass man die Möglichkeit hat, diesen Spieler in einer Hand zu vernichten oder zumindest vor eine Entscheidung um all seine Chips zu stellen. Das führt uns zunächst zu zwei einfachen, aber wichtigen Feststellungen:

- Ein Spieler, der mehr Chips hat als man selbst, ist potenziell gefährlich. Es ist ein ernst zu nehmender Gegner, der mich theoretisch in einer Hand vernichten kann. Je größer das Missverhältnis, desto gefährlicher.
- Ein Spieler, der weniger Chips als man selbst hat, ist ein potenzielles Opfer. Ich kann diesen Spieler in einer Hand vernichten. Je größer das Missverhältnis, desto besser.

Sie müssen den Turniertisch also in ernst zu nehmende Gegner und Opfer unterteilen. Passen Sie auf, wenn Sie sich mit einem echten Gegner anlegen, und suchen Sie eher die Konfrontation mit potenziellen Opfern. Das gilt vor allem dann, wenn Sie Hände spielen, bei denen Sie sich unsicher sind, ob Sie gewinnen. Spielen Sie diese Hände eher gegen Gegner, die potenzielle Opfer sind. Versuchen Sie auch, solche Gegner durch Wetten zu isolieren.
Bedenken Sie, dass Sie von einem Gegner nur so viele Chips gewinnen können, wie Sie selbst haben. Je weniger Chips ein Gegner hat, desto limitierter sind auch seine Optionen. Hier werden Sie nach dem Flop keine großen Überraschungen mehr erleben. Ein Gegner mit mehr Chips kann Sie jederzeit aus dem Nichts heraus vor eine existenzielle Entscheidung um all Ihre Chips stellen. Sich hier ein Bild zu machen ist relativ einfach. Man muss nur auf die Chip-Stacks der anderen

schauen, und man weiß, wer gefährlich ist und wen wir relativ leicht besiegen können. Manchmal müssen wir möglicherweise einen Gegner darum bitten, dass er die höherwertigen Chips so stellt, dass man sie sehen kann, das ist aber auch schon alles.

Die 10-zu-1-Regel – Wann muss ich als Big-Stack ein All-In des Small-Stacks mitgehen?

Die Übermacht eines Stacks über einen anderen kann so groß sein, dass der *Big-Stack* ein All-In des Small-Stacks unabhängig von seiner Hand mitgeht. Die Möglichkeit, einen Gegner billig zu eliminieren, ist einfach zu verlockend und kann aus strategischer Sicht auch schlechte Karten ausgleichen. Beim Texas Hold'em kann man schließlich am Ende auf die seltsamsten Arten gewinnen.

Die 10-zu-1-Regel besagt, dass man in der Regel ein All-In eines Small-Stacks mitgehen sollte, wenn man mehr als 10-mal so viele Chips hat wie er. Der strategische Vorteil, einen Gegner zu eliminieren, rechtfertigt ein Mitgehen unabhängig von den Karten.

Ich persönlich würde das Verhältnis eher bei 15 ansetzen, ich muss aber an dieser Stelle zugeben, dass ich ein sehr konservativer Turnierspieler bin. Ein Beispiel:

Sie haben

Sie haben 120.000 Chips und sind Chipleader am Tisch. Die Blinds betragen 1.000/2.000. Ein Spieler mit 6.000 Chips ist in früher Position All-In gegangen. Ein anderer Spieler mit 10.000 verbliebenen Chips ist die Wette mitgegangen und hat ebenfalls 6.000 Chips in den Pot gelegt. Sie sind auf dem Button. Was tun Sie?

Sie haben eine gute Position, aber eine eher schlechte Hand. Wenn Sie mitgehen, können Sie den ersten Spieler eliminieren. Das ist auch fast schon zwingend, schließlich haben Sie 20-mal so viele Chips wie er. Wenn Sie ein Anhänger der 10-zu-1-Regel sind, dann müssen Sie sein All-In mitgehen.
Das Problem ist, wie wir den zweiten Spieler, der mitgegangen ist, einschätzen. Er hat eine M von knapp über 3 und muss deswegen nicht unbedingt eine gute Hand spielen. Andererseits ist er nur mitgegangen und hat nicht erhöht. Das zeigt, dass es ihm anscheinend nicht darum ging, den ersten Spieler zu isolieren, und er seine Hand auch als gut genug ansieht, um gegen Aktionen gewappnet zu sein, die noch hinter ihm stattfinden. Sie können diesen Spieler nicht gut einschätzen und sehen ihn als potenziellen Risikofaktor an. Jetzt müssen Sie prüfen, wie gefährlich dieser Spieler Ihnen nach dem Flop werden kann. Er hat noch 4.000 Chips nach seinem Call. Nicht gerade viel, vor allem im Vergleich zu Ihren 120.000 Chips.
Sie gehen also mit. Sie wollen erst mal nicht erhöhen, weil Sie sich mit der Starthand erst mal den Flop angucken wollen. Alle anderen Spieler geben auf, und der Flop bringt zwei Karo. Sie haben einen Flush-Draw. Der Gegner geht All-In und setzt seine letzten 4.000 Chips. Was tun Sie?

Im Pot sind 21.000 Chips. Der andere hat 4.000 Chips gesetzt, so dass Sie Pot-Odds in Höhe von ungefähr 15 % haben.

Das sind sehr gute Pot-Odds. Die Chance, den Karo-Flush auf Turn oder River noch zu treffen, liegt bei ungefähr 35 %. Mathematisch gesehen ein klarer Call, weil die Odds weit über den Pot-Odds liegen. Auch die 10-zu-1-Regel kommt hier wiederum zur Anwendung. Sie haben momentan über 10-mal so viele Chips wie der Gegner. Sie gehen mit, und alle Karten werden aufgelegt. Es kann nicht mehr gewettet werden, weil Ihre Gegner All-In sind.

Sie haben ***Gegner 1*** ***Gegner 2***

Flop ***Turn*** ***River***

Sie haben Glück gehabt. Das Karo-Ass hat Ihnen einen Flush beschert, der das Set von Gegner 2 schlägt und auch das Bubenpaar von Gegner 1. Sie haben mit einem Schlag zwei Gegner aus dem Turnier herausgeworfen und sich dem Turniersieg um zwei Plätze näher gebracht. Dieses Beispiel zeigt, wie man seinen großen Chip-Stack einsetzt, um schwächere Spieler zu bekämpfen. Beachten Sie vor allem, dass Sie unter normalen Umständen mit **Q2**-suited als Starthand nicht hätten mitgehen können. Ihr Spiel wurde in dem Fall maßgeblich durch die Anzahl Ihrer Chips im Vergleich zu den Gegnern diktiert.

13. TEIL

Die einzelnen Phasen eines Pokerturniers und klassische Probleme

Early Stage – Die Frühphase eines Pokerturniers

Bitte verwechseln Sie die Turnierphasen, die ich jetzt bespreche, nicht mit den M-Zonen von vorhin. Die M-Zonen betreffen meinen Chip-Stack in Bezug auf die Blinds. Es ist natürlich so, dass meine M in der Regel eher zum Ende eines Turniers gefährlich absinkt, aber es kann auch schon in der zweiten Hand des Turniers, also in der Frühphase, passieren.
Die jetzt besprochenen Phasen beschreiben also ganz einfach den zeitlichen Ablauf eines Turniers. Zu Beginn eines Pokerturniers sind die Spieler meist sehr nervös. Bis der Letzte am Tisch sitzt und man endlich beginnen kann, vergeht oft eine gewisse Zeitspanne. Bitte beachten Sie in der Frühphase eines Turniers folgende Regeln:

- Ich rate Ihnen an dieser Stelle ausdrücklich, die erste halbe Stunde eines großen Turniers ruhig angehen zu lassen. Spielen Sie eher konservativ und geben Sie sich Zeit, ruhig zu werden. Egal, ob man weiche Knie hat, wenn man sich an den Tisch setzt, spätestens nach einer halben Stunde kommt man normalerweise in seine übliche Routine. Lassen Sie sich also Zeit.
- Beobachten Sie Ihre Gegner genau, anstatt sich direkt mit ihnen auf teure Konfrontationen einzulassen, ohne sie zu kennen. Das spart Geld. Denken Sie daran, dass Sie wegen Ihrer hohen M zu Beginn des Turniers noch keinen Druck haben.
- Lassen Sie die Hände von Karten wie **KQ** oder **A9.** Sie bekommen noch genug Gelegenheit, im Laufe des Turniers solche Hände zu spielen. Seien Sie bitte zu Beginn vorsichtig. Lassen Sie sich nicht auf Situationen ein, die Sie viele

Chips kosten und Sie in mentaler Hinsicht aus der Bahn werfen. Finden Sie erst einmal zu Ihrem Spiel.

- Identifizieren Sie die guten und die schlechten Spieler am Tisch.
- Seien Sie vorsichtig mit All-In-Moves, die Ihr Turnierleben zu Beginn des Turniers kosten können. Das gilt vor allem, weil Sie in der Regel wegen der niedrigen Blinds nicht viel gewinnen, wenn alle aussteigen. Wenn aber eine bessere Hand mitgeht, dann haben Sie Ihr Turnierleben für einen relativ kleinen Pot verschwendet.

Man kann sagen, dass bei großen Turnieren bereits in der ersten Stunde oftmals 20 – 30 % der Spieler ausscheiden. Selbst wenn Sie in dieser Zeit keine Hand spielen, haben Sie ohne viel Risiko und Anstrengung im Idealfall ein Drittel der Spieler des Turniers bereits überlebt und wegen der Anfangs niedrigen Blinds auch nicht viele Chips verloren. Außerdem haben Sie Kräfte gespart, die Sie am Ende des Turniers sehr gut gebrauchen können. Sie wissen jetzt zusätzlich, wo Sie stehen und wer die Gegner sind, die Ihnen noch in späteren Phasen des Turniers gefährlich werden könnten.

Ein Turnier erfordert viel Geduld von einem Spieler. Solange Sie mit Ihrem Chip-Stack nicht weit unter den Durchschnitt sinken, ist alles in Ordnung, und Sie müssen keine riskanten Manöver fahren, um sich zu verbessern. Hat man die Frühphase des Turniers, also die ersten ein bis zwei Stunden, einigermaßen heil überstanden, geht es erst richtig los. Vergessen Sie das nicht. Es gibt keinen Grund für Hektik. Es gibt Top-Spieler, die sich in den ersten Stunden eines Turniers gar nicht blicken lassen, zum Beispiel Phil Hellmuth jr. bei der WSOP, wobei es ihm auch darum geht, durch sein spätes Erscheinen die für sein Ego dringend benötigte Aufmerksamkeit zu erregen. Das gilt natürlich nur, wenn das Turnier nicht mit

Re-Buy oder Add-On gespielt wird. In solchen Fällen kann man am Anfang schon etwas mehr riskieren. Hierzu später mehr.

Middle Stage – Die mittlere Phase eines Pokerturniers

In der mittleren Phase eines Pokerturniers sollte man langsam zu handeln beginnen. Die steigenden Blinds fangen an, den eigenen Stack sichtbar zu schmälern, und man sollte daher die Anforderungen an seine Starthände ein wenig absenken und aggressiver spielen. Viele Spieler wollen gerade in dieser Phase des Turniers nichts riskieren und spielen dadurch sehr tight. Wenn Sie dann selbst etwas mehr loose werden, haben Sie gute Chancen, den einen oder anderen Pot einzustreichen.
Ein guter Zeitpunkt für einen Bluff bzw. einen Angriff auf den Pot ist immer dann, wenn die Blinds gerade spürbar erhöht wurden. Wenn die Blinds zum Beispiel gerade von 400/800 auf 600/1.200 gestiegen sind und der Big-Blind noch lautstark darüber gejammert hat, ist ein guter Zeitpunkt zum Wetten. In den Köpfen der Spieler blinkt jetzt eine Warnlampe: »Die Blinds sind hochgegangen, meine Chips sind in Gefahr. Ich riskiere jetzt erst mal nichts und werfe meine Hand im Zweifel lieber weg.«

Late Stage – Die Spätphase eines Pokerturniers

Die Spätphase eines Pokerturniers ist geprägt von sehr hohen Blinds und Spielern mit sehr unterschiedlichen Chip-Stacks und somit sehr unterschiedlichen Ms. Ihr Vorgehen in der

Spätphase hängt natürlich stark davon ab, wie viele Chips Sie haben bzw. wie Ihre M ist.

Wenn Sie eine hohe M haben oder gar Chip-Leader sind, dann sind Sie in der Wahl Ihrer Mittel relativ frei. Sie können die Macht Ihres großen Stacks gnadenlos gegen die Small-Stacks ausspielen oder sich zurücklehnen und darauf warten, dass die anderen Spieler sich gegenseitig eliminieren. Beachten Sie, dass die Small-Stacks in dieser späten Phase sehr leicht zu bluffen sind, denn schließlich sind sie nur wenige Schritte vom Abgrund entfernt. Sie werden es sich zweimal überlegen, mit einer mittelmäßigen Hand mitzugehen. Die Spieler mit einer kleinen M versuchen lieber, selbst die Initiative zu ergreifen, wie bereits oben beschrieben. Es ist ein riesiger Vorteil, mit einem großen Chip-Stack in der Wahl seiner Mittel frei zu sein, während die Gegner aus dem letzten Loch pfeifen und ständig Angst um ihr Turnierleben haben. Ein Spieler, der diese Ungleichheit der Waffen nicht für sich ausnutzt, darf sich nicht wundern, wenn er von aktiven und aggressiven Spielern, die sich gerade am Hochkämpfen sind, eingeholt wird.

Umgekehrt sollte ich mit einem kleinen Stack und einer schlechten M, wie oben bei den M-Zonen beschrieben, versuchen, mich durch gezielte Attacken auf den Pot wieder ins Rennen zu bringen. Hierbei sollte man Konfrontationen mit hohen Ms möglichst vermeiden, es sei denn, man hat wirklich eine sehr gute Hand.
In dieser Phase des Turniers sollte man seine Gegner bereits ein wenig kennen und wissen, wer eher aggressiv oder passiv spielt, wer leicht zu bluffen ist und wer eher in Richtung Calling-Station tendiert. Anders gesagt: Sie sollten zu Ihrem Spiel gefunden haben und wissen, wo Sie stehen. Wichtig ist vor

allem, dass Sie in der Spätphase des Turniers nicht die Nerven verlieren. Meist ist es schon spät, und die Spieler sind unkonzentriert und müde. Einige wollen nur noch ins Bett oder sind besorgt um Termine, die sie nach dem Turnier noch einhalten müssen. Wenn Sie sich also nur halbwegs zusammenreißen und sich fest vornehmen, keine Fehler zu machen und zu gewinnen, dann haben Sie gegenüber der Hälfte der Spieler schon einen großen mentalen Vorteil.
Spielen Sie auf den Sieg hin und nicht auf das Erreichen eines Platzes, der gerade noch Geld bringt. Beanspruchen Sie innerlich den ersten Platz für sich, und Sie werden in der Platzierung letztlich höher kommen, als wenn Sie sich sagen, dass auch ein dritter oder vierter Platz ausreicht. Poker hat viel mit Selbstvertrauen und Mut zu tun. Vor allem in der Endphase eines Turniers zeigen sich die wahren Qualitäten eines Spielers. Hat er Nerven? Hat er den Willen zum Sieg? Kann er auch in Extremsituationen noch ein fehlerfreies Spiel hinlegen?

Achtung! – Tischwechsel und Stalling

Bei einem Multi-Table-Turnier werden gerade in der Mittel- und in der Spätphase öfter die Tische neu zusammengelegt bzw. vom Turnierleiter neu aufgefüllt. Hier gilt es, blitzschnell umzuschalten und sich auf die jeweiligen neuen Gegner einzustellen. Lassen Sie sich nicht davon beeinflussen, wenn Sie plötzlich Gegner links neben sich haben, auf die Sie auch gerne verzichten können. Der nächste Tischwechsel kommt bestimmt.

Ich selbst habe einmal ein Multi-Table-Turnier mit ungefähr 80 Spielern gespielt, bei dem es genau zwei Gegner gab, die ich nicht an meinem Tisch sehen wollte: Der eine kam gerade aus Las Vegas zurück und hat dort für zwei Jahre gut vom Poker gelebt. Ich kannte ihn vom Sehen, und er war mit Sicherheit der beste Spieler im Raum. Den anderen kannte ich vorher nicht, aber er machte mehrmals durch lautes Schreien auf sich aufmerksam und kommentierte das Ausscheiden von Spielern mit Sprüchen wie: »So, jetzt bist du endlich raus, Krüppel.« Und das so laut, dass man es noch draußen auf der Straße hätte hören können. Es war peinlich.

Eine halbe Stunde später saß natürlich der Las Vegas-»Pro« links neben mir. Allerdings war er total aufgeregt, weil seine Freundin aus Las Vegas noch in der Nacht am Flughafen ankam. Er hat also die ganze Zeit nur davon geredet und schlecht gespielt. Nach einer halben Stunde war das Turnier für ihn zu Ende.

Als der Platz links neben mir leer wurde, ahnte ich es bereits: Ich sah und hörte, wie der Turnierleiter mit dem Schreihals ankam und ihn wiederum links neben mich plazierte. »Ach Mann«, dachte ich, »das kann doch nicht wahr sein. Wer kommt als Nächstes links neben mich? Mike Matusow oder Hannibal Lecter?« Aber bereits in der ersten Hand hat der Schreihals dann so laut »Fuck« gerufen, dass er disqualifiziert wurde. Er hatte wohl schon zwei Verwarnungen. Danach lief es gut für mich. Bleiben Sie also ruhig, und bauen Sie einen emotionalen Schutzwall um sich herum auf. Die Gegner kommen und gehen schneller, als man denkt.

Das nächste Phänomen, mit dem man es manchmal bei Multi-Table-Turnieren zu tun bekommt, ist das so genannte *Stalling*. Es gibt Spieler, die ständig versuchen, die Action zu bremsen, indem Sie sehr lange überlegen oder nur sehr zögernd ihre Karten beim Showdown zeigen. Sie hoffen, dass zwischenzeitlich an anderen Tischen Spieler rausfliegen und dadurch ihre

Position steigt. Ein anderes Motiv kann sein, dass Sie wollen, dass bei einem bestimmten Spieler die Blinds angestiegen sind, wenn er an der Reihe ist, sie zu legen. Beides ist nicht in Ordnung, und man sollte einfach jedes Mal »Time« sagen und gegebenenfalls den Turnierleiter darauf aufmerksam machen. Es ist gerade als Short-Stack nicht angenehm, wenn das Spiel nicht vorangeht, die Blinds aber stetig nach der Uhr ansteigen.

Der Final-Table – Der Tisch, der die Welt bedeutet

Wenn Sie am Final-Table angelangt sind, sei es, weil Sie bei einem Freeze-Out-Turnier so lange überlebt haben oder weil Sie bei einem Shoot-Out-Turnier eine Vorrunde gewonnen haben, können Sie froh sein.

Freuen Sie sich aber nicht zu früh. Beachten Sie genau, welche Plätze wie ausbezahlt werden. Oftmals wird es so sein, dass die ersten drei Plätze erheblich mehr Geld bekommen als die Plätze danach. Hier gilt es, unbedingt einen dieser Plätze zu erreichen. Analysieren Sie den Tisch genau: Wer ist Big-Stacked? Wer ist Small-Stacked? Wer ist der *Chip-Leader?* Gegen wen haben Sie im Laufe des Turniers schon einmal gespielt. Was wissen Sie über die Spieler?

Manche Spieler wollen einfach irgendwie noch ins Geld rutschen. Das kann man ausnutzen, indem man sie durch hohe Wetten vor hohe Risiken stellt. Andere Spieler hingegen spielen knallhart auf Sieg und gehen dafür über Leichen, sind aber auch bereit, ihr eigenes Leben zu opfern, um sich nach vorne zu katapultieren. Passen Sie auf solche Spieler auf.

Werden Sie auch nicht zu nervös. Der Final-Table ist schließlich nichts anderes als die Fortsetzung des gleichen Turniers.

Wenn Sie bis hierher gekommen sind, haben Sie gut gespielt. Spielen Sie einfach so weiter, und lassen Sie sich nicht davon irritieren, dass der Final-Table möglicherweise im Fernsehen übertragen wird. Geben Sie nichts darauf, wie Sie im TV herüberkommen, sondern konzentrieren Sie sich nur auf Ihr Spiel, denn dann machen Sie auch im TV eine gute Figur. Vergessen Sie nicht, dass letztendlich jeder nur mit Wasser kocht, auch die prominenten Gesichter der Pokerszene.

Short-Handed-Play – Wenn nur noch wenige Gegner am Tisch sind

Wenn der Turnierleiter versäumt, die Tische rechtzeitig zusammenzulegen, oder wenn am Final-Table die Spieler nacheinander ausscheiden, dann finden Sie sich plötzlich in einem Short-Handed-Game wieder. Auch in der Zeit, bevor der Final-Table gespielt wird, gibt es häufig eine längere Short-Handed-Phase. Die Runden werden schneller, und die Spieler sind wie im Rausch. Das große Geld ist oft nur wenige Plätze entfernt, und Sie bekommen es plötzlich mit mehr All-In-Situationen zu tun als vorher. Manche Spieler machen Spielzüge aus purer Verzweiflung, oder weil sie ganz einfach die Nerven verlieren. Wer sich dann nicht an die Besonderheiten, die für das Short-Handed-Play gelten, anpasst, hat im Prinzip schon verloren.

- Man muss mehr Hände spielen als an einem vollen Tisch, dass heißt, die Hände gewinnen an Wert, je weniger Spieler am Tisch sitzen. »Tight is right« gilt hier nicht mehr.
- Man muss aggressiv spielen, weil man oft in komische Situationen mit mittelguten Händen gerät. Man weiß oft nicht so genau, woran man ist, und dem Gegner geht es genauso.

In solchen Situationen gewinnt meist derjenige den Pot, der ihn aggressiv für sich beansprucht.

- Die effektive M sinkt ab, je weniger Spieler am Tisch sitzen. Da die Runden kürzer werden, wenn weniger Spieler am Tisch sitzen, muss man seine M nach unten korrigieren. Wenn ich also mit fünf Spielern am Tisch sitze, dann sind die Runden doppelt so schnell vorbei, als wenn zehn Spieler am Tisch dabei sind. Ich muss also meine M gedanklich anpassen, indem ich sie mit dem Anteil der verbliebenen Spieler am Tisch multipliziere. Wenn ich zum Beispiel eine M von 20 habe, aber nur noch fünf Spieler übrig sind, dann muss ich 10 durch fünf Zehntel teilen, also halbieren. Meine M beträgt also in Wirlichkeit nur 10.
  Ich persönlich nehme diese Rechnung in einem Turnier nicht vor. M ist für mich die Anzahl der Runden, die ich noch überlebe, ohne zu spielen. Bei weniger Spielern weiß ich automatisch, dass die Runden kürzer sind, und brauche so nicht noch mehr zu rechnen. Anderen Spielern, die ich kenne, hilft diese Rechnung aber. Wie Sie es halten, müssen Sie selber entscheiden.
- Die Psychologie wird wichtiger. Tells und Betting-Patterns spielen eine größere Rolle als an einem vollen Tisch. Short-Handed-Play bringt mehr Borderline-Entscheidungen hervor, und man ist somit auf jede verwertbare Information angewiesen.
- Lernen Sie, das Short-Handed-Play zu genießen. Es hat viel weniger mit bloßer Warterei auf gute Hände zu tun als das Spiel an einem vollen Tisch. Gerade für erfahrene gute Spieler ist Short-Handed-Play sehr profitabel. Da sie viel mehr Hände spielen, sinkt ihre Fehlerrate im Vergleich zu der der schlechteren Gegner. Gerade das Spiel mit mittelguten Händen erfordert sehr viel Können und Geschick. Hier bringen Ihre Poker-Skills das meiste Geld.

- Slow-Play vor dem Flop verliert an Bedeutung. Die Blinds sind meist schon sehr hoch, so dass es in der Regel besser ist, den Pot direkt für sich zu beanspruchen. Viele Spieler verkomplizieren die Sache zu sehr. Denken Sie nur mit **AA, KK** oder **QQ** an Pre-Flop-Slow-Play. Die Gefahr, mit schlechteren Karten bei einem gefährlichen Flop aufgeben zu müssen, ist zu groß.
- Slow-Play auf oder nach dem Flop gewinnt dagegen an Bedeutung. Gerade in der Spätphase des Turniers werden Spieler mit niedrigen Ms auf vorgetäuschte Schwäche oft mit Aggression reagieren. Meist sind sie wegen ihrer niedrigen M ohnehin Pot-Committed. Die Chance, einem Spieler ein vorschnelles All-In mit nur mittelguten bis schlechten Karten zu entlocken, sind also Short-Handed oft gegeben.
- Kontrollieren Sie insbesondere Short-Handed die Pot-Odds für Ihre Gegner. Setzen Sie die Gegner auf eine Hand und geben Sie ihnen anschließend die Pot-Odds zum Mitgehen, obwohl dies ein Fehler ist und umgekehrt. Bei eigenen Entscheidungen sollten Sie ebenfalls immer überlegen, ob die Pot-Odds ein Mitgehen noch rechtfertigen oder ob Ihre Gewinnchancen in Bezug auf die Pot-Odds zu gering sind. Lesen Sie hierzu ruhig noch einmal das Pot-Odds-Kapitel.

Cooperation-Play und Bubble – Wie meistert und beendet man die Bubble-Situation?

Ich hasse und liebe die *Bubble*-Situation. Als Bubble bezeichnet man die Phase eines Turniers, in der nur noch einer bzw. nur wenige Spieler mehr übrig sind, als es bezahlte Plätze gibt. Mit anderen Worten: »Wer als Nächster ausscheidet, geht leer aus.« Dies ist meist die spannendste und bisweilen auch die

unangenehmste und längste Phase in einem Pokerturnier. In der Bubble auszuscheiden ist meiner Ansicht nach schlimmer, als bereits zu Beginn zu verlieren, vor allem, wenn man Poker unter dem Aspekt des Stundenlohns betrachtet. In dieser Turnierphase sind die Spieler sehr nervös, und es kann passieren, dass der eine oder andere schlechte Entscheidungen trifft, weil die Situation für ihn geradezu unerträglich wird.
In dieser Phase erlebt man auch sehr häufig das so genannte *Cooperation-Play*. Als Cooperation Play bezeichnet man eine Spielweise, die darauf abzielt, den Short-Stack am Tisch möglichst schnell zu eliminieren. Die Big-Stacks wetten nur so lange gegeneinander, bis der Short-Stack All-In ist. Danach schonen sie sich und wetten nicht mehr gegeneinander, das so genannte *Soft-Play*. Natürlich erfolgt Cooperation-Play stillschweigend, denn eine offene Absprache würde einen Bruch mit der Poker-Etikette bedeuten. Beachten Sie in dieser gefährlichen Turnierphase Folgendes:

- Zunächst müssen Sie natürlich aufpassen, dass Sie nicht in der Bubble ausscheiden. Wenn Sie eine hohe M haben, dann können Sie das durch bloßes Abwarten erreichen oder dadurch, dass Sie mit Ihrem Big-Stack versuchen, die kleinen Stacks zu eliminieren, und so aktiv die Bubble-Phase beenden. Mit einer niedrigen M müssen Sie achtsam sein. Hier gilt es, situationsbedingt zu spielen und nicht die Nerven zu verlieren.
- Man kann die Angst der anderen Spieler in der Bubble sehr gut für Bluffs nutzen. Wenn Sie in der Phase mutig sind, kann das sehr lukrativ sein. Seien Sie aber vorsichtig!
- Cooperation-Play ist üblich, und Sie sollten als Big-Stack ruhig mitmachen.
- Überlegen Sie sich gut, ob Sie die stillschweigende Vereinbarung beim Cooperation-Play brechen wollen, indem Sie

den anderen Big-Stack trotzdem attackieren. Sie müssen hierbei beachten, dass der andere Big-Stack Sie danach auch nicht mehr schonen wird. Denken Sie strategisch. Es kann plötzlich wichtiger werden, den anderen Big-Stack auszunehmen und so seinen Stack zu vergrößern, als nur den Small-Stack zu eliminieren.

Betrachten wir den schwierigen letzten Punkt in der Praxis. Hier ein Beispiel aus einem Turnier:

Sie haben

Wir sind in der Bubble: Fünf Spieler sind noch im Turnier, vier bekommen Geld. Die Blinds sind inzwischen bei 5.000/10.000 angekommen. Ein Spieler mit 20.000 verbliebenen Chips geht All-In. Ein anderer Spieler mit knapp über 100.000 Chips geht mit. Sie selbst haben 160.000 Chips. Alle anderen haben aufgegeben, und Sie sind als Big-Blind als Letzter dran. Was machen Sie?

Normalerweise würde Ihre schlechte Hand selbst als Big-Blind, der schon mit 10.000 mit im Pot ist, kein Mitgehen rechtfertigen. Auch die 10-zu-1-Regel, kommt hier nicht zur Anwendung, da ein anderer Spieler den Small-Stack bereits gecallt und Ihnen die Arbeit des Eliminierens schon abgenommen hat.
Jetzt kommt aber die Cooperation-Play-Überlegung ins Spiel. Indem Sie mitgehen, erhöhen Sie die Chancen, dass der Small-Stack ausscheidet. Wenn der Flop den anderen Big-Stack schon nicht trifft, dann trifft er vielleicht Ihre Hand. Beson-

ders wenn der andere Big-Stack Overcards hat, bieten Sie beide zusammen eine größere Zielscheibe für den Flop und erhöhen so die Chance, dass der Small-Stack eliminiert wird. Sie wären dann schon im Geld. Sie gehen also mit und planen, die Hand ab dem Flop nur durchzuchecken. Der Flop kommt:

Flop

Nun beginnen Sie Ihre Idee mit dem Durchchecken noch einmal zu überdenken. Sie haben einen Drilling geflopt und sind sich fast sicher, momentan die beste Hand zu haben. Ihr eigentliches Ziel war es, den Small-Stack zu eliminieren. Jetzt haben Sie aber zusätzlich die Möglichkeit, dem Big-Stack eine Menge Chips abzunehmen bzw. auch ihn zu eliminieren, da Sie mehr Chips als er haben. Fraglich ist hier vor allem, ob sich diese beiden strategischen Ziele gegenseitig ausschließen? Wenn der Big-Stack nach einer Wette von Ihnen aussteigt, besteht die Gefahr, dass der Small-Stack Sie am Ende doch schlägt und dann doch noch dabeibleibt. Allerdings ist das wegen Ihrer sehr guten Hand relativ unwahrscheinlich. Sie entscheiden sich daher dafür, erst mal nicht zu wetten und nur zu checken.
Der andere Big-Stack checkt auch, nicht ahnend, dass Sie bereits in Lauerstellung sind. Der Turn bringt eine ungefährliche Herz-**4**, und Sie beschließen jetzt, das stillschweigende Abkommen mit dem anderen Big-Stack zu brechen. Sie wetten 50.000. Über diesen Bruch ist der andere Spieler so erbost, dass er All-In geht. Sie gehen mit, und die Karten werden aufgelegt. Der Showdown sieht so aus:

Sie haben ***Small-Stack*** ***Big Stack***

Flop ***Turn*** ***River***

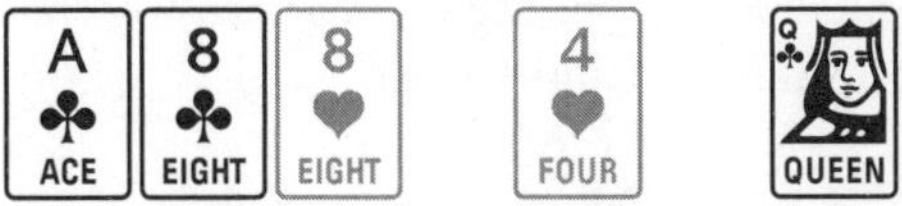

Ein tolles Ergebnis. Sie haben durch Ihr Ablassen vom Cooperation-Play und mit Hilfe Ihrer guten Hand zwei Spieler ausgeschaltet und haben Ihren Stack entscheidend vergrößert. Das war für Ihren Turniererfolg eine absolute Schlüsselhand. Ihr Soft-Play auf dem Flop hat sich auf trickreiche Weise für den anderen Big-Stack mit Slow-Play vermischt. Dazu bekamen Sie noch die nötigen Karten. Perfekt. An diesem Beispiel konnten Sie gut erkennen, welche Überlegungen man in einer solchen heißen Phase des Turniers anstellen kann. Denken Sie auf jeden Fall strategisch und beachten Sie stets die Größe der gegnerischen Chip-Stacks. Das ist die Grundvoraussetzung für den Turniererfolg.

Chasing the Big-Stack – Die Jagd auf den Chip-Leader

Gerade mit weniger Spielern am Tisch ist es sehr wichtig, immer zu wissen, wo sich der Chip-Leader befindet. Sie erinnern sich: Da der Chip-Leader die meisten Chips hat, hat er auch die Macht, alle anderen Spieler zu eliminieren. Das betrifft auch Sie, es sei denn, Sie sind selbst der Chip-Leader. Hier ist also Vorsicht angebracht. Der Chip-Leader ist meist der gefährlichste Gegner am Tisch, vor allem, wenn er weiß, wie man mit seinem Big-Stack umgeht und einen nach dem anderen eliminiert. Vergessen Sie auch nicht, dass der Chip-Leader einen psychologischen *edge,* also einen Vorteil, hat. Er hat Selbstvertrauen getankt und bereits viele Chips gewonnen. Er befindet sich durch diese Erfolgserlebnisse also oft in einer Art Rush, den Sie respektieren sollten. Merken Sie sich folgende Grundregeln in Bezug auf den Chip-Leader:

- Wenn Sie wissen, dass der Chip-Leader mit Sicherheit mit Ihnen zusammen in der Hand ist, dann seien Sie vorsichtig. Spielen Sie wirklich nur solide Hände. Der Chip-Leader kann es sich leisten, mitzugehen und sich Ihre Hand anzugucken.
- Wenn der Chip-Leader potenziell mit Ihnen in der Hand ist, sollten bei Ihnen zumindest die Warnleuchten angehen, und Sie dürfen nicht zu viel riskieren.
- Wenn Sie mit Sicherheit wissen, dass der Chip-Leader nicht in der Hand ist, können Sie ruhig aggressiv spielen.
- Wenn der Chip-Leader in der Blind sitzt, ist er immer potenziell gefährlich. Er wird wegen der günstigen Pot-Odds im Zweifel in der Hand mit dabei sein.
- Den Chip-Leader zur Strecke zu bringen muss natürlich oberste Priorität am Tisch haben. Wie gesagt, Sie und die anderen Spieler am Tisch müssen ihn mit soliden Händen angreifen. Seien Sie vorsichtig, und nutzen Sie aus, dass der Chip-Leader aus strategischen Gründen im Zweifel mitgeht, und zeigen Sie ihm dann eine gute Hand. So und nicht anders macht man Jagd auf den Chip-Leader.

Heads-Up-Play – High Noon am Pokertisch

Das Turnier ist jetzt fast zu Ende. Es sind nur noch zwei Spieler übrig, die es jetzt unter sich ausmachen müssen. Einige Spieler fühlen sich pudelwohl im Heads-Up-Spiel, andere hassen es wie die Pest und versuchen oft mehrmals, dem Gegner einen Deal vorzuschlagen, um die Situation zu beenden.
Das Heads-Up-Duell kommt mir persönlich immer etwas absurd vor. Der Dealer muss ständig neu mischen, und die Hände sind oft nach Sekunden schon wieder vorbei, ohne dass sich etwas getan hat. Ich empfinde die Konfrontation auch oft als besonders heftig. Es erinnert mich an den James-Bond-Film *Liebesgrüße aus Moskau:* In einer Szene muss James Bond gegen einen Feind im Orient-Express-Zug kämpfen. Es ist sehr eng und beklemmend im Zugabteil, und der Kampf ist äußerst langwierig und brutal. Bond muss ihn gewinnen, egal, was ist. Am Ende hat er schon so gut wie verloren, aber er schafft es, den Gegner doch noch mit Hilfe eines Tricks zu besiegen. Das ist für mich die perfekte Metapher für das Heads-Up-Duell am Ende eines Turniers: brutal, beklemmend und letztendlich entschieden durch Täuschungsmanöver. So, genug über James Bond geredet. Lassen wir Mr. Bond im *Casino Royale* in Frieden pokern, und überlegen wir uns lieber, wie wir das Heads-Up-Duell gewinnen können:
Die Wertigkeit der Startkarten verändert sich im Heads-Up-Spiel gegenüber dem Spiel mit vielen Spielern. Hier sind die Karten am meisten wert. Jedoch steigen nicht alle Hände im Wert gleich an. Einige Hände, wie Paare und hohe Karten, gewinnen an Wert, und andere Hände, die gegen einen vollen Tisch sehr gut sein können, wie zum Beispiel kleine Paare oder mittlere Suited-Connectors, sinken im Wert. Ein Ranking der Starthände im Heads-Up-Play orientiert sich also daran, wie

die endgültige Gewinnchance einer Starthand gegen einen Gegner bei einer All-In-Situation ist. Demnach kann man folgende Tabelle aufstellen:

Starthandtabelle für das Heads-Up-Play

Gruppe	Starthände Paare … Suited … Unsuited …	Gewinn-chance im Heads-Up
Gruppe 1	AA, KK, QQ, JJ, TT, 99, 88, 77, 66 AKs, AQs, AJs, ATs, A9s, A8s, KQs, KJs AK, AQ, AJ, AT	Mind. 62 %
Gruppe 2	55 A7s–A3s, KTs, K9s, K8s, OJs, QTs A9, A8, A7, KQ, KJ, KT, QJ	Mind. 58 %
Gruppe 3	44 A2s, K7s,K6s, K5s, Q9s, Q8s, JTs, J9 A6–A3, K9, K8, K7, QT	Mind. 55 %
Gruppe 4	33 K4s, K3s, K2s, Q7s, Q6s, Q5s, J8s, T9s A2, K6, K5, K4, Q9, Q8, JT, J9	Mind. 52 %
Gruppe 5	22 Q4s–Q2s, J7s–J5s, T8s, T7s, 98s K3, K2, Q7–Q5, J8, T9	Mind. 50 %
Gruppe 6	J4s–J2s, T6s, T5s, 97s, 96s, 87s Q4–Q2, J7–J5, T8, T7	Mind. 47 %
Gruppe 7	T4s–T2s, 95s, 94s, 86s, 85s, 76s, 75s J4-J2, T6, T5, 97, 96, 87	Mind. 44 %
Gruppe 8	93s, 92s, 84s, 83s, 74s, 65s, 64s, 54s T4–T2, 95, 94, 86, 85, 76	Mind. 41 %

Gruppe 9	82s, 73s, 72s, 63s, 62s, 53s, 52s, 43s 94–92, 84, 83, 75, 74, 65, 64, 54	Mind. 37 %
Gruppe 10	42s, 32s 73, 63, 53, 43, 82, 72, 62, 52, 42	Mind. 32–37 %

Wenn ich zum Beispiel **A2**s im Heads-Up-Game auf die Hand bekomme, so weiß ich anhand der Tabelle, dass die Hand zu der drittbesten Gruppe im Heads-Up gehört. Ich weiß zudem, dass **A2**s gegen eine zufällige Hand eine endgültige Gewinnwahrscheinlichkeit von 55 % hat und somit grundsätzlich spielbar ist. Sie müssen diese Tabelle natürlich nicht auswendig lernen, aber wenn Sie sie ein wenig studieren, werden Sie auf jeden Fall eine Vorstellung dafür entwickeln, welche Hände im Heads-Up gut sind. Wie Sie sehen, spielen Karten von derselben Farbe, zum Beispiel **Q4s**, fast keine Rolle. Was im Heads-Up zählt, sind hohe Karten und Paare.

Ein König oder ein Ass sowie fast alle Paare sind im Heads-Up in der Regel immer spielbar. Auch Straßenchancen sind im Heads-Up eher unbedeutend. Wichtiger ist es, hohe Karten zu haben. Das ist auch der Grund, warum im Heads-Up-Spiel **32**-offsuit die schlechteste Starthand ist, während an einem vollen Tisch **72**-offsuit als schlechteste Starthand angesehen wird. Im Heads-Up macht die relativ hohe **7** den Nachteil wett, dass **72**-offsuit zu weit auseinanderliegt, um eine Straße zu bilden. Anstatt jetzt weiter theoretisch über die Natur des Heads-Up-Spiels zu diskutieren, möchte ich Ihnen aber lieber ein paar konkrete Tipps für den Ernstfall an die Hand geben:

- In den meisten Fällen haben beim Heads-Up beide Spieler kein Paar auf der Hand. In solchen Situationen müssen Sie sich im Klaren darüber sein, dass zwei kleine Karten, so genannte Undercards, nicht so schlecht gegen Overcards sind, wie man annehmen könnte. Die Gewinnchance von Overcards gegen Undercards liegt nur bei ungefähr 5 zu 3. Ihre relativ niedrige Hand ist also Heads-Up meistens gar nicht so schlecht, wie Sie denken.

- Ein Paar ist Heads-Up immer eine sehr gute Hand. Ein Paar bekommt man in 6 % der Fälle, also jede 17. Hand. Die Situation, dass beide Spieler ein Paar bekommen, kommt im Durchschnitt nur alle 300 Hände vor. Insofern können Sie davon ausgehen, dass der Gegner meist kein Paar hat, wenn Sie eines bekommen.
- Wenn Sie ein Paar bekommen, dann sind Ihre Chancen gegen ein niedrigeres Paar, zum Beispiel **JJ** gegen **66,** 4,5 zu 1, also sehr gut.
- Wenn Sie mit einem Paar gegen Undercards spielen, zum Beispiel **TT** gegen **79**s, dann liegt Ihre Gewinnchance bei 5 zu 1, also ebenfalls sehr gut.
- Mit einem kleinen Paar gegen Overcards, zum Beispiel **55** gegen **AK,** beträgt die Gewinnchance ungefähr 5,5 zu 4,5, wir haben also fast eine 1-zu-1-Chance, einen so genannten *Coin-Flip.*
- Wenn beide kein Paar haben, sich aber eine Karte teilen, so spricht man von *Domination,* zum Beispiel **AT** gegen **A7.** Man ist dann zwar als derjenige mit der niedrigeren Karte ein Underdog und insofern »dominiert«, aber immerhin haben die höheren Karten eine Gewinnchance von ungefähr nur 7 zu 3 gegenüber den niedrigeren Karten. Es ist also nicht so übel, wie Sie glauben.
- Im Heads-Up sind Aggression und Position entscheidend. Auch die Bedeutung des psychologischen Faktors wächst sehr stark an.

Zur Wiederholung an dieser Stelle noch einmal die Tabelle mit den endgültigen Gewinnwahrscheinlichkeiten für typische Heads-Up-Konfrontationen:

Handkonfrontation	Beispiel	Gewinnchance
Hohes Paar vs. niedriges Paar	KK vs. 99	4,5 : 1
Paar vs. Undercards	QQ vs. JT	5 : 1
Paar vs. Overcards	66 vs. AK	5,5 : 4,5
Paar vs. Over- und Undercard	QQ vs. AT	5 : 2
Overcards vs. Undercards	KQ vs. 98	5 : 3

Strategien als Small-Blind beim Heads-Up

Beachten Sie, dass Sie beim Heads-Up-Spiel am Ende eines Turniers zugleich Button und Small-Blind sind. Da Ihre Gewinnchancen selbst mit einer Hand der schlechtesten Gruppen immer noch bei 30–40 % liegen, haben Sie in dieser Position selbst mit relativ schlechten Händen noch ausreichende Odds zum Mitgehen, weil die Pot-Odds als Small-Blind für Sie immer relativ gut sind. Ein Beispiel zur Verdeutlichung:

Sie haben

Sie sind Small-Blind, und die Blinds betragen 10.000/20.000. Ihre Pot-Odds zum Mitgehen betragen als Small-Blind demnach 25 %. Ihre Gewinnchance liegt aber laut der Tabelle bei mindestens 44 %. Der Break-Even-Point ist eindeutig überschritten. Aus mathematischer Sicht lohnt sich ein Mitgehen als Small-Blind also öfter, als Sie denken, vor allem weil Sie ab der zweiten Wettrunde Position auf den anderen haben, wenn keiner der Spieler All-In ist. Beachten Sie aber, dass die mathematische Betrachtung nur ein Faktor von vielen ist. Gerade Heads-up spielt die Psychologie eine große Rolle. Als Small-Blind im Heads-Up-Spiel gelten die folgenden Grundsätze:

- Ihre Pot-Odds zum Mitgehen betragen als Small-Blind immer 25 % bzw. 3 zu 1. Es ist daher meist richtig, selbst mit schlechten Karten wenigstens mitzugehen. Wenn der Gegner dann erhöht, gehen Sie bitte nur mit, wenn Sie eine Hand der Gruppe 3 oder besser haben.
- Erhöhen Sie in der Regel mit Händen der Gruppen 3–4 oder besser.
- Wenn Sie zunächst nur mitgehen und der Gegner Sie dann All-In setzt, sollten Sie mitgehen, wenn Sie eine Hand aus den Gruppen 1 oder 2 haben. Anderenfalls sollten Sie aufgeben.
- Wenn die M von beiden Spielern relativ hoch ist, das heißt 10 oder mehr, dann sollten Sie die Anforderungen an Ihre Starthände etwas anheben.
- Wenn beide niedrige Ms von 3–5 oder weniger haben und der Gegner nahezu mit allen Händen mitgeht, dann sollte man selbst in der Regel mit Händen der Gruppen 1–3 mitgehen.

Strategien als Big-Blind beim Heads-Up-Spiel

Wenn Sie Big-Blind sind, haben Sie Heads-Up in der ersten Wettrunde das letzte Wort, wenn der Gegner nur mitgeht. Bedenken Sie aber, dass Sie ab der zweiten Wettrunde immer vor Ihrem Gegner dran sind, also die schlechtere Position haben.

Es sollte also für Sie oberste Priorität haben, dass ab der zweiten Wettrunde wegen des All-Ins eines Spielers nicht mehr gewettet werden kann und es so auf die Position gar nicht mehr ankommt. Sie sollten die Hand also möglichst schnell beenden. Seien Sie Pre-Flop sehr aggressiv als Big-Blind, und beachten Sie die folgenden Punkte:

- Wenn die Small-Blind nur mitgeht, sollten Sie auf jeden Fall mit einer Hand der ersten drei Gruppen All-In gehen bzw. den Gegner All-In setzen. Das gilt vor allem bei niedrigen Ms unter 5.
- Bei höheren Ms sollten Sie eher nur mit Händen der Gruppen 1–2 All-In gehen oder um einen signifikanten Betrag erhöhen.
- Bei einer Erhöhung des Gegners sollten Sie mit einer Hand der Gruppe 3 besser nur mitgehen. Erhöhen Sie, wenn Sie eine Hand der Gruppe 2 oder besser haben. Wenn der Gegner relativ tight ist, sollten Sie die Anforderungen an Ihre Hände etwas anheben.
- Wenn der Gegner All-In geht, gehen Sie mit, wenn Sie eine Starthand der Gruppe 1 oder 2 haben.

Das waren einige Überlegungen zum Heads-Up-Play. Die Regeln, die ich Ihnen an die Hand gegeben habe, sind natürlich nur Richtlinien, an denen Sie sich orientieren können. Wie gesagt, gerade Heads-Up spielt die Psychologie eine große Rolle und kann im Zweifel ein Spiel diktieren, das gänzlich von den oben aufgestellten Regeln abweicht. Bleiben Sie vor allem ruhig, auch wenn alle um Sie herum endlich ein Ende des Turniers sehen wollen. Warten Sie auf eine Gelegenheit, den Gegner auszutricksen, und verfallen Sie nicht in Hektik, dann werden Sie den Turniersieg nach Hause fahren. Spielen Sie zielgerichtet und bestimmt auf den ersten Platz hin. Den

zweiten Platz haben Sie ja ohnehin als Heads-Up-Spieler bereits sicher.
Bedenken Sie, dass der Unterschied beim Preisgeld zwischen dem ersten und zweiten Platz am größten ist. Bei einer Gewinnverteilung der ersten Plätze von beispielsweise 40 % – 25 % – 20 % – 10 % – 5 % beträgt der Sprung vom zweiten auf den ersten Platz satte 15 Prozentpunkte. Das können in der Realität Hunderte bis Tausende Euro sein. Heads-Up zu gewinnen gibt demnach den größten Profit. Entwickeln Sie daher bitte den unbedingten Willen zum Sieg, und sammeln Sie noch einmal all Ihre Kräfte.

Deals – Lassen Sie sich nicht übers Ohr hauen!

Oft kann man beobachten, dass zum Ende eines Turniers ein Deal zwischen den verbliebenen Spielern abgeschlossen wird.

Als Deal in einem Pokerturnier bezeichnet man eine Vereinbarung zwischen zwei oder mehr Spielern, das Preisgeld in einer anderen Weise aufzuteilen, als es ursprünglich von der Turnierstruktur vorgesehen war.

Der einfachste denkbare Deal ist, dass die Spieler im Heads-Up einfach aufhören und sich das Geld des ersten und zweiten Platzes teilen. Hierbei wird oft die Größe der Chip-Stacks im Moment des Deals den Schlüssel für die Aufteilung vorgeben. Die Spieler können zum Beispiel auch vereinbaren, dass jeder aus dem Preispool schon mal 500 € herausnimmt und dann um den Rest gespielt wird. Es sind unzählige Arten von Deals denkbar, und es ist keinesfalls unehrenhaft, auf diese Art ein Turnier zu beenden. Oft werden Deals im privaten Rahmen auch geschlossen, um ein Turnier zu beenden, das sehr lange dauert, damit man noch ausreichend Zeit für das nächste Turnier hat. Egal, was Sie über das Thema denken, früher oder später werden Sie es beim Turnier mit Deals zu tun bekommen, und dann müssen Sie gewappnet sein. Hier ein paar Dinge, die Sie berücksichtigen sollten, wenn Sie Deals aushandeln:

- Zunächst sollten Sie herausfinden, ob Deals überhaupt erlaubt sind. Manche Turnierveranstalter, insbesondere bei vom Fernsehen übertragenen Events, sind natürlich strikt dagegen. Bei den meisten anderen Events, auch online, sind Deals üblich, und es herrscht eher die Einstellung: »Was die Spieler unter sich aushandeln, ist deren Sache, und wir halten uns da raus.«
- Wenn der Gegner Ihnen einen Deal vorschlägt, der für ihn sehr ungünstig und für Sie sehr günstig ist, dann nehmen Sie sofort an. Wenn der andere einen Fehler macht, dann ist es wie im Spiel selbst: Er muss damit rechnen, dass er einen Nachteil erleidet.
- Wenn die Verteilung des Geldes sich an der Chipmenge der jeweiligen Spieler orientiert, sollten Sie als Small-Stack immer überlegen, wie viel Geld Sie ohnehin schon sicher hätten, und im Zweifel lieber ablehnen und weiterspielen. Als Big-Stack sollte man in der Regel auf einen solchen Deal eingehen, da Sie den größeren Anteil bekommen.
- Bitte unterschätzen Sie Ihre eigene Spielstärke nicht. Wenn ein besserer Spieler Ihnen einen Deal vorschlägt nach dem Motto »Sei froh, wenn du hier überhaupt etwas mit nach Hause nimmst, denn eigentlich hättest du gegen mich eh keine Chance« und sich dabei sehr günstige Konditionen gibt, dann lehnen Sie ab oder fordern Sie bessere Konditionen. Bedenken Sie: Wenn der andere so gut ist, dass er das Turnier locker gewinnen kann, so würde er Ihnen wohl

keinen Deal vorschlagen, oder? Verkaufen Sie sich nicht unter Wert!

- Machen Sie den Deal, bevor Sie mit der Big-Blind dran sind. Wenn der Gegner einen Deal machen will, bevor er in der Big-Blind ist, lassen Sie sich dafür bezahlen.
- Das beste Argument bei Verhandlungen ist: »Ich möchte keinen Deal machen.« Hierdurch werden Sie oft von den anderen Spielern noch einen zusätzlichen Bonus erhalten, wenn Sie sich dann doch auf den Deal einlassen. Auch wenn Sie einen Deal eigentlich wollen, sagen Sie erst einmal »Nein«, und schauen Sie, was der Gegner anbietet. Tun Sie so, als seien Sie in Bestform und könnten noch Stunden auf höchstem Level weiterspielen, auch wenn es nicht so ist. Es ist ein bisschen so wie bei den Händlern im Urlaub. Dort lehnt man meist auch beim Handeln ein Angebot zunächst ab und verlässt den Laden. Meistens kommt der Händler dann hinterhergelaufen und nennt einen viel besseren Preis, weil er natürlich das Geschäft machen will.

14. TEIL

Strategien für spezielle Turnierformen

Single-Table-Turniere – Ein Tisch und drei Gewinner

Diese Turnierform erfreut sich sehr großer Beliebtheit. Ein Single-Table-Turnier, auch einfach *STT* genannt, ist ein Turnier mit 10 Spielern, bei dem die ersten drei Plätze Geld bekommen. Eine Unterform hiervon ist ein Sit-'N'-Go-Turnier, das keine feste Startzeit hat und dann beginnt, wenn sich zehn Spieler eingefunden haben. Die Aufschlüsselung des Geldes ist meist 50% für den Sieger, 30% für den Zweiten und 20% für den Dritten.

Wichtig ist es am Anfang von solchen Turnieren vor allem, seine Gegner kennenzulernen, denn man wird es mit ihnen bis zum Ende zu tun haben. In der Frühphase solcher Turniere empfiehlt es sich, eher konservativ zu spielen und herauszufinden, ob der Tisch tight oder eher loose ist und ob der Finger am Abzug für All-Ins bei einigen Spielern nervös ist oder nicht. Schauen Sie sich ruhig ein paar Flops an, wenn es billig ist, aber vermeiden Sie All-In-Situationen zu Beginn dieser Turniere, es sei denn, Sie haben eine Bombenhand und wissen, dass die Gegner sehr loose sind. In dem Fall sollten Sie natürlich die Chance zum Verdoppeln nutzen.

Spielen Sie so, wie es im Kapitel »Turnierbasics« beschrieben wurde. Vor allem wenn 3 bis 4 Spieler ausgeschieden sind, also in der Mittel- bis Endphase des Turniers, wollen die Spieler mit relativ großen Chip-Stacks nicht mehr allzu viel riskieren. Das ist Ihre Chance, einige Pötte zu stehlen. Wenn zu Ihnen gecheckt wird, wetten Sie! Wenn Sie erhöht werden, trennen Sie sich von mittelguten bis schlechten Händen. So werden Sie mehr Chips gewinnen.

Wenn die Blinds so hoch sind, dass der Glücksfaktor sehr

hoch ist, sollten Sie bereits so viele Chips angesammelt haben, dass Sie diese Phase überstehen und als Sieger hervorgehen. Andernfalls sollten Sie bei jeder Entscheidung, einen Pot zu spielen, strategisch denken.

Single-Table-Satellite-Turniere – Ein Tisch und nur ein Gewinner

Diese Turnierformen sind im Prinzip Single-Table-Turniere wie vorhin beschrieben, aber mit dem Unterschied, dass hier nicht die ersten drei Plätze etwas bekommen, sondern nur der erste. Der Gewinner eines solchen Turniers bekommt die Möglichkeit, an einem anderen Turnier mit höherem Buy-In teilzunehmen.

Wie gewinnt man ein Single-Table–Satellite-Turnier? Im Grunde gelten die Grundsätze, die ich eben für das Single-Table-Turnier aufgestellt habe. Das Problem ist aber, dass nur einer der Spieler am Tisch etwas gewinnt. Insofern muss man gerade zum Ende hin aggressiver spielen. Man kann nicht darauf hoffen, noch ins Geld zu rutschen. Man muss unbedingt Erster werden, und es kann sein, dass man öfter alle Chips riskieren muss, um dies zu erreichen.

Oft werden selbst bei solchen Satelliten-Turnieren Deals gemacht. Es kann zum Beispiel sein, dass ein Spieler sagt: »Ich weiß, dass du unbedingt den Platz für das Turnier X haben willst. Ich überlasse ihn dir, und du gibst mir die Hälfte vom regulären Buy-In für das Turnier X.« Das ist völlig legitim.

Shootouts – Turniere mit Vorrundentischen für den Final-Table

Diese Turnierform wird in jüngster Zeit gerade in Deutschland verstärkt angeboten. Die Veranstalter schießen wie Pilze aus dem Boden, und es vergeht kaum ein Wochenende, an dem man nicht in seiner Heimatstadt ein solches Turnier spielen kann. Man muss bei dieser Turnierform einen Vorrundentisch gewinnen, um am Final-Table teilnehmen zu können. Preise gibt es nur, wenn man am Final-Table einen der ersten Plätze belegt. Meist gibt es bei solchen Turnieren wertvolle Sachpreise zu gewinnen, und diese Turniere locken viele Spieler an.
Diese Art des Turniers ist eine Mischform aus Satellite-Turnier, also dem Vorrundentisch, bei dem sich nur ein Spieler für den Final-Table qualifiziert, und einem normalen Single-Table-Turnier, dem Final-Table. Man muss daher, wie in den Kapiteln oben beschrieben, die Vorrunde relativ aggressiv spielen, um zu gewinnen, während am Final-Table die strategischen Grundsätze für das normale Single-Table-Turnier gelten.

Bitte bedenken Sie aber bei einem solchen Turnier, dass der faktische Rake, den der Veranstalter bekommt, oft sehr hoch ist. Viele Spieler kaufen sich, sofern es möglich ist, mehrmals in Vorrundentische ein, weil sie unbedingt an den Final-Table wollen, um einen Sachpreis zu gewinnen. Der Buy-In erscheint auch im Verhältnis zu den Preisen recht niedrig.
Aber Vorsicht! Lassen Sie sich davon nicht täuschen. Ihre Gewinnchancen sind weitaus schlechter als bei einem normalen Freeze-Out-Turnier. Bedenken Sie immer, dass Sie, um einen der begehrten Preise zu bekommen, erst einmal eine Riesenhürde nehmen müssen: Sie müssen einen Vorrundentisch ge-

winnen. Sie können also nicht konservativ spielen und warten, bis Sie einen Platz nach dem anderen nach vorne rutschen. Sie müssen zuerst gewinnen, um später richtig zu gewinnen. Das ist ein großer Unterschied zu einem normalen Turnier, und es ist viel schwieriger bei einem Shoot-Out einen Preis zu gewinnen. Das Traurige ist, dass Spieler bei solchen Turnieren verhältnismäßig viel Geld verlieren können, weil sie sich zu oft bei Vorrundentischen einkaufen. Zudem werden sich Spieler, die schon qualifiziert sind, oft nochmals bei Vorrundentischen einkaufen, weil man mehr Chips für den Final-Table bekommt, wenn man zusätzlich noch einen zweiten Vorrundentisch gewinnt. Selbst gute Spieler werden sich oft einkaufen müssen, weil die Blinds an den Vorrundentischen rasend schnell in die Höhe gehen, damit man als Veranstalter möglichst viele Tische an einem Tag absolvieren kann. Das Resultat von sehr schnell ansteigenden Blinds ist aber, dass der Glücksfaktor gerade am Ende zu viel Gewicht bekommt. Diese Vorrunden mutieren oft zu *Crap-Shoots,* also reinen Glückspielen nach dem Motto: »Habe ich gute Karten als Big-Blind oder nicht? Wenn nicht, scheide ich aus.«

Diese Turniere sind also meist eine Gelddruckmaschine für den Veranstalter, und der faktische Rake ist viel höher als im Casino oder im Internet. Wenn 300 Spieler sich im Durchschnitt zweimal für 15 € einkaufen, dann kommen 9.000 € zusammen. Wenn der Gewinn dann ein Lap-Top, ein Navigationsgerät und ein MP3-Player sind, dann kann man sich leicht ausrechnen, dass der Rake 50–70 % betragen kann, je nachdem, wie viel man für die Sachpreise veranschlagt. Wenn man bedenkt, dass der Rake in Casinos und im Internet höchstens 20 % beträgt, dann sollte man es sich lieber zweimal überlegen, ob man bei einem solchen Turnier mitspielt. Bitte informieren Sie sich vorher genau über die Regeln, und lassen Sie es gut sein, wenn Sie nach zwei oder drei Vorrundentischen nicht qualifiziert sind. Mit Gewalt geht im Poker gar nichts, und vielleicht ist es einfach nicht Ihr Tag. Werfen Sie den Veranstaltern nicht Ihr Geld in den Rachen. Wie gesagt, die Gewinnchancen sind bei solchen Turnieren eher schlecht. Es gibt auch Turniere, bei denen sich die ersten beiden Plätze eines Vorrundentisches für den Final-Table qualifizieren. Hier hat man bessere Chancen, aber besonders lukrativ sind diese Turniere ebenfalls nicht.

Turniere mit Re-Buy

Bei vielen Turnieren, insbesondere bei Live-Turnieren, hat man die Möglichkeit, Chips nachzukaufen, wenn man pleite ist. Dies geschieht in Form des Re-Buys. Die Möglichkeit eines Re-Buys bringt mehr Geld in den Preispool eines Turniers und vor allem zu Anfang mehr Action. Der Re-Buy ist immer nur bis zu einem bestimmten Blind-Level möglich. Es gibt Turniere, die die Anzahl der Re-Buys beschränken, meistens auf einen Re-Buy pro Spieler, und andere, bei denen man sich so oft einkaufen kann, wie man will, so genannte Unlimited-Re-Buy-Turniere.

Zunächst kann man sagen, dass es in der Re-Buy-Phase von solchen Turnieren sehr heiß zugeht. Es gibt oft eine regelrechte All-In-Inflation, und die Teilnehmer spielen alle Hände, die sie kriegen können. Das gilt natürlich vor allem bei Turnieren mit mehreren oder unlimited Re-Buys. Bei nur einem möglichen Re-Buy gibt es meist keine große Veränderung gegenüber einem Freeze-Out-Turnier, bei dem es keinen Re-Buy gibt. Bei einem solchen Turnier sollte man einfach so spielen, als gäbe es keinen Re-Buy. Der Re-Buy sollte hierbei eher als Rettungsboot gesehen werden, den man besser nicht in Anspruch nehmen sollte. Klar, man kann, kurz bevor die Re-

Buy-Phase vorbei ist, vielleicht einen teuren Spielzug wagen, den man ohne Re-Buy nicht machen würde, aber in der Regel sollte man seine Taktik nicht grundlegend umstellen. Bei unlimited Re-Buys sieht die Sache anders aus. Hier gibt es mehrere Herangehensweisen:

- Die erste Strategie ist die, sehr loose zu spielen und durch waghalsige Manöver in der Re-Buy-Phase so viele Chips wie möglich anzusammeln. Viele Spieler verfolgen diese Strategie. Der Nachteil ist, dass sie relativ teuer sein kann und man es nach der Re-Buy-Phase oft nicht schafft, wieder auf tight umzustellen. Der Vorteil dieser Strategie ist natürlich, dass man, wenn es gelingt, mit sehr vielen Chips in die Mittel- bzw. Spätphase des Turniers einsteigt.
- Eine andere Strategie ist, dass man auf gute Hände wartet und diese dann aggressiv gegen Spieler spielt, die die eben beschriebene Maniac-Taktik anwenden. Das funktioniert auch oft sehr gut, weil man mit guten Händen die Maniacs in sich reinlaufen lässt, was prinzipiell immer eine gute Taktik im Poker ist. Allerdings ist man auch hier nicht vor Bad-Beats sicher. Insofern muss man auch mit dieser Taktik damit rechnen, den einen oder anderen Re-Buy zu machen. Oft kann man sich aber auch verdoppeln und sogar verdreifachen.
- Letztlich kann man auch einfach sein normales Spiel spielen und zuschauen, wie die anderen Spieler sich gegenseitig bekriegen. Der Nachteil hierbei ist aber, dass man auf diese Art zu wenig Chips ansammelt und so keine echte Bedrohung im Turnier mehr darstellt. Im Poker muss man sich anpassen, das gilt auch bei Re-Buys-Turnieren. Wenn man sich für diese Strategie entscheidet, dann sollte man zumindest von Zeit zu Zeit bereit sein, mit guten Händen All-In zu gehen, um sich zu verdoppeln.

Welche Strategie am besten ist, ist schwer zu sagen. Es kommt darauf an, womit Sie am besten klarkommen. Ich selbst verfolge eine Mischung aus der zweiten und dritten Strategie. Die erste Strategie ist meiner Ansicht nach nicht zu empfehlen. Bei den Turnieren, die ich erlebt habe, sind die Spieler, die sich als erste verdoppelt oder verdreifacht haben, meist auch als Erste ausgeschieden. Der Nachteil ist einfach, dass man seine Kräfte verbraucht. Man lässt sich schon am Anfang auf kräftezehrende Situationen ein und hat dann am Ende des Turniers, wenn es wirklich darauf ankommt, keine Energie mehr. Zudem ist es im Poker immer besser, seine Gegner genau kennenzulernen. Das geht aber besser, wenn man sich am Anfang eines Turniers ein wenig Ruhe gönnt. Oft tun mir die Spieler leid, die nach einer halben Stunde schon zwei Re-Buys und mehrere lebensbedrohliche Situationen hinter sich haben. Sie sind fertig mit den Nerven und haben oft weniger Chips als ein Spieler, der in der ersten halben Stunde keine einzige Hand gespielt hat.

Turniere mit Add-On

Es gibt auch Turniere mit einem so genannten Add-On. Hierbei hat man die Möglichkeit, zu einem bestimmten Zeitpunkt des Turniers, meist am Ende eines bestimmten Blind-Levels, billig Chips nachzukaufen. Dies geschieht unabhängig davon, wie viele Chips man besitzt. Bezüglich des Add-Ons ist zu sagen, dass es sich fast immer lohnt, ihn zu machen. Man bekommt für wenig Geld relativ viele Chips. Vor allem, wenn alle anderen Spieler den Add-On machen, wäre es ein Fehler, ihn nicht zu machen, weil man sonst ins Hintertreffen gerät. Es gibt eigentlich nur zwei Gründe, den Add-On nicht zu machen:

- Man schätzt seine Spielstärke oder seine mentale Verfassung im Verhältnis zu den Gegnern als so schlecht ein, dass man nicht noch mehr Geld in das Turnier investieren möchte.
- Man hat bereits so viele Chips angesammelt, dass sich der Add-On prozentual nicht mehr signifikant auswirkt. Wenn Sie zum Beispiel bereits 50.000 Chips angesammelt haben und 5.000 Chips durch den Add-On erhalten können, dann fällt der Zuwachs nicht besonders ins Gewicht.

Freerolls – Turniere kostenlos

Ein *Freeroll* ist ein Turnier, bei dem Sie ohne Buy-In mitspielen, aber trotzdem etwas gewinnen können. Fast jede Online-Pokerseite bietet Freerolls an, und gerade bei Anfängern ist diese Turnierform sehr beliebt. Es gibt auch viele Spieler, die Freerolls als kostenlose Möglichkeit sehen, ihre Bankroll aufzubauen, ohne etwas zu riskieren oder zu investieren.

Wenn Sie an einem Freeroll teilnehmen, sollten Sie sich bewusst sein, was Sie erwartet: Wenn es in einem Turnier mit Re-Buy in der Anfangsphase schon sehr wild und loose zugeht, dann ist das noch gar nichts im Vergleich zu einem Freeroll. Hier spielen die Leute zum Teil wie die wilden Stiere. Es ist einfach unbeschreiblich, und man sollte schon allein deshalb einmal ein Freeroll gespielt haben.

Hier liegt aber gleichzeitig auch das Problem. Gerade als Anfänger sollten Sie bedenken, dass Poker ohne Geldeinsatz kein richtiges Poker ist. Es ist ähnlich wie beim Play-Money-Spiel. Ein Mitgehen bedeutet gar nichts, weil es einen nichts kostet. Wenn man setzt, geht keine Abschreckungswirkung davon aus, weil die Chips nichts wert sind. Das ist wie gesagt kein richtiges Poker, und man kann dabei nur wenig lernen. Zwar kann man bei einem Freeroll etwas gewinnen, so dass es nicht ganz so schlimm wie beim Play-Money ist, aber trotzdem sitzen Sie nicht in einem echten Pokerspiel. Sie verschwenden im Endeffekt viel Zeit, um relativ wenig zu gewinnen, und der Übungseffekt ist meiner Meinung nach nur sehr begrenzt. Man läuft Gefahr, sich einen schlechten Stil anzugewöhnen, den man dann in das Spiel um das echte Geld mitnimmt und dort verliert.

Wenn Sie also Freerolls spielen, dann spielen Sie stets ernst und so, als ob es um richtiges Geld gehen würde. Aber selbst dann spielen die Gegner immer noch nicht wie an einem Tisch, an dem es um Geld geht. Seien Sie sich also immer bewusst, dass Sie nicht um richtiges Geld spielen, und nehmen Sie die Taktiken und vor allem die Einstellung aus dem Freeroll nicht mit in das richtige Spiel.

15. TEIL

Das Cash-Game –
Das klassische Poker-Spiel

Vorüberlegungen – Cash-Game vs. Turnier

Gerade heute, in einer Zeit, in der Turniere sehr populär sind, kommen viele neue Spieler mit dem Cash-Game gar nicht mehr in Kontakt. Sie sehen Poker im Fernsehen, wo bis auf wenige Ausnahmen TV-wirksamere Turniere gespielt werden, und sie besuchen organisierte Live-Turniere, bei denen höchstens an Seitentischen Cash-Game gespielt wird. Daran ist nichts verkehrt, und Turniere sind eine nette Sache. Trotzdem sollten Sie sich aber im Klaren darüber sein, dass das Cash-Game das ursprüngliche Pokerspiel ist und einige Vorteile gegenüber dem Turnier hat:

- Zunächst einmal kann man im Cash-Game schneller Geld gewinnen als bei Turnieren. Bei Turnieren werden im Schnitt die besten 10–20 % der Spieler mit einem Geldgewinn belohnt. Das bedeutet, dass man 80–90 % der Spieler überleben muss, um zu gewinnen. Beim Cash-Game brauche ich theoretisch nur einen Spieler in einer einzigen Hand zu schlagen, und kann schon der Gewinner des Abends sein.
- Ein guter Cash-Game-Spieler verdient beim Limit Poker in der Stunde zwei bis drei Big-Bets. Im No-Limit kann ein guter Spieler bis zu zehn Big-Blinds in der Stunde verdienen. Cash-Game ist ein wesentlich sicherer Weg für gute Spieler, konstant Geld zu verdienen, als Turniere, deren Ausgang eher ungewiss ist.
- Ein anderer Vorteil ist, dass man bei einem Cash-Game anfangen und aufhören kann, wann man will. Ich kann so lange an dem Tisch sitzen, bis ich genug gewonnen oder einfach keine Lust mehr habe, und kann dann gehen und

meine Chips in Geld umtauschen. Ein Turnier ist wesentlich zeitintensiver, und ich muss zwingend beim Start anwesend sein.

- Beim Cash-Game kann ich mir meine Tische aussuchen, beim Turnier hingegen nicht. Das ist ein Riesenvorteil im Cash-Game, denn beim Poker gewinnt man, indem man gegen schlechtere Spieler antritt.
- Die Cash-Game-Strategie ist wesentlich simpler als die Turnierstrategie, die sich ständig den wechselnden Gegebenheiten anpassen muss, insbesondere natürlich an die steigenden Blinds. Im Cash-Game bleiben die Blinds unverändert.
- Beachten Sie aber, dass das Risiko des Geldverlustes beim Cash-Game größer ist, weil ich immer mehr Geld nachtauschen kann. Beim Turnier kann ich höchstens den Buy-In und gegebenenfalls Re-Buy oder Add-On verlieren.

Cash-Game-Strategie

Wie eben bereits angedeutet, gibt es beim Cash-Game keine steigenden Blinds, und die Spieler scheiden auch nicht aus, wenn sie keine Chips mehr haben. Es gibt also keinen Spannungsbogen und keinen Druck zum Ende hin wie beim Turnier. Ein Cash-Game ist, stark verallgemeinert, so wie ein Turnier in der Anfangsphase. Sie haben sehr viele Chips im Verhältnis zu den Blinds, und Sie sollten so spielen, wie es für Sie am besten ist. Sie können theoretisch immer mehr Geld nachtauschen, und es gibt keine M-Ratio. Folgende strategische Überlegungen sollten Sie beachten:

- Sie sollten, um erfolgreich Limit Cash-Game zu spielen, eine Bankroll haben, die beim Limit Poker mindestens 300- bis

400-mal der Big-Bet entspricht. Wenn Sie also 5 €/10 €-Limit Texas Hold'em über einen längeren Zeitraum spielen wollen, brauchen Sie mindestens 3.000 €, um die glücks- und pechbedingten Schwankungen aufzufangen. Besser wären aus meiner Sicht schon 5.000 €.

- Im No-Limit Cash-Game brauchen Sie eine noch größere Bankroll als beim Limit Cash-Game. Die Schwankungen sind hier noch größer, und ich rate Ihnen, mindestens 500- bis 1.000-mal die Big-Blind einzuplanen. Bedenken Sie, dass das No-Limit Texas Hold'em Cash-Game zusammen mit dem Pot-Limit Omaha Cash-Game die risikoreichsten Pokervarianten sind, die derzeit in Deutschland gespielt werden. Spielen Sie hier nur, wenn Sie wirklich gut sind. Auch eine große Bankroll kann einen schlechten Spieler bei diesen Varianten nicht vor dem Totalverlust schützen.
- Cash-Game hat viel mehr mit Money-Management zu tun als ein Turnier, bei dem mein Verlust vorher relativ genau kalkulierbar ist. Bitte behandeln Sie Ihre Bankroll im Cash-Game nicht wie den Buy-In bei einem Turnier. Setzen Sie bitte niemals Ihre komplette Bankroll an einem Abend aufs Spiel.
- Ganz wichtig beim Cash-Game ist das Zeitmanagement. Setzen Sie sich bestimmte Zeiten, in denen Sie spielen, und halten Sie sich diese Zeiten frei. Hören Sie auf, wenn es schlecht läuft, und werfen Sie nicht immer mehr Geld hinterher. Das bringt meist nichts, da man durch Verluste oft auch schlechter spielt. Spielen Sie aber weiter, wenn es gut läuft. Nutzen Sie Ihr Gewinnerimage und die Situation am Tisch weiter aus, solange es geht.
- Denken Sie immer daran, dass Sie beim Cash-Game keinen Zeitdruck haben. Sie können ruhig auf gute Hände warten und müssen keine Risiken eingehen, weil die Zeit drängt. Im Cash-Game ist jede Hand gleich und steht in keinem

Gesamtzusammenhang. Spielen Sie einfach in jeder Hand Ihr bestes Poker.

- Bedenken Sie, dass Cash-Games oft mit mehr Druck gespielt werden. Es wird aggressiver und höher gewettet. Hintergrund ist, dass die Spieler nicht ausscheiden, wenn Sie keine Chips mehr haben, und deshalb auch verschwenderischer mit ihnen umgehen.

16. TEIL

Online-Poker –
Der Geldsegen aus der virtuellen Welt

Online-Poker ist normales Poker. Es gibt zwar Unterschiede, aber unter dem Strich spielt man beim Online-Poker ganz normales Poker. Die Hauptunterschiede sind meiner Ansicht nach:

- Man sitzt den Spielern nicht live gegenüber und hat so keine physischen Tells mehr, die man für seine Entscheidungen nutzen kann.
- Die Handfrequenz ist beim Online-Poker wesentlich höher. Online-Poker ist viel schneller als Live-Poker.

Der letzte Punkt hat meiner Meinung nach die größten Auswirkungen. Online-Poker erlaubt es gerade Anfängern, sehr viele Hände zu spielen. Hierdurch haben Sie die Möglichkeit, innerhalb kürzester Zeit Erfahrungen zu sammeln. Da Online-Poker durch die Abwesenheit von physischen Tells eher technisches Poker ist, wird diese Seite des Spiels besonders gefördert. Das Ergebnis ist, dass die in der Technik sehr versierten Spieler dann auch live sehr gut sind, weil sie den Kopf für die psychologischen Aspekte des Spiels frei haben.
Wie gesagt, beim Online-Poker kann ich den ganzen Tag üben und spiele viel mehr Hände als live. Jede Hand, die ich im Poker spiele, verbessert mein Spiel. Online-Poker ist somit verantwortlich dafür, dass das Niveau der Pokerspieler weltweit stark gestiegen ist. Online-Poker kommt außerdem guten Pokerspielern zugute, da sich eine hohe Spielstärke umso mehr auswirkt, je mehr Hände gespielt werden.

Die besten Online-Poker-Tipps

Im Folgenden werde ich Ihnen einige Tipps aufzeigen, mit denen Sie Ihr Online-Pokerspiel verbessern können. Bedenken Sie immer, dass Online-Poker im Endeffekt normales Poker ist.

Sign-Up und Bonus

Zunächst stellt sich die Frage, bei welchem Anbieter ich mich überhaupt anmelden soll. Mein Tipp ist: je größer, desto besser. Auf den großen Seiten tummeln sich die meisten Fische, von denen das Geld kommt. Der *Sign-Up* ist ganz einfach, und man bezahlt mit seiner Kreditkarte, als würde man bei Amazon ein Buch bestellen. Wenn Sie beim Sign-Up einen Bonus bzw. einen Bonuscode nutzen wollen, dann achten Sie bitte darauf, dass Sie ihn auch freispielen können. Oft habe ich Spieler sagen hören, dass es kein Problem sei, und im Endeffekt haben sie es dann zeitlich oder von ihrem Geld her einfach nicht geschafft, weil sie nicht auf die vorgegebene Anzahl von Händen kamen. Das ist ärgerlich.
Bei so genannten Affiliate-Programmen, bei denen man einen Freund oder Bekannten wirbt, sollte man darauf achten, ob man lieber einen einmaligen Vorteil erhält oder eine langfristige Beteiligung an den Einnahmen. Letzteres macht bei schlechten Spielern wenig Sinn, und man sollte dann eher den einmaligen Vorteil wählen.

Mind-Management

Bitte spielen Sie auch beim Online-Poker immer Ihr bestes Poker. Bitte setzen Sie sich nicht halbherzig an den Tisch, und lassen Sie nicht die Langeweile Ihr Spiel verderben. Nehmen

Sie Online-Poker genauso ernst wie Live-Poker. Setzen Sie sich feste Zeiten, in denen Sie spielen, und halten Sie sich daran. Bitte machen Sie nicht den Fehler und spielen samstagnachts, nachdem Sie betrunken aus der Disko kommen. Wenn man allein vor dem Computer sitzt, ist es oft schwierig, diszipliniert zu sein, aber es ist unbedingt erforderlich, wenn Sie gewinnen wollen.

Table-Selection

Table-Selection ist gerade beim Online-Poker sehr wichtig. Im Live-Game habe ich meist keine Wahl und muss das nehmen, was angeboten wird. Anders im Online-Poker: Hier kann ich zwischen Hunderten von Tischen wählen. Hierbei sollte ich Hilfsprogramme benutzen, die mir helfen, schlechte Gegner zu identifizieren und aufzuspüren.

Online-Tells

Man hat im Online-Poker keine physischen Tells von den Spielern, weil man sie ganz einfach nicht sieht. Dennoch gibt es auch beim Online-Poker Tells, auf die man achten kann:

Online-Poker-Tell	Bedeutung
Spieler braucht lange für seinen Spielzug.	Spieler hat eine Hand, die ein langes Überlegen erfordert, zum Beispiel zum Errechnen der Pot-Odds. Der Spieler kann aber auch einfach anderweitig beschäftigt sein.
Pre-Action-Button wurde vom Spieler gedrückt, das heißt, der Spielzug geht sehr schnell.	Der Spieler hat eine Hand, die eine eindeutige Entscheidung nach sich zieht, zum Beispiel eine schlechte Starthand, und der Spieler drückt den Check-Fold-Button.

Chat-Tells	Achten Sie auf den Chat, und Sie werden einiges an Information bekommen, zum Beispiel, ob ein Spieler gerade auf Tilt ist.
Spielernamen	Der Name eines Spielers ist oft nicht zufällig gewählt und gibt manchmal Aufschluss über sein Alter, seine Herkunft oder seine Spielerfahrung, zum Beispiel Pokerjunge85. Aber Vorsicht! Die Namen können auch absichtlich gewählt sein, um Gegner in die Irre zu führen.
Betting-Patterns	Wettmuster der Spieler sind der wichtigste Online-Tell überhaupt. Bitte analysieren Sie wie im Live-Game genau das Wettverhalten der einzelnen Spieler. Benutzen Sie Hilfsprogramme, die das Wettverhalten der anderen Spieler auswerten. Machen Sie sich klar, dass auch Sie ständig von solchen Programmen analysiert werden.
Spieler braucht immer sehr lange.	Der Spieler ist entweder ein Anfänger, der sehr lange überlegen muss, oder er spielt an mehreren Tischen gleichzeitig, oder seine Internetverbindung ist einfach schlecht. Welche der Alternativen zutrifft, werden Sie schnell herausfinden.

Multitabling

Seien Sie bitte vorsichtig mit dem Spiel an mehreren Tischen gleichzeitig. Ich rate Ihnen, höchstens zwei und maximal drei Tische gleichzeitig zu spielen. Pokern erfordert ein Höchstmaß an Konzentration. Es kann oft sein, dass man an beiden Tischen gleichzeitig schwierige Entscheidungen treffen muss. Bitte übertreiben Sie es nicht. Schließlich kann man nicht nur doppelt bzw. dreimal so viel Geld gewinnen, sondern auch verlieren.

Online-Cheating, Bots und manipulierte Hände

Viele Spieler behaupten, die Online-Seiten der großen Betreiber würden oft Karten ausgeben, die nicht nach dem Zufallsprinzip gewählt werden. Sie beteuern zum Beispiel, dass man am Anfang, wenn man sich gerade neu angemeldet und Geld einbezahlt hat, bessere Blätter bekomme, damit man wegen des Erfolgserlebnisses auch weiterspielt. Ich halte diese Gerüchte für falsch. Die Betreiber verdienen auch ohne diese Techniken genug Geld. Zudem wären solche Praktiken sehr leicht nachzuweisen. Bitte lassen Sie sich von solchen Gerüchten nicht beeinflussen. Es gibt hierfür keine Beweise.

In letzter Zeit hört man immer häufiger, dass so genannte Bots, also Roboterprogramme, Spieler am Tisch ersetzen und so ihren Programmierern einen stetigen Geldfluss bescheren, während diese sich anderweitig beschäftigen. Es ist auch hier schwer, das zu beweisen, und im Zweifel sollte man davon ausgehen, dass es nicht so ist. Ich habe bereits in der Einleitung gesagt, dass es äußerst schwer ist, einem Computer ähnlich einem Schachcomputer Poker beizubringen.

Was aber in der Realität häufig vorkommt, ist *Cheating* in Form von *Kollusion*. Spieler können sich leicht fernmündlich absprechen. Wenn Sie Indizien dafür haben, verlassen Sie am besten sofort den Tisch. Man kann dieses Verhalten nur schwer beweisen. Die großen Online-Anbieter behaupten zwar, sie würden solchem Verhalten einen Riegel vorschieben, aber es ist ja auch klar, dass sie das sagen. Schließlich wollen sie die Spieler behalten. In der Praxis ist es jedoch fast unmöglich, dagegen vorzugehen.

Vorsicht Play-Money

Die Möglichkeit, beim Online-Poker umsonst Poker zu spielen, so genanntes Play-Money, ist an sich gar nicht schlecht.

Vor allem für blutige Anfänger ergibt sich hier eine gute Möglichkeit zum Üben, aber das leider nur eingeschränkt. Vergessen Sie nicht, dass Poker ohne richtiges Geld auch kein richtiges Poker ist. Passen Sie auf, dass Sie sich beim Play-Money-Spiel nicht einen Stil angewöhnen, zum Beispiel zu loose, der Ihnen beim Real-Money Game teuer zu stehen bekommt.

Money-Management

Der Vorteil beim Online-Poker ist, dass man eine transparente Bankroll hat. Man kann sich nur schwer selbst betrügen wie beim Live-Game. Behalten Sie vor allem den Überblick, wenn Sie auf mehreren Seiten spielen, und seien Sie ehrlich zu sich selbst. Nutzen Sie alle Möglichkeiten, durch das Freispielen von Bonusangeboten oder durch Freeroll-Turniere Ihre Bankroll aufzubessern.

17. TEIL

Das Live-Game –
Von der Theorie an den Tisch

Die Situation am echten Pokertisch

Das Live-Game ist Poker im eigentlichen Sinn. Sie sitzen den Spielern in Person gegenüber, und die gesamte psychologische Komponente kommt zum Tragen. Anders als beim Online-Poker kann ich die Gespräche am Tisch nicht einfach abschalten. Ich kann das Gerede der anderen Spieler höchstens innerlich ausblenden oder einen Kopfhörer aufsetzen. *Bullying* und *Intimidating* sind leider die negativen, manchmal aber auch lustigen Konsequenzen dieses Miteinanders am Pokertisch. Im Live-Poker kommt es zudem viel mehr auf das eigene Image an, und man kann an viel mehr Indizien erkennen, ob ein Spieler erfahren oder eher unerfahren ist. Man sieht hier Chip-Tricks oder nicht, und man kann oft am Gerede der Spieler erkennen, wie lange sie schon spielen. Grundsätzlich sollten Sie sich hier auf nichts einlassen und im Zweifel besser nichts sagen und einfach Poker spielen. Wie Sie es hinbekommen, dass alles relativ friedlich abläuft, erfahren Sie im nächsten Kapitel.

Poker-Etikette – Wie man sich am Tisch benimmt

Poker-Etikette ist die Sammelbezeichnung für alle geschriebenen und ungeschriebenen Verhaltensregeln, die ein Miteinander am Pokertisch erträglicher machen. Beachten Sie die folgenden Regeln, und Sie werden am Pokertisch respektiert. Ein Streit am Tisch kann zuweilen ganz lustig sein, aber oft wird der Streit beim Poker, wo es reichlich Geld und Emotionen gibt, nicht gut enden. Denken Sie an Wild Bill Hickock, der von hinten beim Poker erschossen wurde. Es ist kein Klischee, dass beim Poker die Emotionen hochkochen. Mit den folgenden Tipps, auf die Sie sich am Tisch ruhig berufen können, weil sie in allen großen Casinos anerkannt sind, sollte der Abend gut verlaufen:

- Bitte halten Sie sich mit Ihrem Alkoholkonsum zurück. Es ist äußerst unangenehm, mit einem total besoffenen Spieler am Tisch zu sitzen, der nie weiß, wann er an der Reihe ist, und ständig aus Versehen seine Karten fallen lässt.
- Vermeiden Sie zu handeln, obwohl Sie nicht an der Reihe sind. Andere Spieler bekommen hier wichtige Informationen, und wieder andere werden benachteiligt. Wenn ich einen Spieler herausbluffen will und der Spieler nach ihm seine Karten *out of Turn* wegwirft, weiß der Spieler, dass der Spieler nach ihm keine Gefahr mehr ist, und wird tendenziell eher mitgehen. Das zu frühe Wegwerfen der Karten verfälscht so das Spiel.
- Werfen Sie auch nicht absichtlich Chips unordentlich in den Pot. Es gibt oft Ärger, wenn der Pot dann wieder auseinanderklamüsert werden muss.
- Wenn ein Spieler All-In ist und zwei Spieler noch Chips zum Wetten haben, ist es verboten, sich ausdrücklich darüber zu einigen, dass man nur noch durchcheckt. Ein solches Verhalten bezeichnet man als offenes Cooperation-Play.
- Bitte sprechen Sie nicht über Hände, die noch spielen, oder über Hände, die aufgegeben wurden, wenn noch gewettet werden kann.
- Bitte legen oder werfen Sie Ihre Karten ordentlich auf den *Muck,* den Stoß mit den abgelegten Karten. Decken Sie Ihre Karten dabei nicht auf, und zielen Sie nicht auf den Dealer oder den Chip-Stack eines anderen Spielers.
- Bitte betreiben Sie kein so genanntes *Slow-Rolling.* Wenn Sie im Showdown die bessere Hand haben, dann decken

Sie sie sofort auf, wenn Sie an der Reihe sind. Quälen Sie den anderen Spieler nicht unnötig lange. Sie sind nicht in einem Western, bei dem die eine finstere Gestalt ein Full-House auf den Tisch legt und der andere erst einmal eine Minute schweigt. Nach der Minute drückt der andere, der noch ein paar Nuancen finsterer als der erste Spieler ist, seine Zigarette aus und sagt: »Mmm, Aces-Full. Gut.« Eine weitere Minute später kommt dann: »Aber nicht gut genug. Ich habe vier Zweien.« Ersparen Sie sich und Ihrer Umwelt diesen Klamauk.

- Lassen Sie Ihr Handy am Pokertisch bitte aus. Es lenkt Sie nur ab und stört die anderen Spieler.

18. TEIL

Diversifikation der Pokerlandschaft –

Seven-Card-Stud, Pot-Limit Omaha High und Omaha High-Low im Strategieüberblick

Vorweg

Die nachfolgenden Kapitel dienen dazu, sich einen schnellen Überblick über die Regeln, Eigenarten und wichtigsten Strategien der anderen wichtigen Pokervarianten zu verschaffen. Schließlich ist es ärgerlich, wenn man mit einer neuen Variante konfrontiert wird und dann überhaupt keine Ahnung hat, was man machen soll.
Genau das soll dieser Teil des Buches verhindern. Nicht mehr und nicht weniger. Wenn Sie richtig in die Materie einsteigen wollen, sollten Sie natürlich zu weiterführender Literatur greifen. Die nachfolgenden Ausführungen sind als Einführung in die einzelnen Varianten zu verstehen und dazu gedacht, die gröbsten Anfängerfehler zu verhindern. Sie sollten auf keinen Fall eine Ihnen unbekannte Variante sofort um hohe Einsätze spielen, vor allem nicht Pot-Limit Omaha oder Omaha High-Low. Viel Spaß beim Ausprobieren.

Seven-Card-Stud

Seven-Card Stud kann von bis zu acht Spielern gespielt werden. Jeder Spieler muss zunächst einen festgesetzten Betrag in den Pot legen, zum Beispiel 1 €, das so genannte Ante. Beim Seven-Card-Stud erhält jeder Spieler zunächst zwei verdeckte und eine offene Karte, die so genannnte *Door-Card.*
Es folgt die erste Wettrunde, *Third-Street* genannt. Beim Seven-Card-Stud gibt es keine Blinds, stattdessen muss der Spieler mit der niedrigsten Door-Card einen vorher festgesetzten *Bring-In* bezahlen, der mindestens dem Ante und höchstens der Small-Bet entsprechen muss. Der Bring-In zählt als erste

Wette. Falls zwei Door-Cards den gleichen Rang haben, so entscheidet die niedrigste Farbe. Die Wertigkeit ist aufsteigend: Kreuz, Karo, Herz, Pik. Üblicherweise wird Seven-Card-Stud in der Limit-Variante gespielt. Wenn Seven-Card-Stud als Pot-Limit gespielt wird, eröffnet die niedrigste Door-Card die Wettrunde.

Danach erhalten die Spieler drei offene Karten, gefolgt von jeweils einer Wettrunde, *Fourth-*, *Fifth-* and *Sixth-Street* genannt. Diese späteren Wettrunden werden immer von dem Spieler eröffnet, dessen offene Karten die höchste Pokerhand bilden, z. B. High-Card, Paar oder Drilling. Ab der dritten Wettrunde, also der *Fifth-Street,* verdoppelt sich die festgesetzte Wetthöhe.

Am Schluss erhält jeder Spieler eine letzte verdeckte Karte, gefolgt von der fünften und letzten Wettrunde, die *Seventh-Street* oder River genannt wird. Beim Showdown gewinnt der Spieler, der mit seinen sieben Karten die beste Pokerhand bilden kann. Er darf hierzu fünf Karten auswählen.

Position und allgemeine Überlegungen zu Seven-Card-Stud

Beachten Sie zunächst, dass beim Seven-Card-Stud die Position ständig wechselt. Während man beim Texas Hold'em immer die gleiche Position in einem Spiel hat, zum Beispiel den Button, ändert sich die Position beim Seven-Card-Stud je nachdem, wer die niedrigste offene Karte in der ersten Wettrunde bzw. die höchste Kartenkombination in den darauffolgenden Wettrunden hat. Achten Sie beim Seven-Card-Stud also ständig darauf, wie Ihre relative Position zum Wettenden ist. Hier gilt wie beim Texas Hold'em: je weiter vom Wettenden entfernt, desto besser.

Beim Seven-Card-Stud haben Sie keine Gemeinschaftskarten,

sondern jeder Spieler hat Karten vor sich liegen, die nur er benutzen kann. Man hat also mehr Information darüber, was die bestmögliche Hand des Gegners sein kann, als beim Texas Hold'em, wo alle das gleiche Board benutzen. Eine Grundregel im Seven-Card-Stud besagt, dass man aufgeben sollte, wenn man mit seinen Karten das Board, also die offenen Karten der Gegner, nicht schlagen kann. Das ist auch richtig. Es gelten aber folgende Ausnahmen:

- Man hat einen sehr starken Draw.
- Man denkt, man kann den Gegner noch durch Bluffen schlagen. Beachten Sie aber hierbei, dass ein Bluff mit schlechten offenen Karten nicht viel Wirkung hat. Ein Bluff ist im Seven-Card-Stud natürlich besonders wirkungsvoll, wenn die offenen Karten ihn glaubhaft erscheinen lassen.

Seven-Card-Stud ist wie Texas Hold'em ein Spiel, das meist durch hohe Karten entschieden wird. Am Ende gewinnt meist das höhere Paar oder das höhere Two-Pair die Hand. Das gilt insbesondere bei wenigen Spielern. Straßen und Flushs sind nicht so häufig wie Paare oder Drillinge. Folglich sollte man mit Straßen- oder Flush-Draws nur dabeibleiben, wenn man noch hohe Karten hat und somit die Chance auf ein hohes Paar am Ende besteht.
Wie im Texas Hold'em sollten Sie Made-Hands, zum Beispiel Paare, früh und aggressiv durch Wetten und Erhöhen verteidigen, ansonsten besteht die Gefahr, dass sich die Gegner im Laufe der Wettrunden noch entscheidend verbessern.

Sich die Karten merken beim Seven-Card-Stud

Beim Seven-Card-Stud müssen Sie sich Karten merken, die die Gegner aufgegeben haben. Wenn Sie zum Beispiel auf

einen Siebener-Drilling spekulieren, dann sollten Sie wissen, ob ein Gegner, der in einer früheren Wettrunde aufgegeben hat, dabei eine Sieben weggeworfen hat. Gleiches gilt natürlich auch für Straßen und Flushs. Wenn man zum Beispiel einen Pik-Flush-Draw hat, sollten nicht mehrere Pik in den Händen der Gegner oder zuvor weggeworfen worden sein.
Dieses Konzept ist extrem wichtig. Wenn man genau aufpasst, kann man einen unaufmerksamen Gegner auch bestrafen, wenn dieser zum Beispiel auf eine Straße geht und man selbst weiß, dass mehrere seiner Outs schon längst aus dem Spiel sind.
Meist ist es gar nicht so schwer, sich die Karten zu merken, wie man am Anfang denkt. Oft wird man ohnehin genau auf Karten aufpassen, die interessant für einen sind. Beachten Sie bitte folgende Grundsätze:

- Bringen Sie die weggeworfenen Karten gedanklich in eine aufsteigende Reihenfolge, zum Beispiel **47TJ.** So können Sie sie sich besser merken.
- Die Farben müssen Sie sich nicht einzeln merken. Erst wenn Sie bemerken, dass drei oder mehr Karten einer Farbe weggeworfen wurden, sollten Sie im Kopf behalten, dass ein Flush mit dieser Farbe unwahrscheinlicher wird.

Die erste Wettrunde – Third Street

Wie beim Texas Hold'em ist auch beim Seven-Card-Stud die erste Wettrunde entscheidend, denn es geht um die Frage, ob ich mich überhaupt auf nachfolgende Wettrunden einlasse oder nicht. Das Ante ist meist billig, und man sollte nicht unbedingt an ihm festhalten.
Bedenken Sie, dass es im Seven-Card-Stud fünf Wettrunden gibt und nicht wie beim Texas Hold'em nur vier. Es kann für Sie also sehr teuer im Laufe eines Spiels werden. Wenn Ihre

Starthand nicht überragend ist und zudem bei Gegnern höhere Karten liegen, sollte man deshalb getrost schon in der ersten Wettrunde aufgeben.

Sie haben in der ersten Wettrunde beim Seven-Card-Stud mehr Information als beim Texas Hold'em, da Sie die jeweiligen Door-Cards der Gegner sehen können und so besser beurteilen können, wo Sie stehen.

Auf der anderen Seite können Sie mit guten Blättern, vor allem mit solchen, die für die Gegner nicht zu erkennen sind, weil sie verdeckt liegen, viel Geld von Ihren Gegnern gewinnen. Hier finden Sie die besten Starthände im Seven-Card-Stud in absteigender Reihenfolge und wie man sie spielen sollte:

Starthand	Beispiel	Strategie
Drilling, auch Rolled-Up-Trips genannt		Die beste Starthand im Seven-Card-Stud ist **AAA.** Sie sollten mit nahezu allen Start-Drillingen zunächst Slow-Play betreiben und eher niedrig oder gar nicht wetten. Warten Sie auf die teuren Wettrunden. In späteren Wettrunden sollten Sie aber aufpassen, wenn Straßen- oder Flush-Draws auftauchen.
Hohe Paare		Hohe Paare sind im Seven-Card-Stud sehr gut und sollten grundsätzlich schon in der ersten Wettrunde erhöht werden, um Draws herauszukriegen. Wenn das Paar komplett verdeckt ist, sog. Concealed Pair, ist es noch besser, weil die Gegner es nicht einmal im Ansatz erkennen können. Auch im Seven-Card-Stud gilt: je höher der Kicker, desto besser.

Gleichfarbige Karten		Draw-Hand zu einem Flush. Sehen Sie zu, dass Sie am Anfang möglichst billig weitere Karten bekommen. Achten Sie in späteren Wettrunden darauf, ob und wie viele Karten der Farbe bereits weggeworfen wurden oder bei Ihren Gegnern liegen. Die Hand ist umso besser, je höher Ihre High-Card ist. Ohne wenigstens eine Bildkarte sollten diese Draws nicht gespielt werden, wenn es viel kostet.
Aufeinanderfolgende Karten		Drawing-Hands. Spielen Sie den Draw nur als Open-End-Straight-Draw weiter. Am besten, Sie spielen auch diese Hände nur mit einer Bildkarte oder einem Ass, denn so haben Sie noch die Möglichkeit, sich durch ein hohes Paar zu verbessern. Versuchen Sie auch hier, billig weitere Karten zu bekommen. Wenn es zu teuer wird, müssen Sie aussteigen. Mit relativ hohen Händen dieser Gruppe wie **JQK** kann man ruhig erhöhen, da sie auch gegen wenige Gegner sehr gut ist. Mit **567** dagegen sollte man versuchen, billig weitere Karten zu bekommen.
Mittlere Paare		Mittlere Paare benötigen schon einen guten Kicker, um spielbar zu sein. Passen Sie auf, wenn höhere Karten bei anderen Spielern auftauchen. Wenn das Paar verdeckt ist, ist es mehr wert und sollte eher gespielt werden.

		Wenn man zum Beispiel **88** hat, sollte auf keinen Fall eine **8** bei den Gegnern liegen.
Niedrige Paare	   	In der Regel sollten kleine Paare ab **88** abwärts nicht gespielt werden. Wenn man billig die nächste Karte sehen kann, kann man auf einen Drilling hoffen. Die Hand ist dann wie eine schwache Drawing-Hand zu spielen. Bei sehr wenigen Spielern können diese Paare spielbar sein.
Keine der oben aufgeführten Hände		Mit allen anderen Kombinationen sollten Sie in der Regel aussteigen oder nur dabeibleiben, wenn man billig die nächste Karte sehen kann und wenigstens eine hohe Bildkarte hat.

Die zweite Wettrunde – Fourth Street

Nachdem jeder Spieler die zweite offene Karte bekommen hat, folgt die zweite Wettrunde. Beobachten Sie genau, was die Gegner vor sich liegen haben und wie ihr Wettverhalten ist. Wie beim Texas Hold'em müssen Sie nun entscheiden, ob Sie mit einer guten Hand zunächst Slow-Play betreiben und den Pot mästen oder ob Sie versuchen, Gegner zu eliminieren. Ihre Vorgehensweise hängt entscheidend davon ab, was die Gegner vor sich liegen haben. Wenn Sie denken, dass Ihre Trips oder Ihr hohes Two-Pair in Gefahr ist, sollten Sie wetten, um Straßen- und Flush-Draws zu eliminieren. Auch wenn die Draws nicht aufgeben, sollten sie zumindest für die nächste Karte bezahlen müssen.

Wenn Sie in der ersten Wettrunde vorne lagen und sich durch

die offenen Karten keine offensichtliche Bedrohung ergeben hat, sollten Sie davon ausgehen, dass Sie nach wie vor führen, und dementsprechend wetten.

Die dritte und vierte Wettrunde – Fifth und Sixth Street

Beachten Sie, dass die Wetten sich beim Limit Seven-Card-Stud ab der dritten Wettrunde verdoppeln.

Mit einer sehr starken Hand, zum Beispiel Straße, Flush oder Full-House, sollte man in der dritten Wettrunde noch Slow-Play betreiben und ab der vierten Wettrunde vor allem im Limit Seven-Card-Stud wetten und erhöhen. Mit einer Drawing-Hand sollte man in den Wettrunden darauf bedacht sein, billig Karten zu bekommen. Wenn es mit einem niedrigen Paar oder einem schlechten Draw zu teuer wird, sollte man aussteigen, wenn das Board darauf schließen lässt, dass man geschlagen ist.

Wenn Sie sich entscheiden, in der dritten Wettrunde, bei der die Wetthöhe verdoppelt wird, weiterzuspielen, ist es in der Regel korrekt, die Hand auch bis zum River zu spielen. Die Entscheidung, in der dritten Wettrunde, der Fifth Street, zu spielen oder aufzugeben, ist also sehr wichtig.

Die fünfte und letzte Wettrunde – Seventh Street

In der letzten Wettrunde, auch River genannt, liegen alle Karten auf dem Tisch. Es gibt keine Draws mehr, und nach vier vorangegangenen Wettrunden werden viele Spieler Pot-Committed sein, da sie schon viel investiert haben. Bluffs sind somit eher schwer durchzuführen, aber auch nicht unmöglich.

Beachten Sie ganz genau, wenn die Spieler ihre letzte verdeckte Karte betrachten, und achten Sie auf Tells. Hier werden Sie

wertvolle Informationen bekommen, ob Spieler Ihre Draws getroffen haben oder nicht. Betrachten Sie selbst Ihre letzte Karte erst, wenn Sie an der Reihe sind.
Machen Sie es nicht zu kompliziert auf dem River. Wetten Sie auf gute Hände, und versuchen Sie, mit mittelguten Händen eher billig einen Showdown herbeizuführen. Sie sollten auf dem River eher nicht bluffen, weil viele Spieler zum Mitgehen neigen.
Wie beim Texas Hold'em sollten Sie auf dem River auch keine Wette mehr machen, die kein Geld mehr bringen wird, weil der Gegner entweder hoffnungslos geschlagen ist und aufgibt oder weil er Sie mit einer Monsterhand erhöht. Das gilt besonders dann, wenn die Karten des Gegners auf einen starken Draw hindeuten und Sie sich nicht sicher sind, ob dieser getroffen hat oder nicht.

Pot-Limit Omaha High

Pot-Limit Omaha erfreut sich in deutschen Casinos derzeit großer Beliebtheit. Überhaupt ist Omaha in Europa sehr verbreitet, und es gehört mit Sicherheit zu den actionreichsten Kartenspielen überhaupt. Man könnte Omaha eigentlich auch einfach Texas Hold'em mit vier Startkarten nennen.
Die Regeln von Omaha entsprechen denen von Texas Hold'em mit folgenden Unterschieden: Beim Omaha-Poker erhält jeder Spieler zu Beginn vier verdeckte Karten. Beim Showdown am Ende des Spieles müssen genau zwei der vier Karten aus der Hand und genau drei Gemeinschaftskarten zur Bildung der bestmöglichen Poker-Hand kombiniert werden. Betrachten wir eine Beispielhand aus einem Omaha-Spiel:

Sie haben:

Flop ***Turn*** ***River***

Wie beurteilen Sie hier Ihre Hand?

Für einen untrainierten Beobachter sieht es zunächst so aus, als habe man einen Royal-Flush mit **TJQKA** in Pik getroffen. Weit gefehlt!

Im Omaha muss man die beste Hand mit genau zwei Karten aus der eigenen Hand und drei Karten des Boardes bilden. Insofern spielt man hier keinesfalls einen Royal Flush. In dieser Situation spielt man **9** und **8** aus der Hand und hat eine Straße, **89TJQ.** In dieser Situation eine aussichtslose Hand, da jeder Spieler, der entweder zwei Pik zu einem Flush oder **AK, AQ, AJ, AT** sowie **K9** zu einer höheren Straße auf der Hand hält, einen schlägt.

An diesem Beispiel können Sie gut erkennen, wie schwierig es manchmal im Omaha sein kann, das Board und die eigenen Karten richtig zu lesen. Wenn Sie damit Probleme haben, sollten Sie ruhig eine Weile üben, zum Beispiel beim Spiel mit geringen Einsätzen oder im Internet mit Play-Money, bevor Sie sich ins Gefecht wagen.

Allgemeine strategische Überlegungen zu Pot-Limit Omaha High

Obwohl Omaha vom Ablauf her dem Texas Hold'em gleicht, ist es doch anders. Da man vier Hole-Cards hat, von denen man sich zwei aussuchen kann, gibt es viel mehr gute Hände im Omaha als beim Texas Hold'em.

Nehmen wir zum Beispiel eine Hand wie **AAJ9.** Gerade für Spieler, die vom Texas Hold'em her kommen, sieht es so aus, als spiele man hier zwei Texas Hold'em Hände, **AA** und **J9.** Man muss aber alle Karten miteinander kombinieren, um den wirklichen Wert der Hand zu bestimmen: **AAJ9** setzt sich aus folgenden Händen zusammen: **AA, AJ, A9, AJ, A9** und **J9.** Anstatt nur einer Hand spielt man im Omaha eigentlich sechs Hände!

Flushs, Straßen und Full-Houses kommen beim Omaha im Vergleich zu Texas Hold'em viel häufiger vor. Während beim Texas Hold'em Top-Pair meist eine gute Hand ist, die gewettet werden sollte, würde ein solches Verhalten im Omaha in den meisten Fällen zum Verlust von sehr vielen Chips führen, weil beim Omaha weit bessere Hände unterwegs sind. Pot-Limit Omaha ist sozusagen »Poker auf Steroiden«, und es wird nicht umsonst das »Action Game« genannt. Wie wir bereits aus dem Pot-Limit-Hold'em-Kapitel wissen, generiert eine Pot-Limit-Struktur eine Menge Action und große Pötte, weil die Wetten auf Turn und River oft eskalieren. Hieraus ergeben sich folgende Leitlinien für das Pot-Limit-Omaha-Spiel:

- Man braucht im Omaha eine starke Hand, um zu gewinnen. Man nennt Omaha auch »The Game of the Nuts«, weil man im Showdown meist die Nuts braucht, um zu gewinnen. Hände, die im Texas Hold'em oft gewinnen, wie zum Beispiel Top-Pair oder Overpairs, gewinnen im Omaha nur selten. Typische Gewinnerhände im Omaha sind Straßen, Flushs oder ein Set mit einem guten Draw als zusätzlicher Option.

- Beim Omaha sind meist mehr Spieler auf dem Flop. Da jeder Spieler vier Hole-Cards hat, gibt es auch mehr Möglichkeiten, den Flop zu treffen. Der Vorteil, den gute Starthände gegenüber schlechten haben, ist beim Omaha nicht so ausgeprägt. Das führt auch dazu, dass beim Omaha viel Geld in den Pot kommt, was die Entscheidung auf dem Flop noch wichtiger macht.
- Bluffen spielt eine geringere Rolle als beim Texas Hold'em, da meist einige gute Hände unterwegs sind. Omaha ist ein Spiel, das primär von guten Händen bestimmt wird.
- Man darf im Omaha den Gegnern grundsätzlich keine Free-Cards geben. Es gibt wegen der vier Hole-Cards einfach zu viele Möglichkeiten, sich durch weitere Gemeinschaftskarten entscheidend zu verbessern.
- Der Pot ist beim Omaha auf dem Flop meist schon sehr groß. Es macht insofern Sinn zu versuchen, den Pot schon hier durch Wetten und Erhöhen zu gewinnen.
- Position ist im Omaha extrem wichtig. Wenn Sie in guter Position sitzen, können Sie im Omaha viele auch mittelmäßige Starthände spielen. Dazu können Sie auf Flop, Turn und River den maximalen Profit aus Ihren Monsterhänden schlagen und hier und da einen Bluff wagen. Wie bereits oben gesagt, ist Bluffen im Omaha aber grundsätzlich weniger bedeutsam als im Texas Hold'em.
- Beachten Sie, dass Sie nur zwei Ihrer vier Hole-Cards benutzen dürfen und müssen. Wenn Sie also einen Drilling als Starthand bekommen, ist dies kein Grund zur Freude wie beim Seven-Card-Stud: Sie dürfen nur zwei Karten benutzen, und somit ist die dritte Karte des gleichen Werts auf Ihrer Hand verbraucht und für Sie nutzlos. Dieser Nachteil ist so gravierend, dass Drillinge in der Starthand

beim Omaha meist schon aus diesem Grund nicht gespielt werden. Schließlich sinken die Chancen auf einen Drilling bzw. ein Full-House erheblich, wenn eine der beiden Outs für den Drilling schon weg ist.

- Für Flush-Möglichkeiten reichen zwei Karten in der gleichen Farbe. Bei drei Karten derselben Farbe wäre eine bereits überflüssig und ebenfalls schädlich, da eine Karte für Ihren potenziellen Flush dann schon verbraucht ist. Eine Starthand, die jeweils zwei gleiche Farben aufweist und so gute Flush-Chancen hat, nennt man *Double-Suited,* zum Beispiel zwei Pik und zwei Herz.
- Beachten Sie die Eigenheiten von Pot-Limit: Sie müssen Ihre guten Hände oft durch Pot-Wetten verteidigen und mit guten Händen durch ständiges Wetten dafür sorgen, dass die maximale Wetthöhe ansteigt. Im Zweifel sollte eine Wette oder Erhöhung in Höhe des Pots das Mittel der Wahl sein.

Omaha Pre-Flop-Play – Strategie und die besten Starthände

Auch beim Omaha ist die Entscheidung, ob man spielt oder nicht, von essenzieller Bedeutung. Viele Spieler machen den Fehler und spielen jede Starthand im Omaha, die eine gute Texas-Hold'em-Starthand enthält. Sie spielen Hände wie **JJ27** und denken, die Hand sei gut, weil zwei Buben im Texas Hold'em relativ gut sind. Weit gefehlt. Man braucht Karten, die viele Möglichkeiten haben, sich zur besten Hand zu entwickeln:

- Sie können im Pot-Limit Omaha High ungefähr 30 % Ihrer Starthände profitabel spielen.
- Hohe Paare, vor allem **AA** und **KK,** sind grundsätzlich gut, da sie sich zum Full-House entwickeln können.

- Zwei gleichfarbige Karten sind gut, wenn sie hoch sind und somit Nut-Flush-Potenzial haben. Mit niedrigen Flushs sollte man im Omaha vorsichtig sein. Gut sind Startkarten, die Double-Suited sind, also jeweils zwei Karten der gleichen Farbe aufweisen.
- Gleiches gilt für Straßen. Wenn die Startkarten von ihrer Wertigkeit her eng zusammenliegen, sollten sie hoch sein, um die Möglichkeit zu eröffnen, die höchste Straße zu machen. Ideal sind natürlich Hände, die Nut-Flush- und Nut-Straight-Potenzial haben.

Damit Sie einen besseren Eindruck davon bekommen, welche Starthände im Omaha gut sind, hier ein paar Beispiele für sehr gute und spielbare Starthände im Omaha Poker in absteigender Reihenfolge:

Starthand	Beispiel	Kommentar
AAKK		Die beste Starthand im Omaha. Chance auf Full-House, Flush und Straße.
AAJT		Zweitbeste Starthand, da gutes Straßenpotenzial zum Ass-Paar.
AAQQ		Sehr gute Hand, da Chance auf Full-House, Flush und Straße.
AKQJ		Sehr gute Hand, auch Big-Rundown genannt. Gute Chance auf hohe Straße.
AAXX		Ein Ass-Paar mit irgendeinem anderen Paar ist im Omaha immer gut, wegen der Chance auf Full-House.

JT98		Sehr gute Hand, da gute Chance auf hohe Straße.
KKQQ		Sehr gute Hand, da Chance auf Full-House, Flush und Straße.
KKJJ		Sehr gute Hand, da Chance auf Full-House, Flush und Straße. Vor allem Double-Suited sehr stark.

Diese Hände sind auf jeden Fall spielbar, vor allem, wenn sie Double-Suited sind. Passen Sie aber auf, dass Sie vor dem Flop nicht durch zu hohes Wetten Ihre Handstärke verraten. Wenn Sie zum Beispiel vor dem Flop einen Re-Raise machen, kann der Gegner sich oft relativ leicht ausrechnen, dass Sie **AAXX** auf der Hand haben. Dieser Punkt ist natürlich dann besonders wichtig, wenn Sie noch viele Chips haben.

Sie haben gute Gewinnchancen mit diesen Händen, und die Chance ist beim Omaha groß, dass Spieler mit schlechteren Händen Sie am Ende ausbezahlen werden. Auch wenn die Hände nicht Double-Suited sind, sollten sie ruhig gewettet oder erhöht werden. Im Zweifel sollte die Pot-Wette das Mittel der Wahl sein. Mit Händen wie zum Beispiel **8876, 6789** oder **ATT9** sollten Sie eher nur limpen oder aufgeben. Gehen Sie nur mit, wenn es billig ist, den Flop zu sehen.

Im Omaha ist jede Hand, egal, wie gut sie aussieht, im Grunde genommen, eine Drawing-Hand. Selbst **AAJT** ist nicht viel Wert, wenn ein Flop wie **776** erscheint. Zwar hat eine Hand wie **AAJT** ein viel größeres Potenzial als etwa **T732,** doch man braucht beim Omaha fast immer Hilfe vom Board, um zu gewinnen.

Trap-Hands

Gefährliche Hände, so genannte *Trap-Hands,* sind im Omaha besonders kostspielig. Man denkt, man hat eine gute Hand, und wettet, aber man ist in Wirklichkeit schon längst geschlagen und verschwendet seine kostbaren Chips. Diese Hände zu spielen ist beim Omaha gerade für Spieler sehr verführerisch, die vom Texas Hold'em her kommen und noch nicht an die Inflation der guten Hände im Omaha gewöhnt sind. Es gibt im Omaha drei Arten von Trap-Hands:

- Kleine Paare, zum Beispiel **6654:** Hände mit Paaren unter **99** zu spielen ist gefährlich: Wenn man ein Set floppt, kann man die Hand meist schwer loslassen, obwohl man im Omaha damit oft geschlagen ist. Wenn man gegen ein höheres Set unterwegs ist, hat man sehr schlechte Gewinnchancen.
- Kleine connected Karten, zum Beispiel **6543**: Man wird hiermit oft einen Straight-Draw bzw. eine Straight bekommen, die zu niedrig ist, um damit am Ende zu gewinnen. Wenn ich zum Beispiel mit **6543** einen Flop von **987** bekomme, ist es wahrscheinlich, dass man gegen eine höhere Straße unterwegs ist.
- Kleine Double-Suited Startkarten: Starthände, die nur relativ kleine Flushs machen können, sind gefährlich. Beim Omaha wird man damit oft gegen höhere Flushs verlieren.
- Auch Hände wie **AQ73**-offsuit sehen auf den ersten Blick gut aus, sind aber nicht sehr profitabel. Erinnern Sie sich? Im Omaha spielt man im Prinzip sechs Hände anstatt nur einer Hand. Wenn man die Starthand in diese sechs Hände aufspaltet, kommt man zu folgendem Ergebnis: **AQ** ist noch stabil, aber die restlichen möglichen Kombinationen **A7, A3, Q7, Q3** und **73** sind schlecht und machen die Hand fast unspielbar.

Omaha-Flop-Play

Ein gutes Flop-Play beinhaltet zunächst eine genaue Analyse des Boards. Was bringt mir das Board, und was könnte das Board meinen Gegnern gebracht haben? Auf dem Flop macht es auch im Omaha einen großen Unterschied, ob Sie sich vor dem Flop als Aggressor gezeigt haben. Ihre Wetten und Erhöhungen bekommen dann von den anderen Spielern mehr Respekt. Beachten Sie folgende Grundsätze für das Spiel nach dem Flop:

- Gerade bei Spielen mit wenigen Gegnern sollte man immer an eine Fortsetzungswette denken, auch wenn der Flop einen nicht getroffen hat.
- Wenn man den Flop trifft, sollte man grundsätzlich wetten. Slow-Play ist beim Omaha meist verfehlt. Free-Cards zu verteilen ist im Omaha eine Todsünde, denn die Gegner werden sich hierdurch meist verbessern. Selbst mit den Stone-Cold-Nuts sollten Sie nur selten und nur gegen bestimmte Gegner ein Slow-Play unternehmen. Denken Sie daran: Sie wollen den Pot meist direkt mästen.
- Generell kann man sagen, dass es sich ab einem guten Two-Pair aufwärts lohnt, auf dem Flop zu wetten oder zu erhöhen. Mit einem hohen Set ab **999** aufwärts, sollten Sie auf dem Flop in der Regel davon ausgehen, die beste Hand zu haben, und wetten.
- Straight-Draws sind im Omaha für sich allein nur spielbar, wenn sie so genannte *Wraparound-Draws* sind. Lassen Sie sich nicht von dem komischen Namen verwirren. Wraparound-Draws sind Straßen-Draws mit mehr Outs als bei bei einer reinen Open-End-Straight, wie wir sie vom Texas Hold'em her kennen. Wenn Sie zum Beispiel **89TK** als Starthand haben und der Flop ist **A67,** haben Sie 13 Outs, nämlich vier **5,** drei **8,** drei **9** und drei **10** und somit eine

Wahrscheinlichkeit von ungefähr 50 %, die Straße auf Turn oder River zu treffen. Eine Double-Wraparound-Straight, zum Beispiel **QJ87** als Starthand bei einem **T92** Flop, gibt satte 20 Outs und somit eine Trefferwahrscheinlichkeit auf Turn oder River von fast 70 %. Von solchen Zahlen können Sie beim Texas Hold'em nur träumen. Achten Sie aber immer darauf, ob das Board höhere Straßen oder Flushs bei den Gegnern wahrscheinlich macht.

Omaha-Turn-Play

Auf dem Turn müssen Sie sich entscheiden, ob Sie weiterspielen oder aufgeben. Die Wetthöhe ist auf dem Turn beim Pot-Limit meist schon sehr hoch. Ein gutes Spiel auf dem Turn ist auch hier wieder von einer korrekten Analyse des Boardes abhängig.

Bezüglich Draws ist zu sagen, dass es sich auf dem Turn ab 13 Outs immer lohnt, eine Wette in der Höhe des Pots mitzugehen. 13 Outs geben Odds für den River in Höhe von ungefähr 29,5 %. Die Pot-Odds betragen bei einer Pot-Wette ungefähr 33 %. Die hohen Implied Pot-Odds beim Pot-Limit Omaha rechtfertigen hier schon ein Mitgehen. Das gilt natürlich nur, wenn die Spieler noch genug Chips für hohe Wetten auf dem River haben und man sich relativ sicher ist, mit dem Draw, wenn er denn trifft, zu gewinnen.

Beachten Sie, dass beim Omaha die Odds, bezogen auf die Outs, etwas geringer ausfallen als beim Texas Hold'em, da man beim Omaha zwei Karten mehr kennt als beim Texas Hold'em. Ich muss in unserem Beispiel also nicht die 13 Outs durch 46 Karten teilen, um auf die Gewinnwahrscheinlichkeit zu kommen, sondern durch 44, weil ich zwei Startkarten mehr habe.

Omaha-River-Play

Wenn Sie auf dem River die Nuts haben, zögern Sie nicht zu wetten, um auch noch den letzen Cent aus Ihrem Gegner herauszupressen. Wenn Sie Ihren Draw verpasst haben, sollten Sie entweder aufgeben oder versuchen zu bluffen, wenn eine für den Gegner gefährliche Karte auf dem Board auftaucht. Umgekehrt müssen Sie sich natürlich fragen, was Ihr Gegner für ein Spieler ist. Wird er versuchen, Sie zu bluffen, wenn Sie nur checken? Oder wird er auch nur checken?

Grundsätzlich sollte man beim Omaha weniger bluffen als beim Texas Hold'em.Wenn Sie aber dennoch bluffen, gelten ähnliche Grundsätze wie im Texas Hold'em: Bluffen Sie in der Regel keine Anfänger, die sowieso alles mitgehen. Das ist ein typischer Fehler, den viele Spieler machen. Ihr Gegner muss gut genug spielen, um auch mal eine Hand aufzugeben. Bluffen Sie eher wenige oder nur einen Gegner. Das Bluffen klappt besser, wenn Sie ein tightes Table-Image haben. Ein Bluff funktioniert meist auch gut, wenn Sie eine bestimmte Hand repräsentieren können und der Pot eher klein ist. Natürlich spielt auch im Omaha die Position beim Bluffen eine Rolle.

Omaha High-Low

Omaha High-Low, auch Omaha Eight or Better oder einfach nur Omaha/8 genannt, ist das rasanteste Spiel, das ich kenne und auch zugleich das populärste Split-Pot-Spiel der Welt.

Die Regeln von Omaha High-Low gleichen den Regeln von Omaha bis auf einen entscheidenden Unterschied: Der Pot wird am Ende zwischen der besten und der schlechtesten Hand geteilt.

Um sich überhaupt für den Pot für die schlechteste Hand zu qualifizieren, muss man fünf Karten zwischen Ass und **8** haben. Daher auch der Name »Eight or Better«. Das Ass hat hierbei die Wertigkeit Eins. Die niedrigste und somit beste Hand in der Low-Wertung ist **A2345,** auch Wheel genannt. Sieger in der Low-Kategorie ist derjenige, der den niedrigsten Wert auf der höchsten Karte hat. Er gewinnt den halben Pot. Ein Beispiel zum besseren Verständnis: Ein Spieler mit **24567** hat eine bessere Hand als einer mit **A2468.** Wenn die höchsten Karten gleich sind, schaut man auf die nächsthöchste, und wenn nötig, geht man weiter abwärts. Flushs und Straßen haben bei der Bestimmung der Low-Hand keine Bedeutung. Ansonsten wäre **A2345** nicht die beste Low-Hand, die man haben könnte.

Wenn sich niemand für die schlechteste Hand qualifiziert hat, gewinnt derjenige mit der höchsten Hand den gesamten Pot. Man kann auch den ganzen Pot gewinnen, ein so genannter *Scoop,* wenn man die beste High- und Low-Hand gleichzeitig hat, zum Beispiel **A2345.** Man kann für die Low-Hand und die High-Hand unterschiedliche zwei Karten aus seinen vier verdeckten Karten verwenden. Hier ein Beispiel zum besseren Verständnis:

Sie haben:

Flop

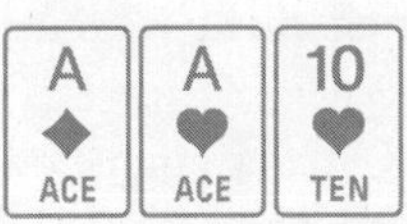

Turn

River

Sie haben zunächst einmal eine sehr gute Omaha-High-Low-Starthand. Auf dem River benutzen Sie **AQ** für Ihre High-Hand und haben in der High-Wertung **AAAQT.** Das ist schon mal nicht schlecht. Nur ein Spieler mit **AK, AT, A6, A5, TT, 66** oder **55** auf der Hand würde Sie in der High-Wertung schlagen.

In der Low-Wertung spielen Sie **A2356.** Das ist die bestmögliche Low-Hand, die bei diesem Board möglich ist, der so genannte *Nut-Low.* Es kann aber passieren, dass Sie sich den halben Pot mit einem Spieler teilen müssen, der ebenfalls **23** auf der Hand hat. Das passiert im Omaha High-Low gar nicht so selten. Im schlimmsten Fall gewinnt man dann nur ein Viertel des Pots, wenn man die High-Wertung verliert, das so genannte *Quartering.*

Im Ergebnis haben Sie in der High-Wertung also einen Drilling mit Dame als Kicker, und in der Low-Wertung sind Sie mit einer sehr guten Sechs-Low-Hand qualifiziert. Mit ein bisschen Glück gewinnen Sie mit dieser Hand die High- und die Low-Wertung und somit den gesamten Pot, ein so genannter *Scoop.*

Allgemeine Überlegungen zu Omaha High-Low

Omaha High-Low ist ein sehr actionreiches Pokerspiel. Omaha High-Low wird meistens als Limit-Spiel gespielt. Pot-Limit Omaha High-Low wird nur selten gespielt. Fehler werden im Omaha High-Low meist sehr kostspielig. Wenn Sie also dieses Spiel spielen wollen, beschränken Sie sich bitte vorerst auf die Limit-Variante, damit Ihre ersten Lektionen nicht zu teuer werden.

Durch die zusätzliche Möglichkeit, beim Omaha High-Low den halben Pot mit der niedrigsten Hand zu gewinnen, sind durchschnittlich noch mehr Spieler in der Hand als beim

Omaha High. Es wird in der Regel auch mehr gewettet als beim Omaha High. Vor allem kommt es durch die fixierte Wetthöhe im Limit Omaha High-Low meistens zum Showdown.
In einem Omaha-High-Low-Spiel, das relativ loose ist, hat der sehr gute Spieler gegenüber dem mittelmäßigen keinen besonders großen Vorteil. Der durchschnittliche und der gute Spieler haben aber einen Riesenvorteil gegenüber dem schlechten Spieler. Daraus folgt, dass Omaha High-Low sehr lukrativ sein kann, wenn man sich lediglich auf durchschnittliches Niveau hocharbeitet. Meist reicht es im Omaha High-Low schon aus, sich einige wenige Grundideen klarzumachen, um dauerhaft zu gewinnen:

- Ziel beim Omaha High-Low ist es, den gesamten Pot zu gewinnen. Zum einen können Sie die High-Wertung gewinnen, und keiner qualifiziert sich für die Low-Wertung. Das können Sie meist gut am Board erkennen. Sie können aber auch sowohl in der High- als auch in der Low-Wertung die beste Hand haben, zum Beispiel **A2345** oder **34567.** Denken Sie daran: Wenn Sie nur den halben Pot gewinnen, haben Sie danach meist nicht viel mehr Chips als vor der Hand.
- Omaha High-Low ist noch stärker als Omaha High ein Spiel, bei dem meistens der Spieler mit den Nuts oder einer sehr guten Hand gewinnt. Mit vielen Spielern, vielen Startkarten und der Möglichkeit, in zwei Kategorien zu gewinnen, wird es selbst eine gute Hand am Ende schwer haben zu bestehen. Wenn Sie also nach dem Flop oder dem Turn nicht mehr oder weniger sicher sind zu gewinnen, geben Sie lieber auf, und warten Sie lieber auf die nächste Hand.
- Machen Sie es vor dem Flop nicht zu teuer. Ziel beim Omaha High-Low ist es, möglichst billig Flops zu sehen.

Tendieren Sie auf dem Flop beim Omaha High-Low im Zweifel dazu, Ihre Hand aufzugeben.

- Spielen Sie möglichst nur in Spielen, die relativ loose sind. Diese Spiele sind besonders lukrativ. Ein Omaha-High-Low-Spiel ist als loose zu qualifizieren, wenn bei acht bis zehn Spielern durchschnittlich fünf oder mehr Spieler den Flop sehen.
- Viele Anfänger ordnen ihre Low-Hand falsch ein. Sie denken zum Beispiel, **A2348** sei in der Low-Wertung besser als **34567.** Das ist falsch. Bei der Bewertung der Low-Hand gewinnt die Kombination mit der niedrigsten hohen Karte, vorliegend also **34567** wegen der **7.** Innerhalb der Low-Wertung spielen Straßen und Flushs, wie oben bereits gesagt, keine Rolle.
- Spielen Sie gerade am Anfang sehr tight: Spielen Sie möglichst nur Hände, die **A2, A3** oder **23** beinhalten. Fast alle anderen Hände sollten Sie aufgeben, es sei denn, Sie sehen den Flop billig oder umsonst, weil Sie in der Blind sitzen und vor dem Flop nicht erhöht wurde.
- Beachten Sie, dass auch die anderen Spieler vorzugsweise Hände mit **A2, A3** und **23** spielen. Seien Sie also vorsichtig, wenn Sie nicht den Nut-Low haben.

Omaha High-Low-Pre-Flop-Play – Die Strategie und die besten Starthände

Omaha-High-Low-Spiele sind oft sehr loose, und die Spieler spielen zu viele Hände, weil man so viele Möglichkeiten hat, sich zu verbessern: Man hat zum einen vier Startkarten und zudem noch die Möglichkeit, die Low-Wertung zu gewinnen. Im Omaha High-Low gewinnt meistens der Spieler, der am tightesten spielt. Machen Sie also nicht den Fehler, mit jeder noch so schlechten Starthand mitzuspielen.

Bezüglich der Starthände beim Omaha High-Low gilt zunächst auch das, was auch für Omaha High gilt. Startkarten sind grundsätzlich besser, wenn sie double-suited sind und somit Chancen auf einen Flush haben.
Ein Ass ist im Omaha High-Low die »Power-Karte« schlechthin, weil es zugleich die beste Karte in der High- und in der Low-Wertung ist. Es gibt Spieler, die keine Starthand im Omaha High-Low spielen, die nicht wenigstens ein Ass enthält. »Don't leave home without an Ace« besagt eine alte Omaha-High-Low-Weisheit. Während High-Cards und Low-Cards im Omaha High-Low gut für Ihre Hand sind, sind Middle-Cards meist schlecht. Hier die Hitliste der besten Starthände im Omaha High-Low:

Starthand	Beispiel	Kommentar
AA23		Die beste Starthand im Omaha High-Low. Gute Chance, die High- und die Low-Wertung zu gewinnen, so genannter Scoop.
AA24		Zweitbeste Starthand, da gute Chance auf Scoop.
AA34		Sehr gute Hand, da Chance auf Scoop.
AA35		Sehr gute Hand, da Chance auf Scoop.
A234		Sehr gute Hand, da gute Chance auf sehr guten Low und Straße, um die High-Wertung zu gewinnen.

A235		Sehr gute Hand, da Chance auf Scoop.
A2KK		Sehr gute Hand, da durch **A2** gutes Low-Potenzial und durch **KK** gutes High-Potenzial.
A2QQ		Sehr gute Hand, da Chance auf Scoop.
A345		Sehr gute Hand, da Chance auf Scoop.
KKJJ		Sehr gute Hand, da Chance auf Scoop.

Man kann sagen, dass man in der Regel vor dem Flop mit Top-Händen nicht hoch wetten oder erhöhen sollte. Man will schließlich keine Spieler aus dem Pot vertreiben und viel Geld ausgeben, bevor der Flop da ist. Etwas anderes gilt nur, wenn man in Late-Position sitzt und vor einem schon mehrere Spieler die Big-Blind mitgegangen sind. Dann sollte man mit seinen guten Händen erhöhen, um Geld in den Pot zu bekommen.

- Spielen Sie sehr tight. Spielen Sie maximal 20 % Ihrer Starthände. Spielen Sie möglichst nur Hände, die **A2, A3** oder **23** beinhalten, es sei denn, Sie sehen den Flop in der Blind umsonst oder billig. Auch wenn Omaha High-Low verlockend ist, werden Sie dauerhaft keine Chance haben, wenn Sie zu loose spielen: Wenn Sie mehr als Ihre aussichtsreichen Hände spielen, vor allem wenn Sie viele Middle-Cards spielen, werden Sie viel Geld verlieren. Im Omaha High-Low tappen Sie dann zu oft in die Second-Best-Hand-Falle.
- Vermeiden Sie Middle-Suited-Connectors, wie zum Beispiel **6789** oder **5689.** Beim Omaha High sind diese Hände gut, aber im Omaha High-Low sollte man sie getrost ver-

gessen. Wenn das Board das untere Ende der Straße bringt, wird es oft eine Low-Hand geben, und man muss sich den Pot teilen.

- Spielen Sie nur auf die Low-Wertung hin, wenn Sie Starthände mit **A2, A3** oder **23** haben.
- Spielen Sie grundsätzlich nur Hände, die das Potenzial haben, zu den Nuts zu werden.

Omaha High-Low Trap-Hands

Hüten Sie sich vor Trap-Hands, mit denen Sie am Ende viel Geld verlieren können. Ein Beispiel ist **AJ65.** Die Hand sieht auf den ersten Blick ganz gut aus und wäre im Pot-Limit Omaha High grundsätzlich spielbar. Im Omaha High-Low ist diese Hand aber einfach unspielbar. Sie hat weder gutes High- noch gutes Low-Potenzial: Realistisch gesehen haben Sie mit dieser Hand keine gute Chance, die High-Wertung zu gewinnen, und es ist wahrscheinlich, dass Sie die Second-Best-Low-Hand machen.

- Starthände mit aufeinanderfolgenden Karten, die jedoch zwei Lücken aufweisen, zum Beispiel **A459,** sind schlecht, da die Chance auf eine Straße sehr gering ist.
- Hände wie **3456, 4567** oder **6789** sind ebenfalls keine besonders guten Hände. Man gewinnt zu selten die Low-Wertung damit und wird selten die Nut-Straight machen.
- Auch Hände wie **KK94** oder **QQ72** sind nicht spielbar. Bedenken Sie, dass beim Omaha Poker, wo jeder Spieler vier Startkarten bekommt, einer der Gegner mit Sicherheit ein Ass hat und Sie am Ende damit schlagen kann. Diese Kombinationen sind nur spielbar, wenn sie Double-Suited sind und zumindest die Chance besteht, die Low-Wertung doch noch zu gewinnen, zum Beispiel **KK23.**

Omaha High-Low-Flop-Play

Ein korrektes Spiel auf dem Flop erfordert zunächst eine genaue Analyse der Gemeinschaftskarten. Prüfen Sie genau, was der Flop Ihnen und Ihren Gegner bringt:

- Gerade wenn viele Spieler auf dem Flop dabei sind, sollte Ihre Hand Nut-Potenzial haben. Machen Sie sich bewusst, dass im Omaha High-Low mit vielen Spielern oft der Spieler gewinnt, der die Nuts hat. Sie sollten also den Nut-Low-Draw, den Nut-Straight-Draw, den Nut-Flush-Draw, ein Set oder eine gute Made-Hand haben, um weiterzuspielen.
- Auf dem Flop können Sie meist schon erkennen, ob es überhaupt möglich ist, sich für die Low-Wertung zu qualifizieren. Dies beeinflusst maßgeblich den Wert Ihrer Hand. Wenn Sie hoffen, in der High-Wertung zu gewinnen, wird Ihnen ein Flop mit **246** einen Dämpfer verpassen, da Sie davon ausgehen können, sich den Pot mit dem Gewinner der Low-Wertung teilen zu müssen.
- Umgekehrt wissen Sie sicher, dass es bei einem Flop wie **JK9** keine Low-Wertung geben wird. Sie können dann sofort Ihre Hoffnung auf einen guten Low begraben und wissen, dass der Spieler mit der besten höchsten Hand den gesamten Pot gewinnen wird. Das sollten natürlich Sie sein.
- Slow-Play ist im Omaha High-Low meist verfehlt. Free-Cards zu verteilen ist im Omaha High-Low eine Todsünde, da es so viele Möglichkeiten gibt, sich zu verbessern. Meist ist es gar nicht erforderlich, da man, auch ohne Schwäche zu zeigen, von seinen Gegnern ausreichend Action bekommt, wenn man selbst eine gute Hand hat. Vor allem mit dem Nut-Low wollen Sie meist viele Gegner in der Hand halten und den Pot massieren.

Omaha High-Low Turn- und River-Play

Beachten Sie auf Turn und River immer, dass Sie beim Omaha High-Low in der Regel eine sehr gute Hand brauchen, um zu gewinnen. Spielen Sie geradlinig, und beachten Sie, wie die weiteren Gemeinschaftskarten Ihre Hand und die Hände der Gegner beeinflussen.

- Geben Sie auf, wenn Sie denken, Sie könnten die zweitbeste Hand haben.
- Passen Sie vor allem höllisch auf, dass Sie am Ende nicht der »dumme Dritte« sind. Es kommt im Omaha High-Low oft vor, dass im Showdown drei Spieler dabei sind. Der eine gewinnt die High-Wertung, der andere die Low-Wertung, und der Dritte gewinnt nichts. Man kann also sagen, dass hier zwei Spieler das Geld eines Dritten untereinander aufteilen. Entwickeln Sie unbedingt ein Gespür für diese typische Omaha-High-Low-Situation. Wenn Sie in vier Spielen hintereinander der »dumme Dritte« waren, dann machen Sie etwas falsch.
- Bitte beachten Sie auch, dass es im Omaha High-Low häufig zu der unangenehmen Situation kommen kann, dass man nur ein Viertel des Pots gewinnt, das so genannte Quartering: Manchmal haben zwei Spieler den gleichen Low, und sie müssen sich den Pot in der Low-Wertung teilen. Im Ergebnis bekommt dann jeder ein Viertel des Pots. Kein tolles Ergebnis. Es kann zum Beispiel sein, dass ein Spieler die High-Wertung gewinnt und sich den Low mit einem anderen Spieler teilen muss. In dem Fall bekommt ein Spieler drei Viertel des Pots und der andere nur ein Viertel. Wenn Sie den Eindruck haben, es könnte darauf hinauslaufen, dass Sie nur ein Viertel des Pots gewinnen, sollten Sie versuchen, den Pot klein zu halten, indem Sie nicht setzen oder erhöhen.

19. TEIL

Poker-Quiz – Wie fortgeschritten sind Sie?

Poker-Quiz

Poker allgemein

1. Bei welcher der unten aufgelisteten Pokervarianten hat man als Spieler die meisten Informationen?

- ❑ A. Texas Hold'em
- ❑ B. Seven-Card-Stud
- ❑ C. Draw-Poker
- ❑ D. Omaha High-Low

2. Was bezeichnet man im Poker als relative Position?

- ❑ A. Meine Position in Bezug auf den Dealer.
- ❑ B. Meine Position in Bezug auf die Sektbar in einem Casino.
- ❑ C. Meine Position in Bezug auf den Wettenden
- ❑ D. Die Größe meines Chip-Stacks in Bezug auf die anderen Spieler.

3. Was besagt das im Poker sehr wichtige Gap-Konzept?

- ❑ A. Ich darf nicht zu nah an einem anderen Spieler sitzen.
- ❑ B. Man braucht eine bessere Hand zum Erhöhen als zum Mitgehen.
- ❑ C. Man braucht immer eine starke Hand, um zu wetten.
- ❑ D. Man braucht eine stärkere Hand, um auf eine Wette oder Erhöhung des Gegners zu reagieren, als wenn man selbst wettet oder erhöht.

4. Warum bezeichnet man den reinen Kartenwert im Poker als relativ?

- ❑ A. Weil man im Poker nie genau sagen kann, wer gewinnt.
- ❑ B. Weil der eigentliche Kartenwert von vielen Faktoren bestimmt wird.
- ❑ C. Weil man oft den ganzen Abend relativ schlechte Hände bekommt.

5. Ein Bluff klappt besonders gut, wenn …

- ❑ A. man gegen viele Gegner spielt.
- ❑ B. man gegen Gegner spielt, die sehr loose und aggressiv sind.
- ❑ C. man in der ersten Wettrunde ist.
- ❑ D. Wenn man gegen wenige Gegner spielt, die eher tight sind.

6. Wen sollte man eher nicht bluffen?

- ❑ A. Mittelgute Spieler.
- ❑ B. Anfänger und sehr gute Spieler.
- ❑ C. Spieler mit einem mittelgroßen Stack.
- ❑ D. Spieler, die sehr tight sind.

7. Wie hoch sollte ein normaler Bluff grundsätzlich mindestens sein?

- ❑ A. Auf jeden Fall mehr als zweimal der Pot.
- ❑ B. Auf jeden Fall einmal der Pot.
- ❑ C. Mindestens die Hälfte des Pots.

8. Was ist ein Post-Oak-Bluff?

- ❑ A. Eigentlich gar kein Bluff, da von einer starken Hand gedeckt ist.
- ❑ B. Ein Bluff, der eine schwache Hand simulieren soll.

❑ C. Ein Bluff, der viel zu hoch angesetzt ist.
❑ D. Ein Bluff, der wie eine Value-Bet aussehen soll und eher niedrig angesetzt wird.

9. Welche Bedeutung hat die Spieltheorie im Poker?
❑ A. Ich muss alle Entscheidungen im Poker nach dem Zufallsprinzip treffen.
❑ B. Ich muss mein Spiel spielerisch variieren, um für meine Gegner undurchschaubar zu bleiben.
❑ C. Die Spieltheorie kann mich in bestimmten Situationen noch die Hand gewinnen lassen, wenn ich sie gezielt anwende.

Texas Hold'em

10. Wie hoch ist die Chance, mit einem Paar auf der Hand ein Set zu floppen?
❑ A. 4 %
❑ B. 36 %
❑ C. 25 %
❑ D. 12 %

11. Was bezeichnet man im Texas Hold'em Poker als Limpen?
❑ A. Eine sehr schwache Spielweise.
❑ B. Ein Aufgeben vor dem Flop.
❑ C. Wenn man auf dem River nur checkt.
❑ D. Wenn man vor dem Flop nur die Big-Blind mitgeht.

12. Sie sind in einem No-Limit-Texas-Hold'em-Spiel. Sie sitzen mit A3s auf dem Button, und vor Ihnen sind vier Spieler die Big-Blind mitgegangen. Was sollten Sie tun?

- ❑ A. Aufgeben.
- ❑ B. Wetten.
- ❑ C. Mitgehen.
- ❑ D. Erhöhen.

13. Ein Texas-Hold'em-Spiel mit 10 Spielern. Wie hoch ist die Wahrscheinlichkeit, dass einer oder mehr Spieler ein Ass auf der Hand haben?

- ❑ A. 21 %
- ❑ B. 37 %
- ❑ C. 100 %
- ❑ D. 87 %

14. Welche der Aussagen trifft auf AK als Starthand zu?

- ❑ A. AK ist eine schöne Made-Hand und sollte vor dem Flop immer erhöht werden.
- ❑ B. AK braucht auf dem Flop oft Verbesserung und sollte daher vor dem Flop eher vorsichtig gespielt werden.
- ❑ C. AK ist die beste Starthand im Texas Hold'em.
- ❑ D. AK ist klarer Favorit gegen jedes Pocket-Pair.

15. Bei welchen Starthänden kann man in der Wettrunde vor dem Flop bei einem vollen Tisch an Slow-Play denken?

- ❑ A. AA, KK, AK, QQ, JJ, TT, 99
- ❑ B. AA, KK, AK
- ❑ C. AA, KK, QQ
- ❑ D. AA, KK, QQ, AKs, AQs, AJs

16. Wie hoch ist die endgültige Gewinnchance von 33 gegen AK?

- ❑ A. 5,5 : 4,5
- ❑ B. 2 : 3
- ❑ C. 7 : 3
- ❑ D. 1 : 2

17. Wie hoch ist die endgültige Gewinnchance von JJ gegen TT?

- ❑ A. 10 : 1
- ❑ B. 4,5 : 1
- ❑ C. 3 : 2
- ❑ D. 1 : 2

18. Wie sollte man in der Regel spielen, wenn man ein gutes Full-House floppt?

- ❑ A. Man sollte wetten, um es zu verteidigen.
- ❑ B. Man sollte aufgeben.
- ❑ C. Man sollte durch Wetten Gegner eliminieren.
- ❑ D. Man sollte Slow-Play betreiben oder einen Check-Raise machen.

19. Sie haben 45 auf der Hand. Das Board zeigt 6789. Es sind noch 5 Spieler auf dem Turn in der Runde mit dabei. Vor Ihnen wurde signifikant gewettet und erhöht, und ein Spieler ist mitgegangen. Jetzt sind Sie an der Reihe. Farben spielen keine Rolle. Was sollen Sie tun?

- ❑ A. Aufgeben.
- ❑ B. Mitgehen.
- ❑ C. Erhöhen.
- ❑ D. Wetten.

20. Sie haben 8T auf der Hand, und der Flop ist 9JQ. Ihre drei verbliebenen Gegner sind sehr passiv. Sie sind als Erster an der Reihe. Was sollten Sie tun?

❑ A. Aufgeben.
❑ B. Wetten.
❑ C. Checken.
❑ D. Mitgehen.

21. Wie hoch ist die Wahrscheinlichkeit, mit AK ein Ass-Paar oder ein Königs-Paar zu floppen?

❑ A. 82 %
❑ B. 11,5 %
❑ C. 50 %
❑ D. 32,5 %

22. Wann muss ich auf jeden Fall die Anzahl meiner Outs kennen?

❑ A. Wenn ich denke, ich bin momentan in Führung, kann mich aber noch verbessern.
❑ B. Wenn ich eine Straße gefloppt habe.
❑ C. Wenn ich aufgeben will.
❑ D. Wenn ich denke, ich liege momentan hinten und muss mich noch verbessern.

23. Ich habe einen Flush-Draw auf dem Turn. Wie hoch ist ungefähr die Chance, diesen auf dem River zu treffen?

❑ A. 20 %
❑ B. 50 %
❑ C. 5 %
❑ D. 10 %

24. Ich habe 33 auf der Hand, und der Flop hat mir keinen Drilling beschert. Wie hoch ist die Chance, das Set, also den Drilling mit den beiden Hole-Cards, auf Turn oder River noch zu machen?

- ❑ A. 8 %
- ❑ B. 2 %
- ❑ C. 25 %
- ❑ D. 50 %

25. Was sind partielle Outs?

- ❑ A. Outs, die nicht mitgerechnet werden.
- ❑ B. Outs, die doppelt gezählt werden, weil sie am Ende eine Gewinnerhand bilden.
- ❑ C. Outs, die halbiert werden, weil sie am Ende nicht unbedingt eine Gewinnerhand bilden.
- ❑ D. Outs, die nicht mitgerechnet werden, weil sie sich meist zu schlechten Händen entwickeln.

26. Was ist ein Re-Draw?

- ❑ A. Ein Draw, bei dem ich sehr viele Möglichkeiten habe, zu gewinnen.
- ❑ B. Kein Draw im eigentlichen Sinne.
- ❑ C. Ein Draw, der dem Gegner wiederum einen Draw gibt, mit dem er Sie schlagen kann.
- ❑ D. Ein Draw, der in zwei aufeinanderfolgenden Spielen trifft.

27. Mit wie vielen Outs werden so genannte Backdoor-Flush-Draws, also Flush-Draws, bei denen man noch zwei Karten braucht, veranschlagt?

- ❑ A. 1,5 Outs
- ❑ B. 5 Outs

- ❑ C. 3 Outs
- ❑ D. 7 Outs

28. Sie haben QT auf der Hand, und das Board zeigt J29. Sie gehen davon aus, dass der Gegner AA oder KK auf der Hand hat. Wie viele Outs haben Sie?

- ❑ A. 4
- ❑ B. 13
- ❑ C. 2
- ❑ D. 8

29. Showdown im Texas Hold'em. Sie haben 43, und der Gegner hat A9. Das Board zeigt J394J. Wer hat gewonnen?

- ❑ A. Der Pot wird geteilt.
- ❑ B. Der Gegner gewinnt.
- ❑ C. Sie gewinnen.

30. Wozu muss man im Poker seine Pot-Odds hauptsächlich kennen?

- ❑ A. Damit man immer weiß, wie viel Geld im Pot ist.
- ❑ B. Um zu entscheiden, ob es sich lohnt, eine Wette oder Erhöhung mitzugehen.
- ❑ C. Um zu wissen, ob der Gegner tight oder loose spielt.

31. Der Gegner wettet den halben Pot. Wie sind die Pot-Odds, die er mir hierdurch gibt?

- ❑ A. 1 zu 3 also 25 %
- ❑ B. 1 zu 1,25 also 44 %
- ❑ C. 1 zu 5 also 16, 6 %
- ❑ D. 1 zu 2 also 33,3 %

32. Ich wette den zweifachen Pot. Wie sind die Pot-Odds, die ich hierdurch meinem Gegner gebe?

- ❑ A. 1 zu 11 also 8,3 %
- ❑ B. 1 zu 4 also 20 %
- ❑ C. 1 zu 1,5 also 40 %

33. Ich habe eine Gewinnchance, also Odds, in Höhe von 30 %. Der Gegner wettet ein Drittel des Pots. Lohnt sich ein Mitgehen aus mathematischer Sicht?

- ❑ A. Nein, weil die Odds genau den Pot-Odds entsprechen.
- ❑ B. Nein, weil die Pot-Odds höher als die Gewinnchance sind.
- ❑ C. Ja, weil die Odds höher als die Pot-Odds sind.

34. Wann spielen Outs keine Rolle?

- ❑ A. Wenn ich denke, ich liege momentan hinten und muss mich verbessern.
- ❑ B. Wenn meine Gewinnchance über 40 % liegt.
- ❑ C. Wenn ich denke, ich liege weit vorne, oder auf dem River.
- ❑ D. Auf dem Flop und dem Turn.

35. Was gibt mir hohe Implied Pot-Odds?

- ❑ A. Ein All-In meinerseits.
- ❑ B. Ein All-In des Gegners.
- ❑ C. Eine Hand, mit der ich gegen viele Spieler viel gewinnen kann.
- ❑ D. Eine Hand, die besser als Top-Pair, aber schlechter als ein Drilling ist.

36. Sie setzen Ihren Gegner auf einen Draw. In welcher Wettrunde sollten Sie wetten?

- ❑ A. Auf dem Turn und nicht auf dem River.
- ❑ B. Vor dem Flop.
- ❑ C. Auf dem River und nicht auf dem Turn.
- ❑ D. Weder auf dem Turn noch auf dem River.

37. Sie sind auf dem Turn. Mit welcher ungefähren Wahrscheinlichkeit trifft ein Open-End-Straight-Draw auf dem River?

- ❑ A. 40 %
- ❑ B. 20 %
- ❑ C. 60 %
- ❑ D. 10 %

38. Was ist ein Overcall?

- ❑ A. Ein Call, wenn vorher zwei Spieler erhöht haben.
- ❑ B. Ein Call, wenn vorher nur ein kleiner Betrag gewettet wurde.
- ❑ C. Ein Call, wenn vorher gecheckt und gewettet wurde.
- ❑ D. Ein Call, wenn zuvor gewettet und dann mitgegangen wurde.

39. Welche Aussage trifft bezüglich eines Overcalls zu?

- ❑ A. Man braucht grundsätzlich keine gute Hand für einen Overcall.
- ❑ B. Man sollte den Overcall immer machen, wenn es geht.
- ❑ C. Man braucht eine bessere Hand für einen Overcall als für einen normalen Call.
- ❑ D. Man sollte möglichst nie einen Overcall machen.

40. Wie hoch sollte eine echte Value-Bet im No-Limit Texas Hold'em grundsätzlich sein?

- ❑ A. Mindestens zweimal der Pot.
- ❑ B. Immer den Pot.
- ❑ C. Mindestens ein Drittel des Pots.
- ❑ D. Höchstens ein Zehntel des Pots.

41. Was ist ein umgekehrter Bluff?

- ❑ A. Ich teile dem Gegner verbal meine Handstärke mit.
- ❑ B. Ich wette weniger als bei der Value-Bet.
- ❑ C. Ich versuche, es so aussehen zu lassen, als wollte ich mir den Pot durch eine hohe Bluffwette kaufen, habe aber in Wirklichkeit eine gute Hand.

42. Warum ist ein Check-Raise-Bluff ein riskantes Manöver?

- ❑ A. Weil man viel Geld, zwei Wetten mehr, verliert, wenn der Bluff auffliegt.
- ❑ B. Der Check-Raise-Bluff ist ein ungefährliches Manöver.
- ❑ C. Weil er sehr oft auffliegt.
- ❑ D. Weil man meist All-In dabei gehen muss.

43. Warum ist ein Bluff in Form einer Fortsetzungswette im Texas Hold'em besonders glaubhaft und somit ein Erfolgsmodell?

- ❑ A. Weil er auf dem Flop gemacht wird.
- ❑ B. Weil die Wette sehr glaubhaft ist, da man vor dem Flop schon Stärke gezeigt hat.
- ❑ C. Weil Sie ihn mit jedem Flop machen können.
- ❑ D. Weil es im Texas Hold'em immer besser ist, der Aggressor zu sein.

44. Warum will ich im Poker manchmal einen Gegner isolieren?

❑ A. Weil ich mehr Information über ihn sammeln will.
❑ B. Weil es im Poker ein Vorteil sein kann, gegen nur einen Gegner zu spielen.
❑ C. Weil es Spaß macht, andere Spieler zu ärgern.

45. Wie funktioniert eine Free-Card-Wette?

❑ A. Ich wette, um in der gleichen Wettrunde billig eine weitere Karte zu bekommen.
❑ B. Ich wette vor dem Flop und sehe dadurch billig den Flop.
❑ C. Ich wette oder erhöhe und hoffe dabei, dass der Gegner deshalb in der nächsten Wettrunde nicht wettet und ich dann durch Checken meine Free-Card bekomme.
❑ D. Ich wette hoch und hoffe, dass Gegner rausgehen, die ansonsten gerne weitere Gemeinschaftskarten umsonst sehen würden.

46. Wie spielt man an einem Tisch, der loose-passiv ist?

❑ A. Man sollte sehr oft bluffen.
❑ B. Semi-tight.
❑ C. Man sollte keine Drawing-Hands spielen.
❑ D. Man sollte keine Multiway-Hände, wie zum Beispiel Suited-Connectors, spielen.

47. Welche Aussage in Bezug auf Pot-Limit Texas Hold'em ist richtig?

❑ A. Vor dem Flop gibt es viele hohe Wetten.
❑ B. Pot-Odds spielen keine Rolle.
❑ C. Vor dem Flop sind die Wetten nicht so hoch wie nach dem Flop.

48. Welche Hände gewinnen im Heads-Up-Spiel an Wert?

- ❑ A. Suited-Connectors.
- ❑ B. Draws.
- ❑ C. Hohe Karten und Paare.
- ❑ D. Kleine Paare.

49. Was ist die schlechteste Hand im Heads-Up-Spiel?

- ❑ A. 22
- ❑ B. 72-offsuit
- ❑ C. 25-offsuit
- ❑ D. 23-offsuit

Das Pokerturnier

50. Was bedeutet in einem Pokerturnier, wenn ein Spieler sagt: Meine M-Ratio ist 7?

- ❑ A. Er hat noch 7 M&Ms in seinem Lunchpaket.
- ❑ B. Er hat siebenmal so viel Chips wie der durchschnittliche Spieler zum jetzigen Zeitpunkt des Turniers.
- ❑ C. Er kann noch sieben Wettrunden überstehen, ohne zu setzen, bis seine Chips weg sind.
- ❑ D. Er kann noch siebenmal All-In gehen.

51. Sie haben in einem Freeze-Out-Pokerturnier noch 40.000 Chips. Die Blinds sind bei 1500/3000. Wie ist Ihre M-Ratio ungefähr?

- ❑ A. 2
- ❑ B. 15
- ❑ C. 4
- ❑ D. 9

52. Sie haben in einem Freeze-Out-Pokerturnier noch 10.000 Chips. An Ihrem Tisch sitzen 10 Spieler. Die Blinds sind bei 2000/4000, und die Ante beträgt mittlerweile 1.000 Chips. Wie ist Ihre M-Ratio ungefähr?

- ❑ A. 3
- ❑ B. 1,7
- ❑ C. 0,6
- ❑ D. 12

53. Sie haben in einem Pokerturnier eine M von 4. In welcher M-Zone befinden Sie sich?

- ❑ A. In der gelben Zone.
- ❑ B. In der orangen Zone.
- ❑ C. In der roten Zone.
- ❑ D. In der Todeszone.

54. Welche Grundsätze gelten in der roten M-Zone?

- ❑ A. Ich muss sehr tight spielen und abwarten.
- ❑ B. Ich sollte schon mal meine Sachen packen, um gleich zu gehen.
- ❑ C. Ein All-In lohnt hier nicht mehr.
- ❑ D. Man muss versuchen, sich durch All-Ins zu verdoppeln oder zu verdreifachen.

55. Welche Gegner sind in einem Pokerturnier am gefährlichsten?

- ❑ A. Gegner mit wenigen Chips, weil sie unberechenbar sind.
- ❑ B. Gegner mit mittelgroßen Chip-Stacks.
- ❑ C. Gegner mit großen Chip-Stacks.
- ❑ D. Gegner in der roten M-Zone.

56. Was besagt die 10-zu-1-Regel in einem Pokerturnier?

- ❑ A. Auf zehn Spieler kommt ein Gewinner.
- ❑ B. Wenn die M bei einem Spieler einen Punkt unter 10 fällt, muss er handeln.
- ❑ C. Wenn ein Spieler 10-mal so viele Chips wie ein anderer Spieler hat, sollte er ein All-In dieses Spielers unabhängig von seiner Hand mitgehen.
- ❑ D. Wenn ein Spieler 10-mal eine solide Hand spielt, blufft er danach einmal.

57. Was bezeichnet man im Pokerturnier als Cooperation-Play?

- ❑ A. Kollusion zu Lasten des Chip-Leaders.
- ❑ B. Wenn zwei Spieler nach einem All-In eines anderen nicht mehr weiterwetten.
- ❑ C. Wenn man am Ende einen Handel macht und sich das Preisgeld teilt.
- ❑ D. Wenn ein Spieler mit dem Dealer zusammenwirkt und so schummelt.

Seven-Card-Stud, Omaha High und Omaha High-Low

58. Was sind im Seven-Card-Stud die besten Starthände?

- ❑ A. Aufeinanderfolgende Karten, zum Beispiel 56789.
- ❑ B. Drillinge.
- ❑ C. Gleichfarbige Karten.
- ❑ D. Hohe verdeckte Paare, so genannte Concealed-Pairs.

59. Wie bewerten Sie im Omaha High Poker die Starthand AJ74?

- ❑ A. Eine gute Hand, da Sie ein Ass enthält.

- ❑ B. Eine Bombenhand, da gute Straßen- und Flush-Chance.
- ❑ C. Eine eher schlechte Hand.

60. Ich habe in einem Omaha-High-Spiel QJ87 auf der Hand. Auf dem Flop liegt T92. Wie hoch ist ungefähr die Wahrscheinlichkeit, auf Turn oder River eine Straße zu treffen?

- ❑ A. 70 %
- ❑ B. 32 %
- ❑ C. 20 %
- ❑ D. 90 %

61. Ich bin in einem Omaha High-Low-Spiel im Showdown und halte KJ34 auf der Hand. Das Board zeigt 56JAA. Mein Gegner hat AJ34 auf der Hand. Was gewinne ich?

- ❑ A. Ein Drittel des Pots.
- ❑ B. Ein Viertel des Pots.
- ❑ C. Den halben Pot.
- ❑ D. Gar nichts.

62. Wie bewerten Sie im Omaha High-Low eine Starthand wie A2QQ?

- ❑ A. Sehr gut, da die Chance besteht, den ganzen Pot zu gewinnen.
- ❑ B. Schlecht, da diese Hand oft von einem höheren Full-House geschlagen wird.
- ❑ C. Mittelmäßig, weil gerade Damen oft noch »geknackt« werden.

Poker allgemein

1. Bei welcher der unten aufgelisteten Pokervarianten hat man als Spieler die meisten Informationen?

Richtige Antwort: B. Seven-Card-Stud, da man durch die offenen Karten, die vor dem Gegner liegen, viel Information über seine Handstärke im Vergleich zur eigenen Handstärke bekommt.

2. Was bezeichnet man im Poker als relative Position?

Richtige Antwort: C. Meine Position in Bezug auf den Wettenden.

3. Was besagt das im Poker sehr wichtige Gap-Konzept?

Richtige Antwort: D. Man braucht eine stärkere Hand, um auf eine Wette oder Erhöhung des Gegners zu reagieren, als wenn man selbst wettet oder erhöht.

4. Warum bezeichnet man den reinen Kartenwert im Poker als relativ?

Richtige Antwort: B.Weil der eigentliche Kartenwert von vielen Faktoren bestimmt wird.

5. Ein Bluff klappt besonders gut, wenn …

Richtige Antwort: D. Wenn man gegen wenige Gegner spielt, die eher tight sind.

6. Wen sollte man eher nicht bluffen?

Richtige Antwort: B. Anfänger und sehr gute Spieler, weil Anfänger zu oft mitgehen und spielstarke Gegner den Bluff eher durchschauen.

7. Wie hoch sollte ein normaler Bluff grundsätzlich mindestens sein?

Richtige Antwort: C. Mindestens die Hälfte des Pots, weil ansonsten wegen der zu niedrigen Wetthöhe mitgegangen wird.

8. Was ist ein Post-Oak-Bluff?

Richtige Antwort: D. Ein Bluff, der wie eine Value-Bet aussehen soll und eher niedrig angesetzt wird.

9. Welche Bedeutung hat die Spieltheorie im Poker?

Richtige Antwort: B. Ich muss mein Spiel spielerisch variieren, um für meine Gegner undurchschaubar zu bleiben.

Texas Hold'em

10. Wie hoch ist die Chance, mit einem Paar auf der Hand ein Set zu floppen?

Richtige Antwort: D. 12 %.

11. Was bezeichnet man im Texas Hold'em Poker als Limpen?

Richtige Antwort: D. Wenn man vor dem Flop nur die Big-Blind mitgeht.

12. Sie sind in einem No-Limit-Texas-Hold'em-Spiel. Sie sitzen mit A3s auf dem Button und vor Ihnen sind vier Spieler die Big-Blind mitgegangen. Was sollten Sie tun?

Richtige Antwort: C. Mitgehen. Sie sollten nicht erhöhen,

denn Sie wollen mit dieser guten Multiway-Hand, die den Nut-Flush machen könnte, keine Spieler durch Wetten vertreiben und vor dem Flop nicht zu viele Chips investieren.

13. Ein Texas-Hold'em-Spiel mit 10 Spielern. Wie hoch ist die Wahrscheinlichkeit, dass einer oder mehr Spieler ein Ass auf der Hand haben?

Richtige Antwort: D. 87 %.

14. Welche der Aussagen trifft auf AK als Starthand zu?

Richtige Antwort: B. AK braucht auf dem Flop oft Verbesserung und sollte daher vor dem Flop eher vorsichtig gespielt werden.

15. Bei welchen Starthänden kann man in der Wettrunde vor dem Flop bei einem vollen Tisch an Slow-Play denken?

Richtige Antwort: C. AA, KK, QQ, wenn überhaupt. Slow-Play spielt gerade bei vielen Spielern vor dem Flop keine besonders große Rolle, weil der Flop die gute Starthand zunichte machen kann.

16. Wie hoch ist die endgültige Gewinnchance von 33 gegen AK?

Richtige Antwort: A. 5,5 : 4,5.

17. Wie hoch ist die endgültige Gewinnchance von JJ gegen TT?

Richtige Antwort: B. 4,5 : 1.

18. Wie sollte man in der Regel spielen, wenn man ein gutes Full-House floppt?

Richtige Antwort: D. Man sollte Slow-Play betreiben oder einen Check-Raise machen, weil es mit einem Full-House in der Regel sehr unwahrscheinlich ist, dass man geschlagen wird, wenn man Free-Cards zulässt.

19. Sie haben 45 auf der Hand. Das Board zeigt 6789. Es sind noch 5 Spieler auf dem Turn in der Runde mit dabei. Vor Ihnen wurde signifikant gewettet und erhöht, und ein Spieler ist mitgegangen. Jetzt sind Sie an der Reihe. Farben spielen keine Rolle. Was sollen Sie tun?

Richtige Antwort: A. Aufgeben, weil es wegen der starken Action, die vor Ihnen entstanden ist, und wegen des Boards wahrscheinlich ist, dass ein anderer Spieler eine höhere Straße hat als Sie.

20. Sie haben 8T auf der Hand, und der Flop ist 9JQ. Ihre drei verbliebenen Gegner sind sehr passiv. Sie sind als Erster an der Reihe. Was sollten Sie tun?

Richtige Antwort: B. Wetten, weil Sie eine Straße, also eine sehr gute Hand, gefloppt haben und Geld in den Pot kriegen wollen. Slow-Play oder Check-Raise ist hier nicht angebracht, weil passive Gegner auf Checken oft nicht mit Wetten reagieren. Zudem wollen Sie auch nicht, dass die Gegner Free-Cards bekommen.

21. Wie hoch ist die Wahrscheinlichkeit, mit AK ein Ass-Paar oder ein Königs-Paar zu floppen?

Richtige Antwort: D. 32,5 %.

22. Wann muss ich auf jeden Fall die Anzahl meiner Outs kennen?

Richtige Antwort: D. Wenn ich denke, ich liege momentan hinten und muss mich noch verbessern.

23. Ich habe einen Flush-Draw auf dem Turn. Wie hoch ist ungefähr die Chance, diesen auf dem River zu treffen?

Richtige Antwort: A. 20 %.

24. Ich habe 33 auf der Hand, und der Flop hat mir keinen Drilling beschert. Wie hoch ist die Chance, das Set, also den Drilling mit den beiden Hole-Cards, auf Turn oder River noch zu machen?

Richtige Antwort: A. 8 %.

25. Was sind partielle Outs?

Richtige Antwort: C. Outs, die halbiert werden, weil sie am Ende nicht unbedingt eine Gewinnerhand bilden.

26. Was ist ein Re-Draw?

Richtige Antwort: C. Ein Draw, der dem Gegner wiederum einen Draw gibt, mit dem er Sie schlagen kann.

27. Mit wie vielen Outs werden so genannte Backdoor-Flush-Draws, also Flush-Draws, bei denen man noch zwei Karten braucht, veranschlagt?

Richtige Antwort: A. 1,5 Outs.

28. Sie haben QT auf der Hand, und das Board zeigt J29. Sie gehen davon aus, dass der Gegner AA oder KK auf der Hand hat. Wie viele Outs haben Sie?

Richtige Antwort: D. 8, denn Sie haben einen Open-End-Straight-Draw. Wenn Sie davon ausgehen, dass der Gegner Könige hat, dann fehlen eigentlich zwei Könige bei Ihren Outs, aber da wir es nicht genau wissen, machen wir es nicht zu kompliziert. Bedenken Sie auch, dass ein König auf dem Board dem Gegner möglicherweise einen Drilling bescheren würde, den Sie aber mit Ihrer Straße schlagen. Eine solche Situation kann dann sehr profitabel sein.

29. Showdown im Texas Hold'em. Sie haben 43, und der Gegner hat A9. Das Board zeigt J394J. Wer hat gewonnen?

Richtige Antwort: B. Der Gegner gewinnt, weil er das höhere Two-Pair hat. Er spielt JJ99A. Sie spielen JJ449.

30. Wozu muss man im Poker seine Pot-Odds hauptsächlich kennen?

Richtige Antwort: B. Um zu entscheiden, ob es sich lohnt, eine Wette oder Erhöhung mitzugehen.

31. Der Gegner wettet den halben Pot. Wie sind die Pot-Odds, die er mir hierdurch gibt?

Richtige Antwort: A. 1 zu 3, also 25 %.

32. Ich wette den zweifachen Pot. Wie sind die Pot-Odds, die ich hierdurch meinem Gegner gebe?

Richtige Antwort: C. 1 zu 1,5, also 40 %.

33. Ich habe eine Gewinnchance, also Odds, in Höhe von 30 %. Der Gegner wettet ein Drittel des Pots. Lohnt sich ein Mitgehen aus mathematischer Sicht?

Richtige Antwort: C. Ja, weil die Odds höher als die Pot-Odds sind. Die Pot-Odds betragen 20 %.

34. Wann spielen Outs keine Rolle?

Richtige Antwort: C. Wenn ich denke, ich liege weit vorne, oder auf dem River.

35. Was gibt mir hohe Implied Pot-Odds?
Richtige Antwort: C. Eine Hand, mit der ich gegen viele Spieler viel gewinnen kann.

36. Sie setzen Ihren Gegner auf einen Draw. In welcher Wettrunde sollten Sie wetten?
Richtige Antwort: A. Auf dem Turn und nicht auf dem River. Wenn Sie auf dem Turn nicht wetten, geben Sie dem Gegner eine gefährliche Free-Card.

37. Sie sind auf dem Turn. Mit welcher ungefähren Wahrscheinlichkeit trifft ein Open-End-Straight-Draw auf dem River?
Richtige Antwort: B. 20 %.

38. Was ist ein Overcall?
Richtige Antwort: D. Ein Call, wenn zuvor gewettet und dann mitgegangen wurde.

39. Welche Aussage trifft bezüglich eines Overcalls zu?
Richtige Antwort: C. Man braucht eine bessere Hand für einen Overcall als für einen normalen Call.

40. Wie hoch sollte eine echte Value-Bet im No-Limit Texas Hold'em grundsätzlich sein?
Richtige Antwort: C. Mindestens ein Drittel des Pots.

41. Was ist ein umgekehrter Bluff?
Richtige Antwort: C. Ich versuche, es so aussehen zu lassen, als wollte ich mir den Pot durch eine hohe Bluffwette kaufen, habe aber in Wirklichkeit eine gute Hand.

42. Warum ist ein Check-Raise-Bluff ein riskantes Manöver?

Richtige Antwort: A. Weil man viel Geld, zwei Wetten mehr, verliert, wenn der Bluff auffliegt.

43. Warum ist ein Bluff in Form einer Fortsetzungswette im Texas Hold'em besonders glaubhaft und somit ein Erfolgsmodell?

Richtige Antwort: B. Weil die Wette sehr glaubhaft ist, da man vor dem Flop schon Stärke gezeigt hat.

44. Warum will ich im Poker manchmal einen Gegner isolieren?

Richtige Antwort: B. Weil es im Poker ein Vorteil sein kann, gegen nur einen Gegner zu spielen.

45. Wie funktioniert eine Free-Card-Wette?

Richtige Antwort: C. Ich wette oder erhöhe und hoffe dabei, dass der Gegner deshalb in der nächsten Wettrunde nicht wettet und ich dann durch Checken meine Free-Card bekomme.

46. Wie spielt man an einem Tisch, der loose-passiv ist?

Richtige Antwort: B. Semi-tight.

47. Welche Aussage in Bezug auf Pot-Limit Texas Hold'em ist richtig?

Richtige Antwort: C. Vor dem Flop sind die Wetten nicht so hoch wie nach dem Flop.

48. Welche Hände gewinnen im Heads-Up-Spiel an Wert?

Richtige Antwort: C. Hohe Karten und Paare, kleine Paare sind eher mit vielen Spielern gut, wenn man ein Set damit trifft.

49. Was ist die schlechteste Hand im Heads-Up-Spiel?
Richtige Antwort: 23-offsuit; die Tatsache, dass man mit dieser Hand eine Straße machen kann, spielt Heads-Up keine so große Rolle wie mit mehreren Spielern.

Das Pokerturnier

50. Was bedeutet in einem Pokerturnier, wenn ein Spieler sagt: Meine M-Ratio ist 7?
Richtige Antwort: Er kann noch sieben Wettrunden überstehen, ohne zu setzen, bis seine Chips weg sind.

51. Sie haben in einem Freeze-Out-Pokerturnier noch 40.000 Chips. Die Blinds sind bei 1500/3000. Wie ist Ihre M-Ratio ungefähr?
Richtige Antwort: D. 9.

52. Sie haben in einem Freeze-Out-Pokerturnier noch 10.000 Chips. An Ihrem Tisch sitzen 10 Spieler. Die Blinds sind bei 2000/4000, und die Ante beträgt mittlerweile 1.000 Chips. Wie ist Ihre M-Ratio ungefähr?
Richtige Antwort: C. 0,6. Sie müssen die Ante mit 10 multiplizieren und zu der Summe der Blinds hinzurechnen.

53. Sie haben in einem Pokerturnier eine M von 4. In welcher M-Zone befinden Sie sich?
Richtige Antwort: C. In der roten Zone.

54. Welche Grundsätze gelten in der roten M-Zone?
Richtige Antwort: D. Man muss versuchen, sich durch All-Ins zu verdoppeln oder zu verdreifachen.

55. Welche Gegner sind in einem Pokerturnier am gefährlichsten?

Richtige Antwort: C. Gegner mit großen Chip-Stacks, weil sie einen rauswerfen können beziehungsweise einem sehr viele Chips abnehmen können.

56. Was besagt die 10-zu-1-Regel in einem Pokerturnier?

Richtige Antwort: C. Wenn ein Spieler 10-mal so viele Chips wie ein anderer Spieler hat, sollte er ein All-In dieses Spielers unabhängig von seiner Hand mitgehen.

57. Was bezeichnet man im Pokerturnier als Cooperation-Play?

Richtige Antwort: B. Wenn zwei Spieler nach einem All-In eines anderen nicht mehr weiterwetten.

Seven-Card-Stud, Omaha High und Omaha High-Low

58. Was sind im Seven-Card-Stud die besten Starthände?

Richtige Antwort: B. Drillinge.

59. Wie bewerten Sie im Omaha High Poker die Starthand AJ74?

Richtige Antwort: C. Eine eher schlechte Hand.

60. Ich habe in einem Omaha-High-Spiel QJ87 auf der Hand. Auf dem Flop liegt T92. Wie hoch ist ungefähr die Wahrscheinlichkeit, auf Turn oder River eine Straße zu treffen?

Richtige Antwort: A. 70 %, da so genannte Wraparound-Straight mit 20 Outs.

61. Ich bin in einem Omaha-High-Low-Spiel im Showdown und halte KJ34 auf der Hand. Das Board zeigt 56JAA. Mein Gegner hat AJ34 auf der Hand. Was gewinne ich?

Richtige Antwort: B. Ein Viertel des Pots, so genanntes Quartering, da Sie die High-Wertung verloren haben und sich mit dem Gegner den halben Pot für die Low-Wertung teilen müssen. Beide Spieler spielen A3456 als Low-Hand.

62. Wie bewerten Sie im Omaha High-Low eine Starthand wie A2QQ?

Richtige Antwort: A. Sehr gut, da die Chance besteht, den ganzen Pot zu gewinnen, so genannter Scoop.

20. Teil

Informationen rund ums Pokern

Poker-Songs – Lieder, die mit Poker zu tun haben

Ich werde Ihnen jetzt einige Lieder vorstellen, die direkt oder indirekt mit Poker zu tun haben. Bitte nehmen Sie diese Liste aber nicht allzu ernst: Einige Lieder gehen ursprünglich gar nicht ums Pokern, passen aber irgendwie trotzdem gut, zum Beispiel »I am a Rock« von Simon and Garfunkel. Andere Lieder, wie zum Beispiel »No cheap Thrill« von Suzanne Vega, drehen sich nur um Poker. Sehen Sie diese Liste als Bonbon zum Schluss, und lassen Sie sich beim Pokern ein wenig von der Musik inspirieren. Vielleicht nicht gerade von »Loser« von Beck, sondern eher von »Rocket Man« von Elton John.

64 Position – Royksopp
Ace of Spades – Motorhead
Against all Odds – Phil Collins
Anyone who had a Heart – Cilla Black
Bad Draw – The Upsetters
Bang Bang – Nancy Sinatra
Bubble – Salmonella Dub
Calling Elvis – Dire Straits
Call on me – Eric Prydz
Card Cheat – The Clash
Casino – Ralph Myerz and the Jack Herren Band
Cincinnati Kid – Ray Charles
Connected – Stereo MCs
Dancing Queen – Abba
Deal – Grateful Dead
Deal ‘em again – Christopher Cross
Diamonds are forever – Shirley Bassey
Disconnected Mind – Millenia Nova

Draw of the Cards – Kim Carnes
Five Card Stud – Ace Frehley
Gambler – Madonna
Grinding Halt – The Cure
Heart in New York – Simon and Garfunkel
Hold that Sucker Down – OT Quartet
Hotel California – Gipsy Kings
House of the Rising Sun – Bob Dylan
I am a Rock – Simon and Garfunkel
I am what I am – Gloria Gaynor
I just call – Steve Wonder
I want to be a little Fishy – Thomas Fehlmann
Check your Body – Steven Silk Hurley
Jackpot – Tocotronic
Just dropped in – Kenny Rogers
Lay down Sally – Eric Clapton
Lily, Rosemary and the Jack of Hearts – Bob Dylan
Limit – Deichkind
London Calling – The Clash
Loser – Beck
Losing Hand – Ray Charles
Luck be a Lady – Frank Sinatra
Lucy in the Sky with Diamonds – The Beatles
Makin' Deals – The Satans
Maniac – Michael Sembello
Mr. Siegal – Tom Waits
No Cheap Thrill – Suzanne Vega
Owner of a lonely Heart – Yes
Play Dead – Björk
Poker – Electric Light Orchestra
Queen of Hearts – Juice Newton
Ramblin' Gamblin' Willie – Bob Dylan
Riverboat Gambler – Carly Simon

Rocket Man – Elton John
Royal Flush – Moneypenny
Stagger Lee – Nick Cave
Stayin' Alive – Bee Gees
Straight on and on – Perry and Rodan
Straight Up – Paula Abdul
Strangers Song – Leonard Cohen
String Vibe – Plastic Buddha
Suck and Run – Console
Take me to the River – Al Green
Tell it to my Heart – Taylor Dayne
Tender Button – Broadcast
The Gambler – Kenny Rogers
The Gambler – Leonard Cohen
The Gambler – Woody Guthrie
The Jack – AC/DC
The Joker – Steve Miller Band
The River – Bruce Springsteen
Three Card Trick – The Clash
Turn of a friendly Card – Alan Parsons Project
Two Hearts – Phil Collins
Uptown Top Rankin' – Althea and Donna
Waterloo – Abba
Winner Takes it All – Abba
Yes I am Blind – Morrissey

Die Musterturnierstruktur – Damit beim Turnier alles glatt läuft

Im Folgenden habe ich eine Musterturnierstruktur für Sie zusammengestellt, damit bei Ihrem Turnier zu Hause auch alles klappt. Wenn Sie sich unsicher sind, dann befolgen Sie einfach genau die Struktur, die ich Ihnen hier an die Hand gebe. Sie hat sich schon vielfach bewährt. Die Struktur gilt für ein No-Limit-Texas-Hold'em-Turnier.

Blindlevel	Small-Blind	Big-Blind	Dauer
1	25	50	15 Min.
2	50	100	15 Min.
3	75	150	15 Min.
4	100	200	15 Min.
5	150	300	15 Min.
6	200	400	15 Min.
7	300	600	15 Min.
8	400	800	15 Min.
9	600	1200	15 Min.
10	800	1600	15 Min.
11	1000	2000	15 Min.
12	2000	4000	15 Min.
13	4000	8000	15 Min.
14	8000	16000	15 Min.
15	10000	20000	15 Min.
16	15000	30000	15 Min.
17	20000	40000	15 Min.

- Die Chip-Wertigkeiten sind:

Grün	25er
Schwarz	100er
Weiß	200er
Rot	500er
Gelb	1.000er

  Man kann die Wertigkeiten auch anders wählen, aber ich rate Ihnen, immer dieselbe Struktur beizubehalten, sonst gibt es Verwirrung.

- Jeder Teilnehmer erhält 5.000 Startchips.
  Am besten wie folgt:

12-mal Grün	25er
12-mal Schwarz	100er
3-mal Rot	500er
2-mal Blau	1.000er

  Jeder Spieler sollte mindestens acht geringwertige Chips bekommen, ansonsten müssen die Spieler in den ersten drei Wettrunden zu oft Geld bei anderen Spielern wechseln,

- Ungefähre Dauer des Turniers

Blindlevel 10 Minuten	2 Stunden
Blindlevel 15 Minuten	3 Stunden
Blindlevel 20 Minuten	4 Stunden
Blindlevel 25 Minuten	5 Stunden
Blindlevel 30 Minuten	6 Stunden

  Eine Faustregel besagt, dass das Turnier meist in der Zeit endet, wenn der Big-Blind ungefähr dem Buy-In entspricht, vorliegend also zwischen dem 12. und 13. Level.
  Sie können für ein Speed-Turnier auch Blindlevel weglassen, zum Beispiel den ersten, den dritten, den fünften und so weiter, um die Turnierdauer zu halbieren.

- Re-Buys und Add-On
  Wenn man das Turnier mit unbegrenzten Re-Buys spielt, dann sollten diese nur bis zum Ende des 6. Blindlevels möglich sein. An dieser Stelle wird auch am besten ein Add-On gemacht, sofern es vorgesehen ist.

- Die Gewinnverteilung sollte, wie folgt, aussehen:

1 bis 4 Spieler	100 % für den Ersten
5 bis 7 Spieler	70–30 %
8 bis 10 Spieler	50–30–20 %
11 bis 20 Spieler	50–25–15–10 %
21 bis 30 Spieler	40–25–20–10–5 %

  Man kann natürlich auch eine andere Auszahlungsstruktur wählen. Bei mehr als 30 Spielern sollten die ersten 10 bis 20 Prozent der Spieler etwas gewinnen.

Viel Glück und viel Spaß bei Ihrem Pokerturnier!

Wertigkeit der Hände im Poker

Name der Hand (in der Wertigkeit absteigend)	**Beispiel**
Royal-Flush	10♠ TEN, J♠ JACK, Q♠ QUEEN, K♠ KING, A♠ ACE
Straight-Flush	2♥ TWO, 3♥ THREE, 4♥ FOUR, 5♥ FIVE, 6♥ SIX
Four of a Kind	9♥ NINE, 9♦ NINE, 9♣ NINE, 9♠ NINE, 5♥ FIVE
Full-House	A♦ ACE, A♣ ACE, A♠ ACE, 4♦ FOUR, 4♠ FOUR
Flush	K♣ KING, Q♣ QUEEN, 4♣ FOUR, 6♣ SIX, 9♣ NINE
Straße	4♥ FOUR, 5♣ FIVE, 6♣ SIX, 7♠ SEVEN, 8♠ EIGHT
Drilling	K♣ KING, K♠ KING, K♦ KING, 6♥ SIX, 2♦ TWO
Two-Pair	Q♣ QUEEN, Q♠ QUEEN, 5♣ FIVE, 5♠ FIVE, A♠ ACE
Pair	10♣ TEN, 10♥ TEN, 5♥ FIVE, 8♦ EIGHT, 2♥ TWO
High-Card	5♥ FIVE, 2♦ TWO, Q♥ QUEEN, J♣ JACK, K♦ KING

Glossar – Pokerlingo

ABC-Player Ein ABC-Spieler ist ein vorhersagbarer Spieler, der blind nach System spielt.
Aces-Full Ein Full-House mit drei Assen.
Aces-Up Eine Hand mit zwei Paaren, von denen eines ein Ass-Paar ist.
Action Die Bezeichnung für Aktivität in einer Wettrunde, zum Beispiel wetten, erhöhen, mitgehen oder noch mal erhöhen. Wird oft auch als Synonym für Glücksspiel verwendet: »Wo ist die Action heute Abend?«
Add-On Das Einkaufen von zusätzlichen Chips am Ende der Re-Buy-Periode während eines Turniers.
Aggressiv Das Adjektiv, das einen Spieler bezeichnet, der oft und viel wettet und erhöht.
All-In Ein Spieler setzt alle Chips, die ihm verbleiben. Er ist dann All-In.
Angle Shooter Ein Spieler, der jeden Vorteil bewusst für sich ausnutzt. Er verdeckt z. B. absichtlich seine Karten, um die Spieler hinter ihm zum Handeln zu bringen, obwohl sie noch nicht dran sind.
Ante Ein gezwungener Einsatz, der bei einigen Pokervarianten von allen Spielern gesetzt werden muss.
Backdoor Eine Hand wird erst mit den letzten beiden Gemeinschaftskarten erreicht, meistens Back-Door-Flush-Draw oder Back-Door-Straight-Draw.
Bad-Beat Wenn man sich als sicherer Gewinner des Pots wähnt, ihn dann aber doch noch unglücklich verliert.
Bankroll Das Geld, das ein Pokerspieler zum Pokerspielen verwendet.
Base-Dealing Eine Schummelvariante, bei der der Dealer Karten von der Unterseite des Kartenstoßes nimmt, um sie sich oder anderen Spielern zuzuspielen. Auch Bottom-Dealing genannt.
Bet Wette.
Bet the Pot Es wird so viel gewettet, wie im Pot ist. Beim Pot-Limit gleichbedeutend mit der höchstmöglichen Erhöhung.
Belly-Buster Eine Belly-Buster-Straight ist eine Straße, bei der noch eine Karte in der Mitte fehlt. **2, 3, 5, 6.** Auch Gutshot-Straight genannt. Siehe auch Inside-Straight-Draw.

Berry-Patch Ein Pokerspiel, das wegen der schwachen Mitspieler als leicht angesehen wird. Auch Soft-Seat genannt.
Bicycle Straße mit A2345. Auch Wheel oder Bike genannt.
Big-Bet Die große Wette im Limit-Pokerspiel. In einem 2-€/4-€-Texas-Hold'em-Limit-Spiel die 4-€-Wette, die ab dem Turn möglich ist.
Big-Blind Die höhere der gewungenen Wetten in der ersten Wettrunde beim Texas Hold'em.
Big-Stack Ein Spieler mit vielen Chips.
Blank Eine nutzlose Karte.
Blind Die gezwungene Wette eines Spielers, bevor er seine Karten bekommt. Der Spieler zur Linken des Dealers zahlt die Small-Blind und der links danach die Big-Blind.
Bluff Man wettet und simuliert Stärke, obwohl man in Wirklichkeit eine schwache Hand hat. Man will so den Gegner mit der besseren Hand zum Aufgeben bringen.
Bluff-Catcher Eine Hand, die gerade noch gut genug ist, um einen Bluff auffliegen zu lassen und so noch zu gewinnen. Wenn man einen Bluff provoziert, sollte man zumindest einen Bluff-Catcher auf der Hand haben.
Board Die Karten in der Mitte des Tisches beim Texas Hold'em, die jeder benutzen darf. Auch Community-Cards oder Gemeinschaftskarten genannt. Beim Seven-Card-Stud oder Five-Card-Stud ist Board die Bezeichnung für die Karten, die bei den Gegnern liegen.
Boat Full-House, auch Full-Boat genannt.
Bottom-Pair Wenn ein Spieler die niedrigste der Gemeinschaftskarten benutzt, um ein Paar mit einer seiner verdeckten Karten zu bilden.
Boxed-Card Eine Karte, die verkehrt herum im Kartendeck liegt.
Bring-In Auch Forced-Bet genannt. Der Einsatz, den der Spieler beim Stud-Poker mit der niedrigsten offenen Karte bringen muss, um die erste Einsatzrunde zu beginnen.
Bracelet Ein Armband, das man erhält, wenn man einen Event bei der World Series of Poker gewinnt.
Broadway Die höchste Straße, **TJQKA.**
BSB-Play Nur der Button, die Small- und die Big-Blind sind in der Hand.
Bubble Die Spieler eines Turniers sind in der Bubble, wenn ein Spieler

mehr übrig ist, als Plätze ausbezahlt werden. Werden z. B. die ersten zwei Plätze ausbezahlt, so sind die Spieler in der Bubble, wenn noch drei von ihnen übrig sind. In der Bubble auszuscheiden ist sehr ärgerlich.

Bubble-Boy Die scherzhafte Bezeichnung für den Spieler, der bei einem Pokerturnier einen Platz belegt, der knapp am Geld vorbeigeht.

Bullet Ein Ass. Auch eine Bezeichnung für die Chips, die auch Ammo genannt werden

Bully Ein Spieler, der durch sein dominantes Benehmen den Tisch beherrscht und die anderen Spieler »überfährt«.

Burn-Card Die Karte, die der Dealer jeweils verbrennt, d. h. verdeckt weglegt, bevor er den Flop, den Turn und den River legt.

Busted Ein Spieler hat all seine Chips verloren. Er ist dann »busted«. Auch eine Bezeichnung für eine unvollständige Kartenkombination. Z. B. »busted« Straight für eine Straße mit nur vier Karten.

Button Ein großer Chip, der signalisiert, wer Dealer ist. Der Button geht im Uhrzeigersinn herum und wird vor allem benutzt, wenn die Spieler nicht selbst dealen, z. B. im Kasino. Als Button bezeichnet man auch die letzte und beste Position im Poker.

Buy-In Der Preis für die Chips beim Turnier oder der Mindestgeldumtauschbetrag beim Cash-Game.

Call Den bisherigen Einsatz bezahlen. Mitgehen.

Calling-Station Ein loose-passiver und verlierender Spieler, der fast keine Erhöhungen macht, aber oft mitgeht, obwohl er nichts auf der Hand hat.

Cap Anzahl der maximalen Erhöhungen für eine Einsatzrunde. Auch die Bezeichnung für die letztmögliche Erhöhung beim Limit-Texas Hold'em.

Cardroom Der Platz oder der Raum im Kasino, wo Poker gespielt wird.

Cash-Game Ein Pokerspiel, bei dem die Chips echtem Geld entsprechen, die Blinds konstant sind und man jederzeit Chips nachtauschen kann. Man kann jederzeit in das Spiel ein- oder aussteigen.

Cash-Out Beim Cash-Game aus dem Spiel austreten und die Chips in bares Geld umtauschen.

Catch Wenn man die für seinen Draw benötigten Karten bekommt.

Catch Perfect Wird auch Runner-Runner genannt. Wenn man genau die zwei Karten bekommt, die man für seinen Draw, typischerweise ein Flush- oder Straßen-Draw, benötigt. Ein solcher Draw heißt Backdoor-Draw.

Chase Wenn man Wettrunden mitgeht, um noch einen unprofitablen

Draw zu bekommen. Man sagt dazu auch, dass man einem Draw »hinterherjagd«. Bezeichnung für schlechte Spielweise. »Don't Chase«, besagt ein bekannter Spruch im Poker.

Cheating Schummeln.

Check Schieben, also nicht wetten, wenn vorher noch nicht gewettet wurde.

Check-Raise Eine taktische Variante. Man schiebt zunächst, um dann nach einer Wette eines anderen Spielers zu erhöhen.

Chicago-Low Eine Seven-Card-Stud- und Draw-Poker-Variante, bei der das niedrigste Pik die Hälfte des Pots gewinnt.

Chip Spielgeld beim Poker. Der Spieler tauscht vor dem Pokerspiel echtes Geld in Chips um, bzw. er kauft sich bei einem Turnier für einen bestimmten Betrag eine festgelegte Anzahl von Chips.

Chip-Dumping Eine Form des verbotenen Zusammenwirkens zweier Spieler. Der eine Spieler überlässt dem anderen Spieler Chips, z. B., indem er in einem Turnier absichtlich mit einer schlechteren Hand All-In geht.

Chip-Leader Derjenige am Pokertisch mit den meisten Chips.

Chip-Race In einem Turnier mit steigenden Blinds werden die Chips, die man wegen ihrer Wertigkeit nicht mehr braucht, umgetauscht. Die überzähligen Chips lässt jeder Spieler vor sich liegen. Dann erhält jeder Spieler pro Chip eine Karte. Derjenige mit der höchsten Karte gewinnt alle überzähligen Chips.

Coffeehousing Unangenehme Form von Small-Talk am Pokertisch. Man macht z. B. Kommentare über eine aktuelle Hand oder verwirrende Aussagen über das eigene Spiel.

Coin-Flip Ein Ausdruck, der benutzt wird, wenn die endgültige Gewinnwahrscheinlichkeit von Starthänden im Texas Hold'em annähernd gleich ist. Ein Spieler hat ein kleines Paar, z. B. 55. Der andere Spieler hat zwei hohe Karten, z. B. AK. Da die endgültige Gewinnwahrscheinlichkeit von beiden Händen jeweils bei ungefähr 50 % liegt, bezeichnet man solche Situationen als Coin-Flip, zu Deutsch Münzwurf.

Cold-Call Mitgehen, wenn vorher schon gewettet und erhöht wurde. Wenn ein Spieler zum Beispiel auf dem Flop in Late-Position mitgeht, nach dem zuvor ein Spieler gewettet und ein anderer erhöht hat.

Cold-Deck Ein zum Schummeln vorbereitetes Kartenspiel, das während eines Spiels heimlich die ursprünglichen Karten ersetzt. Cold-Deck heißt übersetzt »kaltes Deck«, weil das Kartenspiel neu ins Spiel kommt und noch nicht durch die Hände des Dealers »gewärmt« wurde.

Collusion Zu Deutsch Kollusion, bezeichnet ein Zusammenwirken zweier oder mehrerer Spieler zum Nachteil der anderen, z. B. durch das gegenseitige Zuspielen von Chips.

Community-Cards Gemeinschaftskarten beim Texas Hold'em, die offen auf dem Tisch liegen und von allen Spielern benutzt werden können. Auch Board oder Common-Cards genannt.

Complete, Completion Ein Spieler macht einen Complete, wenn er im Limit Poker eine geringwertige Wette eines Gegners auf den Minimalwettbetrag erhöht. Ein Beispiel: In einem 2-€/4-€-Limit-Seven-Card-Stud-Spiel, in dem der Bring-In 1€ beträgt, macht ein Spieler einen Complete, wenn er in der ersten Wettrunde nach dem Bring-In die Wette auf 2 € erhöht.

Concealed Pair Ein komplett verdeckt auf dem Tisch liegendes Paar beim Seven-Card-Stud.

Connectors Zwei Karten mit aufeinanderfolgendem Rang, z. B. 67.

Continuation-Bet Auch Fortsetzungswette genannt. Ein Spieler wettet auf dem Flop, obwohl dieser ihn nicht getroffen hat, weil er vor dem Flop schon gewettet hat. Unterform des Bluffs.

Cooler Ein unangenehmes Ereignis beim Poker, zum Beispiel, wenn ein Gegner noch unerwartet eine für ihn gute Gemeinschaftskarte bekommt und so unerwartet gewinnt.

Cooperation-Play In einem Turnier wetten mehrere Spieler nach einem All-In des Small-Stacks nicht mehr gegeneinander. Ziel ist es, den Small-Stack zu eliminieren.

Crap-Shoot Ein Pokerturnier, das wegen sehr schnell ansteigender Blinds einem reinen Glücksspiel ähnelt.

Crippled Ein Spieler ist crippled, zu Deutsch verkrüppelt, wenn ihm nach einer verlorenen Hand nur noch sehr wenig Chips verbleiben.

Crossfire Ein Spieler gerät ins »Kreuzfeuer«, wenn er zwischen zwei Spielern sitzt, die beide erhöhen und er somit gezwungen ist, zwei Einsätze zu legen.

Crying Call Ein Call, der in der Erwartung gemacht wird, die Hand zu verlieren. Es besteht aber dennoch die schwache Hoffnung, dass der Gegner blufft und man doch noch gewinnt.

Cut-Off-Seat Auch einfach Cut-Off genannt. Der Platz am Pokertisch vor dem Dealerbutton beziehungsweise der Spieler, der als Letzter vor dem Button dran ist. Zweitbeste Position beim Texas Hold'em.
Cut-Card Eine Karte, die keine Spielkarte ist, die dazu benutzt wird, den Kartenstoß von unten zu verdecken, damit man beim Mischen nicht die unterste Karte sehen kann.
Dead Hand Eine Hand, die nicht mehr spielt und keinen Anspruch mehr auf den Pot erheben kann.
Dead Money Chips, die keinem Spieler mehr zugeordnet werden können und in den Pot gelegt werden. Auch ein Ausdruck für einen schlechten Spieler.
Dealer Ein Spieler, der in einer Spielrunde die Karten und den Pot verteilt und das Spiel überwacht.
Dealer's Choice Eine Pokerspielvariante, bei der der Dealer der Runde jeweils das Spiel für die nächste Runde bestimmen darf, z. B. Seven-Card-Stud.
Deck Kartenspiel oder Kartenstoß.
Decloak Der Moment, in dem ein Spieler, der vorher Slow-Play betrieben hat, seine wahre Handstärke enthüllt.
Deuces Ein Zweierpaar.
Diamond Karo.
Dog Ein Dog oder Underdog ist eine Hand, die im Vergleich zu einer anderen Hand schlechte Gewinnchancen hat.
Dominated Hand Eine Hand, die einer anderen Hand ähnlich ist, aber statistisch gesehen weit schlechtere Chancen hat zu gewinnen. Z. B. ist **AQ** gegenüber **AK** eine Dominated Hand.
Domination Ein Spieler spielt gegen einen anderen Spieler, und die Spieler haben eine gleiche Startkarte, zum Beispiel **AK** gegen **KJ.** In dem Fall dominiert **AK** die **KJ**-Starthand. Wird auch benutzt, um auszudrücken, dass eine Starthand bessere Gewinnchancen als eine andere hat, zum Beispiel, hohes Paar dominiert kleines Paar.
Donk, Donkey Schlechter Spieler.
Door-Card Die erste offene Karte bei Stud-Spielen.
Double-Suited Eine Starthand im Omaha Poker, die jeweils zwei Karten der gleichen Farbe aufweist und somit gute Flush-Chancen gibt.

Double-Up, Double-Through Ein Spieler verdoppelt durch eine gewonnene All-In-Hand seine Chips.
Down-Card Eine Karte, die verdeckt ausgegeben wird.
Double-Belly-Buster Eine Straße, bei der noch zwei Karten aus der Mitte fehlen. Z. B. **35679.**
Draw Eine Hand, die noch Verbesserung braucht. Zum Beispiel eine Straße, bei der noch eine Karte fehlt. Auch Drawing-Hand genannt.
Draw-Poker Eine Pokervariante mit fünf verdeckten Karten für jeden Spieler, wobei jeder Spieler die Möglichkeit hat, bis zu vier Karten einmal zu tauschen. Es gibt eine Wettrunde vor und eine Wettrunde nach dem Tauschen.
Drawing Man spielt und hofft, dass weitere Karten kommen, die die Hand verbessern.
Drawing-Dead Eine Hand, die nicht mehr gewinnen kann. Man hofft, dass eine Karte kommt, die einem hilft, der Gegner hat aber schon eine höhere Hand. Ein Beispiel ist, dass ich hoffe, einen Flush zu bekommen, und der Gegner hat längst ein Full-House.
Dump Eine große Anzahl von Chips an einen anderen Spieler in einer oder mehreren Händen verlieren.
Early-Position Eine Position in einer Wettrunde, bei der ein Spieler als Erster im Vergleich zu den anderen Spielern am Tisch handeln muss. Die Blinds und die Early-Position sind beim Texas Hold'em die schlechteste Position.
Edge Ein Vorteil, den man gegenüber einem anderen Spieler hat.
Eight or Better Bezeichnung für die Low-Wertung in einem Split-Pot-Spiel, für die man sich qualifizieren muss, indem man fünf Karten hat, die vom Wert her Acht oder niedriger sind. Zum Beispiel **24567.** Auch Bezeichnung für High-Low-Variante eines Spiels, zum Beispiel Omaha Eight or Better.
EPT European Poker Tour.
Evaluation-Bet Testwette. Eine Wette, um herauszufinden, wo man steht. Auch Probe-Bet genannt.
Family-Pot Ein Pot, bei dem alle oder viele Spieler beteiligt sind.
Fifth-Street Die fünfte Gemeinschaftskarte bei Texas Hold'em. Auch River genannt. Beim Seven-Card-Stud die fünfte Karte, die ein Spieler bekommt, und die Bezeichnung für die dritte Wettrunde.

Fish Ein schlechter Spieler.
Five-Card Stud Eine Pokervariante, bei der jeder Spieler eine verdeckte und vier offene Karten erhält.
Flashed-Card Eine Karte, die teilweise aufgedeckt wurde, so dass man sie sehen konnte.
Flat-Call Eine Wette mitgehen, ohne zu erhöhen.
Floorman Der Angestellte des Kasinos, der die Regeln bestimmt und die Entscheidungen trifft.
Flop, Floppen Die ersten drei Gemeinschaftskarten, die bei Texas Hold'em auf einmal auf den Tisch kommen. Auch mittlerweile als Verb gebraucht, wenn man mit dem Flop etwas trifft. »Er hat ein Full-House gefloppt.«
Flush Fünf Karten in der gleichen Farbe.
Flush-Draw Wenn man bereits vier Karten einer Farbe hat und noch die Möglichkeit hat, eine fünfte derselben Farbe zu erhalten.
Fold Aufgeben, aus dem Spiel aussteigen, auch »Pass« genannt. Ich »passe«.
Forced Bet Eine gezwungene Wette. Auch Blind genannt.
Four-Flush Ein unvollständiger Flush, bei dem noch eine Karte fehlt.
Four of a Kind Vierling. Auch Poker oder Quads genannt.
Fourth-Street Die vierte Gemeinschaftskarte bei Texas Hold'em. Auch Turn genannt. Beim Seven-Card-Stud die vierte Karte, die ein Spieler bekommt, und Bezeichnung für die zweite Wettrunde.
Free-Card Der Spieler erhält eine Karte beziehungsweise eine Gemeinschaftskarte, ohne dafür Chips gelegt zu haben.
Free-Roll Die Chance, etwas ohne Risiko bzw. ohne Kosten zu gewinnen. Ein Free-Roll-Turnier ist ein Turnier ohne Eintrittspreis.
Freeze-Out Das Ausscheiden eines Spielers bei einem Turnier. Auch die Bezeichnung für ein Turnier, bei dem es keinen Re-Buy oder Add-On gibt.
Full-House Kombination von einem Drilling und einem Paar.
Gamble, Gambler Glücksspiel, Glücksspieler. Auch Bezeichnung für eine Spielweise, bei der bewusst Risiken in Kauf genommen werden.
Gap-Konzept Das Phänomen, dass man beim Pokern eine bessere Hand zum Mitgehen als zum Erhöhen braucht. Erstmals von David Sklansky beschrieben. Den Unterschied in der erforderlichen Handstärke nennt man Gap, auf Deutsch »Lücke«.

GPPA German Poker Player Association.
Grinding Ein Spielstil mit einem minimalen Risiko und maßvollen Gewinnen während einer langen Zeitperiode. »*Grinding it out on his fucking leather Ass. No thank You*«, aus dem Film *Rounders*.
Gutshot Eine Gutshot-Straight ist eine Straße, bei der eine Karte in der Mitte fehlt. Z. B. **2356.** Auch Belly-Buster-Straight genannt. Siehe auch Inside-Straight-Draw.
Hammer Eine hohe Erhöhung. Auch Bezeichnung für eine Strategie gegen einen aggressiven Spieler, bei der man seine Wette nochmals signifikant erhöht.
Heads-Up Poker mit nur zwei Spielern.
Hearts Herz.
High-Card Die Kartenkombination beim Showdown, die noch nicht einmal ein Paar enthält. Auch: Zu Anfang eines Pokerspiels wird der erste Dealer ausgelost, indem man jedem Spieler eine Karte gibt. Der Spieler mit dem höchsten Kartenwert ist dann in der ersten Runde der Dealer.
High-Low Pokervarianten, bei denen der Pot zwischen der höchsten und der niedrigsten Hand geteilt wird.
Hold'em Auch »Texas Hold'em« genannt, jeder Spieler erhält zwei verdeckte Karten und fünf Gemeinschaftskarten.
Hanger Ein Spieler, der schummelt und die Karten von unten oder mitten aus dem Kartenstoß nimmt und dabei so unglücklich hängen bleibt, dass andere Spieler dies sehen können.
Hole-Card Eine verdeckte Karte, die nur der Spieler sieht.
Home-Game Ein Pokerspiel in einem privaten Haus.
Hollywood Eine Bezeichnung für einen Spieler, der schauspielert, um seine Handstärke zu verbergen. Wird auch benutzt, wenn ein Spieler sehr lange überlegt, was einen irritierenden Effekt beim anderen Spieler hervorrufen soll.
H.O.R.S.E. Eine Turniervariante, die 2006 erstmals bei der WSOP angeboten wurde. Es wird jede Runde die Spielvariante gewechselt. Die Reihenfolge ist: Hold'em, Omaha, Razz, Seven-Card-Stud, Seven-Card-Stud Eight or better.
House Das Kasino, das die Pokerspiele organisiert.
Hybrid-Outs Partielle Outs. Outs, die einem nicht unbedingt eine Gewinnerhand verschaffen.

Implied-Odds Bei der Berechnung der zu gewinnenden Potgröße berücksichtigt man, wie viel man im Laufe des Spiels wegen einer guten Hand noch gewinnen kann.

Inflection-Points Die Wendepunkte in einem Turnier, bei den sich aufgrund der veränderten Anzahl der Chips die Spieltaktik ändert.

Inside-Straight-Draw Ein Inside-Straight-Draw ist eine Straße, bei der eine Karte in der Mitte fehlt. Z. B. **4578.** Auch Belly-Buster-Straight oder Gutshot-Straight genannt.

In the Money Eine Plazierung in einem Pokerturnier, bei der man Geld erhält.

In Turn Wenn eine Spieler handelt, wenn er an der Reihe ist, so handelt er »in Turn«.

Jack Bube.

Junk-Hand Eine schlechte Hand.

Key-Hand Eine Hand, die einen Wendepunkt in einem Pokerspiel markiert, egal, ob zum Guten oder zum Schlechten.

Kicker Als Kicker oder Side-Card bezeichnet man die spielentscheidende Beikarte. Haben z. B. beide Spieler ein Ass-Paar, so gewinnt der Spieler, der neben dem Paar den höheren Kicker hat.

Late-Position Eine gute Position während eines Pokerspiels, bei der man relativ weit hinten sitzt.

Lay-Down Aufgeben. Auch Aufgeben mit einer guten Hand, die aber wahrscheinlich geschlagen ist.

Legitimate-Hand Eine starke Hand, die nicht geblufft ist.

Limit Poker Poker mit festen Einsätzen. In einem 2-€–4-€-Limit-Spiel sind alle Wetten und Erhöhungen in den ersten beiden Wettrunden 2 € und 4 € in den letzten beiden Wettrunden.

Limp-In / limpen Den bisherigen Einsatz bezahlen. Beim Texas Hold'em in der ersten Wettrunde die Big-Blind mitgehen.

Live-Hand Eine Hand, die den Pot noch gewinnen kann.

Loose Eine Spielweise, bei der viele Hände gespielt werden. Das Gegenteil von tight.

Low-Limit Ein Spiel, bei dem die Einsätze niedrig sind.

Low Bezeichnung für die Wertung in einem Split-Pot-Spiel, in der die niedrigste Kartenkombination den halben Pot gewinnt. Zum Beispiel beim Omaha High-Low oder Seven-Card-Stud High-Low.

Lowball Eine Pokervariante, bei der die niedrigste Hand gewinnt.
Maniac Ein sehr aggressiver Spieler, der viele Hände spielt. Loose-aggressiv.
Micro-Limit Ein Pokerspiel, meist Online, das mit so geringen Einsätzen gespielt wird, dass es für ein Kasino unprofitabel wäre.
Middle-Pair Wenn man mit einer seiner verdeckten Karten und der von der Wertigkeit her mittleren Karte des Flops ein Paar bildet.
Middle-Position Mittelgute Position an einem Pokertisch zwischen der Early-Position und der Late-Position.
Minimum Buy-In Der kleinste Betrag, mit dem man das Spiel starten kann.
Misdeal Ein Dealerfehler, dessentwegen neu gegeben werden muss.
Monster Eine sehr gute Hand.
M-Ratio Gibt das Verhältnis der individuellen Chips zu der Summe der Blinds und Anten in einem Pokerturnier an. Wenn man zum Beispiel 12.000 Chips hat und die Blinds betragen 1000/2000, beträgt die M-Ratio 4. Auch einfach nur »M« genannt.
Muck Aufgeben. Auch Englisch »to fold« genannt. Auch der Stoß der weggeworfenen Karten der Spieler. Wenn die Karten eines Spielers den Muck berühren, so ist er aus dem Spiel, und seine Hand ist »tot«.
Multi-Table Bezeichnung für ein Turnier mit mehreren Tischen (MTT).
No-Limit Eine Pokervariante, bei der ein Spieler unbegrenzt hoch wetten kann. Wettet er alle Chips, die er hat, so ist er All-In.
Nut-Low Die bestmögliche Hand in der Low-Wertung bei Split-Pot-Poker-Varianten. Zum Beispiel **A2345.**
Nuts Die bestmögliche Hand in einer Runde. Wird auch benutzt, um die beste Hand in einer Kategorie zu bezeichnen, z. B. Nut-Flush als höchster Flush mit einem Ass.
Odds Die Wahrscheinlichkeit, seine Hand zu verbessern und zu gewinnen. Wird in Prozent angegeben.
Offsuit Karten mit unterschiedlichen Farben, zum Beispiel KJ-offsuit.
Omaha Eine Pokervariante, ähnlich Texas Hold'em, bei der jeder Spieler vier verdeckte Karten bekommt und am Ende beim Showdown zwei seiner verdeckten Karten und drei der Gemeinschaftskarten verwenden muss.
On the Button Der Dealer, der die beste Position in einem Texas-Hold'em-Spiel hat.

Open Den ersten Einsatz machen.
Open-Card Eine offen aufgelegte Karte.
Open-Pair Ein offen aufgelegtes Paar.
Open-End-Straight Vier aufeinanderfolgende Karten, bei denen auf beiden Seiten eine Straße möglich ist. Z. B. **3456.** Eine weitere 2 oder 7 vervollständigt die Straße. Auch Open-End-Straight-Draw genannt.
Out-Button Ein Chip, den ein Spieler vor sich legt, um zu zeigen, dass er momentan nicht spielen, aber am Tisch bleiben will.
Out of Turn Man handelt, obwohl man nicht an der Reihe ist.
Outs Die Anzahl der Karten im Kartendeck, die die Hand verbessern.
Overpair Das Paar, das ein Spieler auf der Hand hält, ist von der Wertigkeit höher als die höchste Gemeinschaftskarte.
Overcall Mitgehen, wenn bereits ein anderer Spieler zuvor mitgegangen ist.
Overcard Eine Karte in der verdeckten Hand, die höher ist als alle Gemeinschaftskarten. Hat man beim Texas Hold'em z. B. einen König auf der Hand und das Board zeigt als höchste Karte einen Buben, so ist der König eine Overcard.
Over the Top Ein Re-Raise.
Pair Ein Paar.
Paint Bildkarte, **JQK.**
Partielle Outs Auch Partial-Outs genannt, sind Karten, die einem zwar weiterhelfen, aber nicht unbedingt am Ende gewinnen. Man veranschlagt sie in der Regel mit der Hälfte der Outs.
Passen Aufgeben. Auch Fold.
Passiv Das Adjektiv für einen Spieler, der selten wettet oder erhöht.
Picture-Cards Siehe Paint. Bildkarten, **JQK.**
Playing the Board Man kann die Gemeinschaftskarten mit seinen verdeckten Karten nicht verbessern und benutzt beim Showdown nur diese.
Pocket-Cards Die verdeckten Karten beim Texas Hold'em, auch Hole-Cards genannt.
Pocket-Pair Ein Paar, das man mit seinen verdeckten Karten bildet.
Position Der Sitzplatz des Spielers in Bezug auf den Dealer.
Position-Raise Eine Erhöhung, die nur wegen der guten Position eines Spielers gemacht wird.
Post Legen, hinlegen.

Post-Oak-Bluff Ein Bluff, bei dem ich relativ niedrig wette oder erhöhe, damit der andere denkt, ich hätte eine gute Hand und will den Pot mästen.
Pot Das Geld oder die Chips in der Tischmitte, das die Spieler zu gewinnen versuchen.
Pot-Committed Eine Spielsituation, bei der man schon so viel Geld in den Pot bezahlt hat, dass man schon aus diesem Grund dabeibleiben muss.
Pot-Limit Pokerspiel, bei dem man bis zu der gesamten Potsumme setzen kann.
Pot-Odds Pot-Odds geben das Verhältnis zwischen der derzeitigen Potgröße und dem Betrag, den ich zum Mitgehen einsetzen muss, an. Sind z. B. 80 € im Pot und der Gegner wettet 40 €, so sind die Pot-Odds 1 zu 3 bzw. 25 %.
Potting-Out Die Übereinkunft zweier Spieler, sich Geld aus einem Pot zu nehmen, um davon Essen, Zigaretten o. Ä. zu kaufen. In den meisten Card-Rooms verboten.
Pre-Flop Die Wettrunde beim Texas Hold'em vor dem Flop, wenn man nur zwei Karten in der Hand hat.
Quads Vierling.
Queen Dame.
Q-Ratio Das Verhältnis der individuellen Chips zur durchschnittlichen Stackgröße in einem Pokerturnier. Wenn man zum Beispiel 20.000 Chips hat und der durchschnittliche Stack 10.000 Chips beträgt, hat man eine Q-Ratio von 2.
Qualifier Turnier, um sich für ein anderes Turnier zu qualifizieren, auch Satellite genannt. In High-Low-Varianten die Bezeichnung für eine Hand, die sich für die Low-Wertung qualifiziert, zum Beispiel **24567.**
Quartering Eine Situation bei Split-Pot-Varianten, bei der man ein Viertel des Pots gewinnt, weil man die gleiche Low-Hand hat wie ein anderer Spieler. Nicht wünschenswert.
Rabbit Hunting Nachschauen, welche Gemeinschaftskarten noch gekommen wären, obwohl die Runde schon vorbei ist.
Rags Schlechte Karten.
Rainbow Flop Wenn der Flop aus unterschiedlichen Farben besteht und somit die Flush-Chancen gering sind.
Raise Erhöhung.

Railbird Ein ausgeschiedener Spieler oder ein Zuschauer, der bei einem Pokerspiel um den Tisch herumsteht.
Rake Betrag, der für den Veranstalter des Pokerspiels aus dem Pot genommen wird. Meist 5 bis 10 %.
Rank Karten- oder Handwert.
Ratholing Schummeln, indem man Chips versteckt. Auch »going South« genannt.
Razz Seven-Card-Stud-Variante, bei der der Spieler mit der schlechtesten Hand gewinnt.
Re-Buy Eine Geldsumme, die der Spieler bezahlt, um sich während eines Turniers wieder einzukaufen, wenn er pleite ist.
Re-Draw Man hat einen Draw, aber wenn dieser Draw kommt, bekommt der Gegner gleichzeitig einen Draw, mit dem er die eigene Hand schlagen kann. Beispiel: Wenn ein Ass auf dem Turn kommt, hat man ein Ass-Paar, aber der Gegner wiederum einen Straßen-Draw, der ihn auf dem River treffen könnte.
Re-Raise Eine nochmalige Erhöhung.
Reading Analyse von Spielern anhand ihres Spiels, ihres Benehmens und ihrer Sprache.
Represent Ein Spieler repräsentiert durch eine Aktion eine bestimmte Hand, zum Beispiel Top-Pair beim Texas Hold'em, egal, ob er sie tatsächlich hat oder nicht.
Reverse-Tell Das absichtliche Vorspiegeln eines Tells, um den Gegner zu verwirren. Zum Beispiel absichtliches Zittern der Hand, um Stärke vorzutäuschen.
Ring-Game Normales Pokerspiel, das kein Turnier ist und bei dem die Chips im Gegensatz zum Turnier echtem Geld entsprechen. Auch Cash-Game genannt.
River Die fünfte und letzte Karte der Gemeinschaftskarten beim Texas Hold'em, auch als 5th Street bekannt.
River-Rat Ein Spieler, der sich durch die Gemeinschaftskarten verbessert und gewinnt, obwohl seine Chancen sehr schlecht waren. Siehe auch Suck-Out.
Rock Ein tight-passiver Spieler.
Rolled-up-Trips Drilling als Starthand beim Seven-Card-Stud.
Rope-A-Dope Eine Spieltaktik gegen den loose-aggressiven Spieler, bei

der man zunächst mit einer guten Hand nur mitgeht und anschließend die Aggression des Spielers ausnutzt.
Royal Flush Die bestmögliche Kartenkombination bei einem Pokerspiel: TJQKA in einer Farbe.
Runner-Runner Man braucht nach dem Flop zwei bestimmte Karten, um seine Hand zu vervollständigen. Siehe auch Backdoor.
Rush Ein Spieler gewinnt mehrere Hände in kurzer Zeit, auch *Lauf* genannt.
Sandbagging Sich in seinem Wettverhalten zurückhalten, ungeachtet der Tatsache, dass man eine sehr gute Hand hat. Meistens will man die echte Handstärke verstecken, um den anderen in sich hineinlaufen zu lassen. Siehe auch Slow-Play oder Trapping.
Sandwich Effect Der Sandwich-Effekt beschreibt das Phänomen im Poker, dass es umso schlechter für einen Spieler ist, je mehr Spieler noch nach ihm an der Reihe sind.
Satellite Ein Turnier mit kleinem Buy-In, bei dem man das höhere Buy-In für ein großes Turnier gewinnen kann.
Scare-Card Eine Gemeinschaftskarte, die es wahrscheinlich macht, dass ein anderer Spieler eine höhere Hand hat. Übersetzt »Angstkarte«.
Scared-Money-Phänomen Man spielt mit hohen Beträgen, die den individuellen finanziellen Rahmen sprengen, dadurch spielt man zu ängstlich bzw. schlecht.
Scoop Bei Split-Pot-Poker-Varianten den ganzen Pot gewinnen. Zum Beispiel beim Omaha High-Low mit **A2345** die Wertung für die beste und die Wertung für die schlechteste Hand gewinnen, also den ganzen Pot.
Set Ein Drilling, der mit einem Paar auf der Hand gebildet wird.
Semi-Bluff Wetten oder erhöhen, obwohl die Hand nicht die beste ist, aber noch mit der Chance seine Hand zu verbessern.
Seven-Card-Stud Pokervariante mit fünf Wettrunden. Jeder Spieler erhält erst zwei verdeckte und eine offene Karte, gefolgt von der ersten Wettrunde. Danach erhalten die Spieler drei offene Karten, jeweils gefolgt von einer Wettrunde. Am Schluss erhält jeder Spieler eine verdeckte Karte, gefolgt von der fünften und letzten Wettrunde. Die besten fünf Karten gewinnen.
Seventh-Street Die fünfte und letzte Wettrunde beim Seven-Card-Stud,

bei der jeder Spieler sieben Karten, vier offene und drei verdeckte, vor sich liegen hat.

Shootout Eine Turnierform, bei der man sich erst durch einen Gewinn an einem Vorrundentisch für den Final-Table qualifizieren muss.

Short-Handed Das Adjektiv, das ein Spiel mit wenigen Spielern bezeichnet.

Short-Stack Ein Spieler am Tisch mit relativ wenigen Chips.

Showdown Zeigt das Ende eines Spieles an. Nach der letzten Wettrunde zeigen die Spieler ihre Karten, und die beste Hand erhält den Pot.

Side-Bet Eine Wette zwischen zwei oder mehr Spielern, die unabhängig vom derzeitigen Pot ist. Z. B. können zwei Spieler um 3 € wetten, dass Spieler X die Hand mit einem Flush gewinnt oder eben nicht. Meist verboten.

Side-Pot Kommt es zu einer All-In-Situation, wird ein weiterer Pot gebildet, um den dann der All-In-Spieler noch kämpft.

Sign-Up Sich bei einem Internet-Pokeranbieter anmelden.

Sit-'N'-Go Ein Turnier ohne feste Anfangszeit, das losgeht, sobald sich zehn Spieler eingefunden haben, und bei dem die ersten drei Spieler etwas gewinnen.

Sixth-Street Vierte Wettrunde beim Seven-Card-Stud, bei der jeder Spieler sechs Karten vor sich liegen hat.

Skill Fähigkeit, Können.

Slow-Play Sich in seinem Wettverhalten zurückhalten, ungeachtet der Tatsache, dass man eine sehr gute Hand hat. Meistens will man die echte Handstärke verstecken, um den anderen in sich hineinlaufen zu lassen. Siehe auch Sandbagging oder Trapping.

Slow-Rolling Wenn ein Spieler die Gewinnerhand im Showdown unangenehm langsam und mit viel Show aufdeckt. Fällt unter schlechtes Benehmen im Poker, weil es den unterlegenen Opponenten unnötig quält.

Small-Blind Die kleine gezwungene Wette in der ersten Wettrunde eines Texas-Hold'em-Spiels.

Soft-Play Ein Spieler schont einen anderen Spieler, indem er nicht oder nur niedrig gegen ihn wettet oder erhöht.

Soft-Seat Ein Pokerspiel, das wegen der schwachen Gegner als einfach angesehen wird.

Squeeze-Play Wenn ein Spieler wettet, eine anderer mitgeht und der nächste Spieler erhöht, macht der letzte Spieler ein Squeeze-Play. To squeeze heißt auf Deutsch »zusammendrücken«.

Stack Aktuelle Anzahl der Chips, die ein Spieler vor sich liegen hat.

Stalling Verzögerungstaktik beim Pokern. Kann mehrere Gründe haben, zum Beispiel, um zu erreichen, dass bei einem bestimmten Spieler in einem Turnier der Blindlevel steigt, wenn er an der Reihe ist.

Steal-Raise Eine Erhöhung von jemandem in Late-Position, um die Zahl der Spieler zu reduzieren oder den Pot zu stehlen.

Steamrolling Nochmalige Erhöhung mit dem Ziel, einen bestimmten Spieler zwei Einsätze bezahlen zu lassen.

Steel-Wheel Ein Straight-Flush mit den Karten **A2345.** Die Karten müssen dieselbe Farbe haben.

Stone-Cold-Nuts Eine Hand, die so gut ist, dass sie im Verlauf der weiteren Wettrunden nicht geschlagen werden kann.

Straddle-Bet Eine Wette, die der doppelten Big-Blind entspricht, die der Spieler links von der Big-Blind legt, ohne seine Karten erhalten zu haben. Wenn alle nur mitgehen, so hat er noch mal das Recht zu erhöhen, wie ursprünglich die Big-Blind. Meist verboten.

String-Bet Eine Wette oder Erhöhung, die nicht auf einmal, sondern in mehreren Schritten gelegt wird. Ist in allen Pokerspielen verboten.

Structure Die Höhe der Blinds und der Wetten in einem Pokerspiel.

STT Single-Table-Tournament.

Sucker Ein schlechter Pokerspieler. Auch Bezeichnung dafür, wenn ein Spieler mit der letzten Gemeinschaftskarte beim Texas Hold'em noch etwas trifft und so unerwartet gewinnt.

Suck-Out Wenn der andere Spieler am Ende mit einer völlig unwahrscheinlichen Kombination gewinnt. Er bekommt zum Beispiel die beiden Lücken in seiner Straße mit den letzten beiden Gemeinschaftskarten gefüllt.

Suited Karten der gleichen Farbe.

Swings Die Schwankungen der Bankroll.

Table Der Tisch, auf dem Poker gespielt wird.

Trips Drilling, der beim Texas Hold'em mit einem Paar auf dem Board gebildet wird.

Tell Eine Aktion, die einen Hinweis darauf gibt, welche Karten jemand hält. Zum Beispiel Zittern der Hand bei starken Karten.

Third-Street Die erste Wettrunde beim Seven-Card-Stud Poker, bei der die Spieler drei Karten vor sich liegen haben.
Tight Das Adjektiv für einen Spieler, der nur gute Hände spielt.
Tilt Das Verhalten nach dem Verlieren, meistens negativ. Man spielt zu viele Hände.
Toke Trinkgeld für den Dealer.
Top-Pair Die höchste Karte der Gemeinschaftskarten bildet mit einer verdeckten Karte eines Spielers ein Paar.
Top-Two-Pair Man bildet mit seinen verdeckten Karten jeweils ein Paar mit der besten und der zweitbesten Karte der Gemeinschaftskarten.
Trap-Hands Gefährliche Hände im Poker, mit denen man häufig sehr viel Geld verliert, die aber auf den ersten Blick sehr gut aussehen. Sie bilden häufig die Second-Best-Hand.
Turn Die vierte Gemeinschaftskarte beim Texas Hold'em Poker.
Two-Pair Zwei Paar.
Undercards Startkarten, die niedriger sind als das Board, oder Startkarten, die niedriger sind als die Startkarten des Gegners bei Heads-Up-Situationen.
Underdog Eine Hand, die schlechte Chancen gegen eine andere Hand hat. Siehe auch Dog.
Under-Full Das niedrigste mögliche Full-House in einer Runde. Wenn man beim Texas Hold'em zum Beispiel 22 auf der Hand hat und das Board zeigt **2A33Q.**
Under the Gun Der erste Spieler nach den Blinds, der an der Reihe ist.
Unsuited Karten von unterschiedlicher Farbe.
Upcard Bei Stud-Varianten eine Karte, die der Spieler offen vor sich liegen hat.
Pair Paar.
Value-Bet Eine Wette mit einer guten Hand, die in der Erwartung abgegeben wird, der andere Spieler gehe mit und mästete so den Pot.
Wake-Up Man entdeckt eine gute Starthand erst dann, wenn vor einem in der Wettrunde schon gewettet und erhöht wurde.
Wheel Straße mit **A2345.** Auch Bicycle genannt.
Wired Ein Paar, das »wired« ist, wird mit den verdeckten Karten gebildet, sog. Auch Pocket-Pair genannt.
WPT World Poker Tour.
Wrap, Wraparound-Draw Im Omaha Poker die Bezeichnung für eine

nach beiden Seiten hin offenen Straße, die aus zwei Gemeinschaftskarten und drei Startkarten des Spielers besteht. Wenn ein Spieler zum Beispiel **345A** auf der Hand hat und das Board **67K** zeigt, dann hat der Spieler einen Wrap. Jede Drei, Vier, Fünf oder Acht macht ihm die Straße. Eine Hand mit **4589** bei gleichem Board wird Big-Wrap genannt, hier gibt es sogar 20 Outs.

Worst Hand Die schlechteste Hand.

WSOP World Series of Poker. Die Weltmeisterschaft im Poker.

Zombie Bezeichnung für einen Spieler, der nicht lesbar ist.

Jan Meinert

DIE POKER-SCHULE

Das deutsche Poker-Standardwerk

Wohin man auch schaut, Poker ist überall: In Casinos, im Fernsehen und auch im Internet wird gespielt.
Mit diesem Buch kann jeder lernen, wie man richtig pokert, wie man blufft und vor allem, wie man gewinnt.
Von den Grundregeln bis hin zu den ausgefallenen Profitricks erfahren Sie alles, was Sie für ein erfolgreiches Pokerspiel wissen müssen. Dank der hilfreichen Tabellen, der einfachen Erklärungen und der wichtigen Insider-Tipps werden Sie Schritt für Schritt vom Fisch zum Poker-Hai.

Spielen Sie mit und erfüllen Sie sich
den Traum vom großen Geld.

»Die Bibel für alle, die gerne mal einen Ausflug
ins Grüne wagen.«
LibroJournal

Knaur Taschenbuch Verlag